〈復刻版〉

満洲『天理村十年史』

天理教生琉里教会 編

えにし書房

刊行にあたって

本書は、二〇一八年二月小社より刊行した『満州天理村「生琉里《ふるさと》」の記憶』に多くの重要な証言を寄せている風間博氏の天理教団本部に対する姿勢に共感と敬意を抱いた引き揚げ者が同氏に提供した、『天理村十年史』を復刻、巻末に解説を加えたものである。

風間氏が戦後、教団の責任を追及し続けた際に参照した資料の一つが『天理村十年史』であった。

二〇一六年に逝去した風間氏は、生前『満州天理村「生琉里《ふるさと》」の記憶』とともに、埋もれさせてはならない歴史を語る貴重な文献として本書の復刻を熱望していた。

『満州天理村「生琉里《ふるさと》」の記憶』は刊行後、予想以上の反響に加え、読者からも参考文献として多くを引用する本書の復刻を希望する声を少なからずいただき、出版者としては大いに勇気づけられた次第である。

本書が、風間氏の想いに応える歴史文献として、満州研究の一助として多くの読者に役立てば幸甚である。

えにし書房代表　塚田敬幸

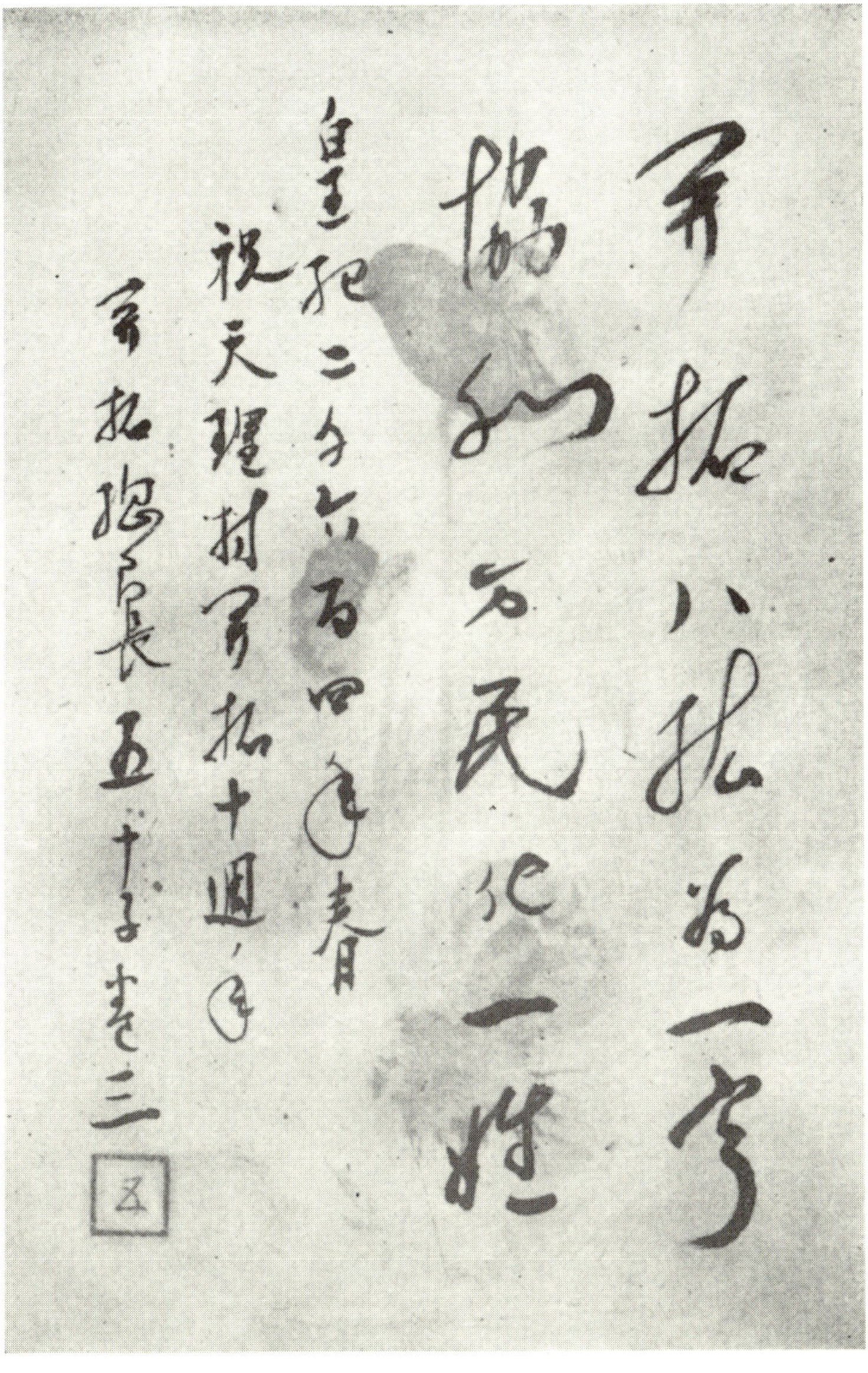

五十子卷三閣下題辭　興農部開拓總局長

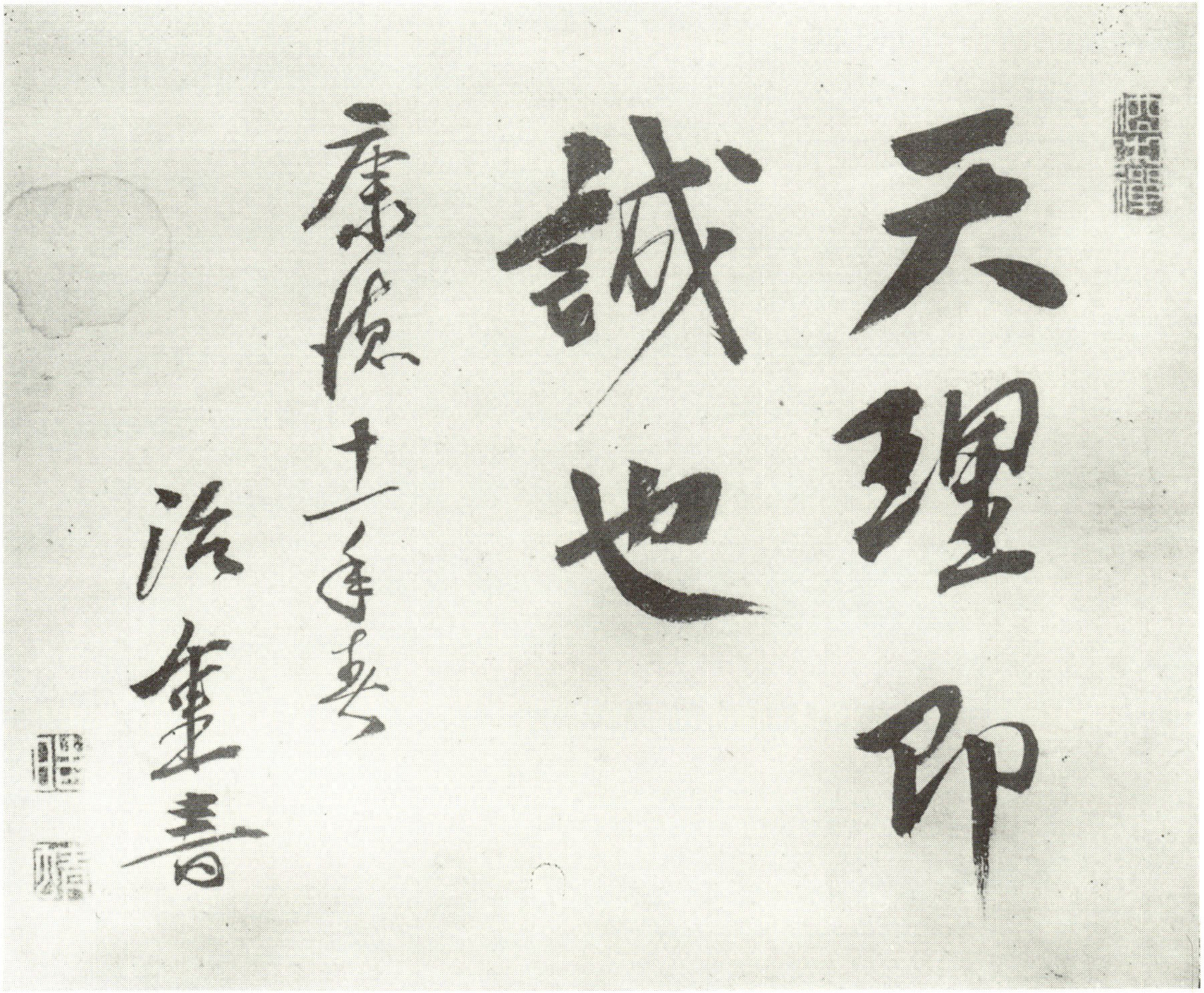

滿洲拓殖公社總裁 二宮治重閣下題辭

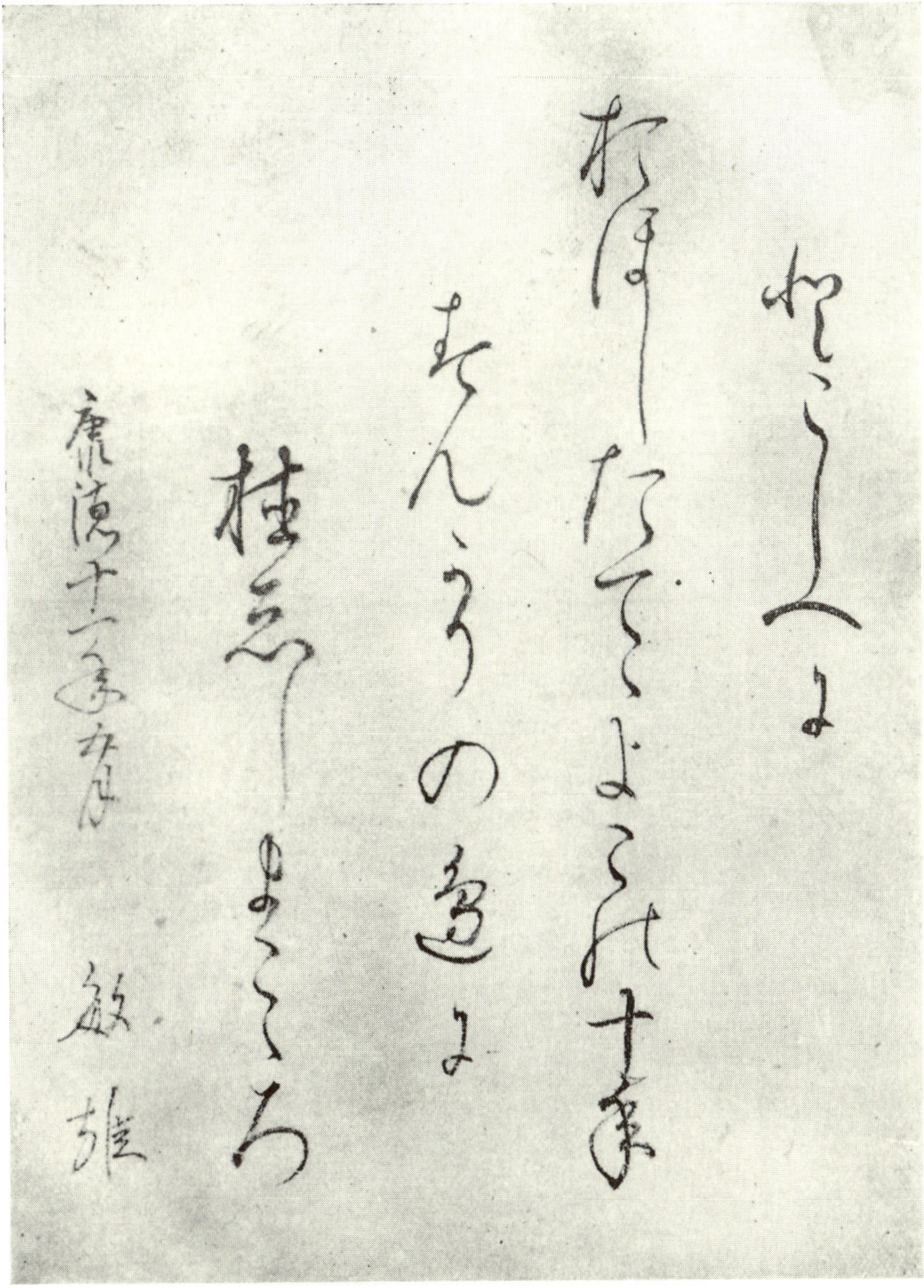

濱江省次長　田村敏雄閣下題辭

天理教管長　中山正善氏

天理村建設事務所長
深谷德郎氏

天理村長
現天理村主任
山田清治郎氏

天理村建設事務所主任
天理村長
橋本正治氏

天理村長
現開拓協同組合長
現天理村副主任
魁生哲二氏

現天理村長
只野整助氏

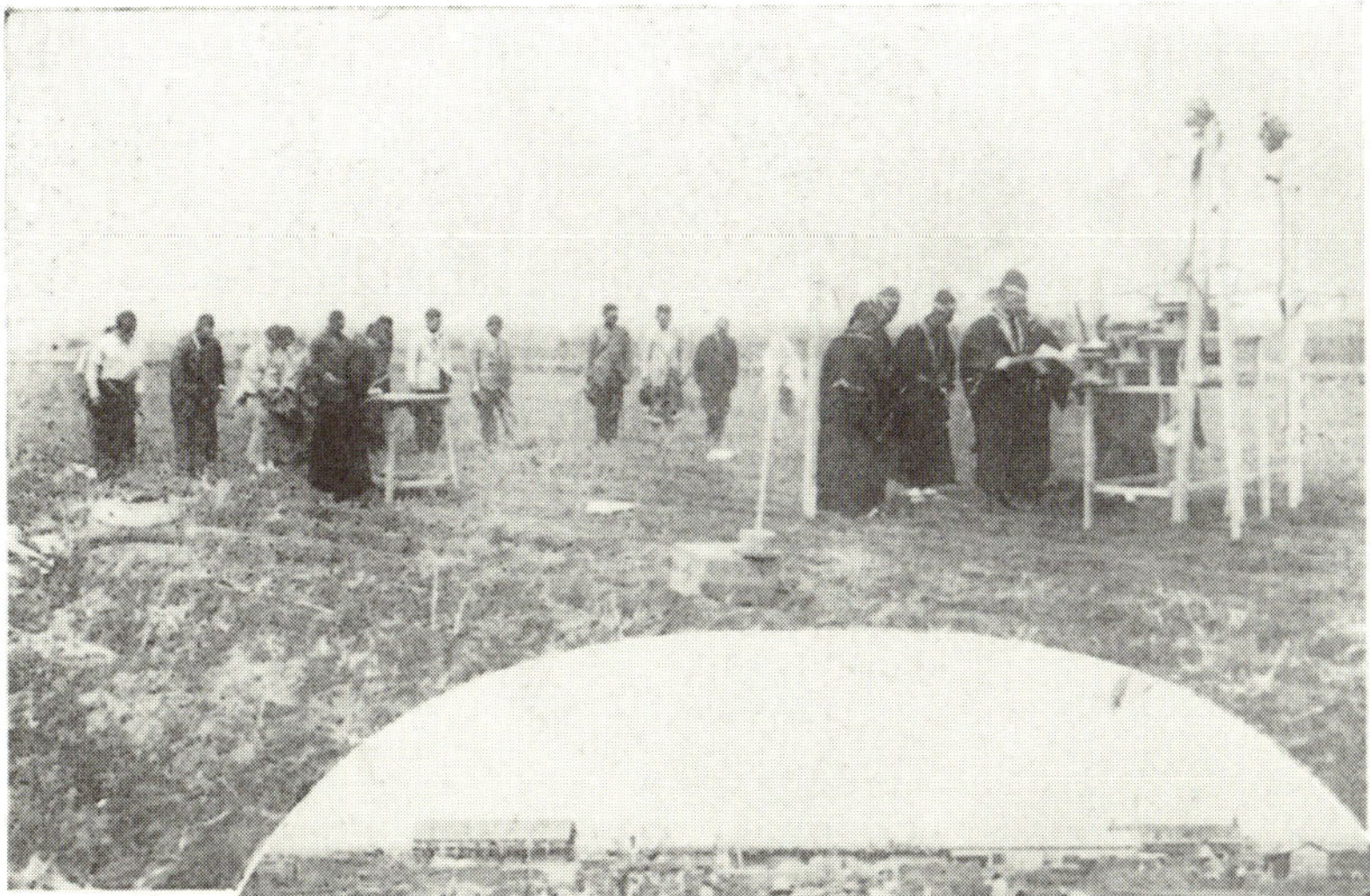

起工式（昭和九年五月）

建設工事（昭和九年八月）

阿什河の氾濫（昭和九年七月）

中山管長視察（ハルピン飛行場にて 昭和九年七月）

第一次移民渡満（神戸港にて 昭和九年十一月）

生琉里部落全景

天理教生琉里教會

開拓協同組合事務所
天理村郵政辦事所

天理村在滿國民學校

天理村診療所

迎賓舍

天理村輕便鐵道

生琉里教會祭典

中山管長視察　（昭和十五年九月）

大和開拓團本部

一宇開拓團本部

滿洲開拓奉仕隊（昭和十七年八月）

精米

精粉

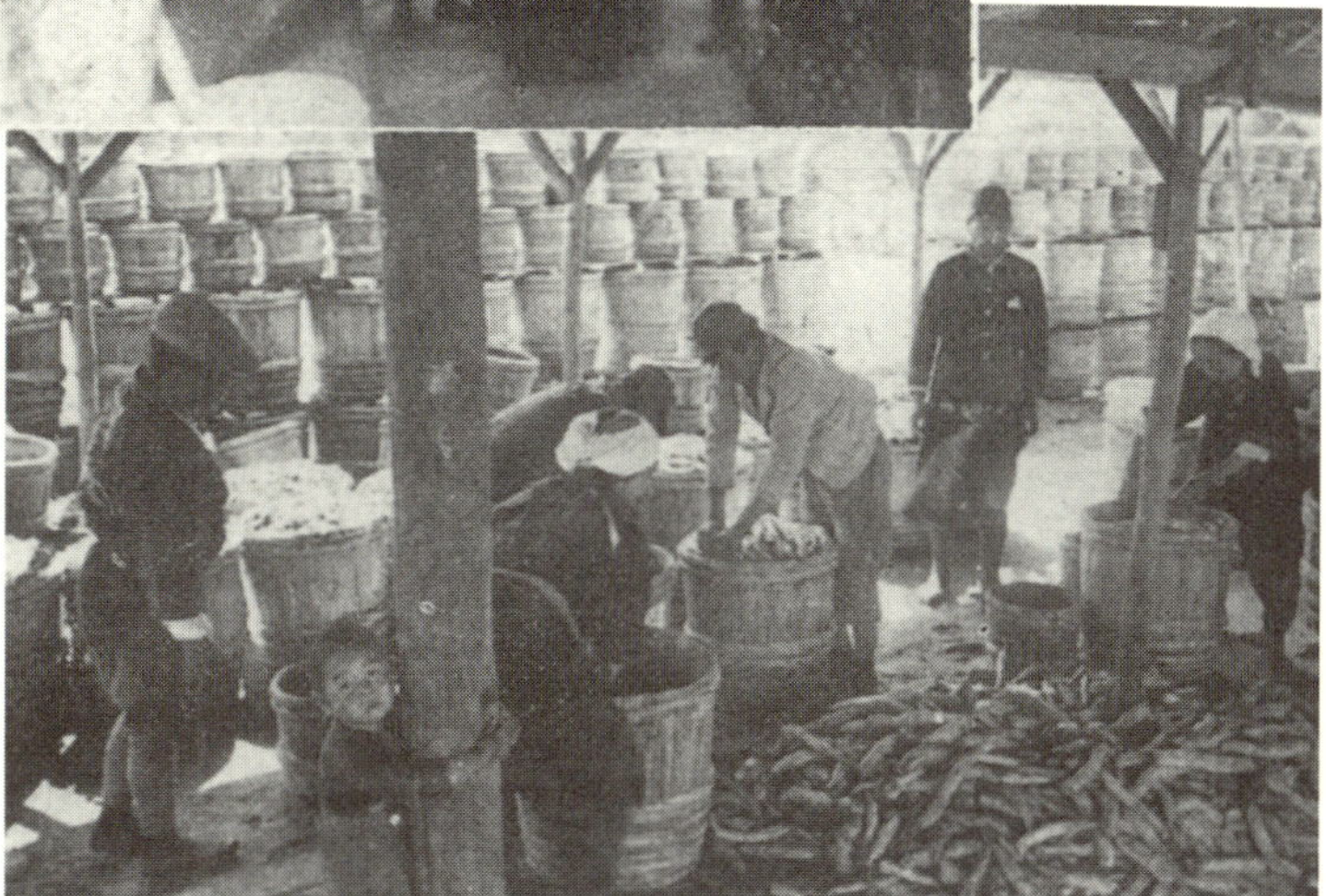

漬物作業

放牧場（馬・牛）

緬羊

水田

實り（粟）

家庭の團欒

移民家屋

墓地参拝

家路を急ぐ

天理教青年會の名によりて、國策に應じて滿洲に移民の村落を計畫してより、早くも十餘年を經、今年早くも生琉里村創建以來滿十年に及ぶと聞く。まことに感慨無量なり。その間現地にありて具さに開拓の努力を傾倒せし橋本村長、山田村長、魁生村長以下各村民の勞功に對し深甚なる敬意を表すと共に、協力援助に勇躍せる天理教青年會員、ひいては天理教內各位に謝意を表す。

今日此處に、滿十年の記念史を編するに當り、その原稿を閱するに、一つとして思ひ出ならざるはなく、回顧するに又つきるを知らず。

思へば此十年、世界の流轉は筆舌に絕し、人間心は只に驚きの聲を發せしむるのみ。八紘一宇の天業は、北支事變より大東亞戰爭に進展し、世界の人類は擧つて新舊兩大陸に新秩序の出現に干戈を交へ、昨日の交誼を弊履の如く顧みざるに至り、吾人はまさに前古未曾有の危點に起つ。國の內外にあるを不問、誰かその責任の重大性を感ぜざる臣民やある。

北邊の疆地に『ふるさと』を建設せる生琉里二村、又天理を冠せるその近隣地區に『ふるさと』を建設せんとする人々、十年の隔りはありといへども、同じく同信の徒なるを思ひ、相寄り相助けて悠久の子孫に對する立派なる祖先となり、有爲なる邊防干城とならんことを望む。我等又天理の名において、諸君の期待にそむかざるべし。

茲に本誌に序して祝意を表するに際し、共に喜ぶべくして、その術もなき橋本初代村長のアメリカに圄れある事なり。之を思ふとき我胸感に堪へず、一筆加へて特にその勞を讃へ、遙かにその健康を祈る。

昭和十九年五月二十六日

中山正善

はしがき

天理村入植十周年に當り、十年史編纂を依囑されて稿を起したとはいふものゝ、かうした方面に何んの經驗も見識も持つてゐない編者にとつて、その荷は餘りにも重過ぎた。只駑馬に鞭打つて時間的及び紙數の制限を克服しながら書き上げたが、滿足なものとならなかつたことは、一重に編者の淺學菲才のいたすところで、各方面に深くお詫び致す次第である。

稿こゝに到るまでには、直接御指導賜つた管長樣を初め、天理村開拓協同組合長魁生哲二氏、天理村長只野整助氏以下各關係者の御蔭で、厚く御禮申上げる。

資料の蒐集に當つて思つたことは、この十年間よくもこゝまで天理村を築き上げて來たといふことである。そしてその陰に秘められてゐる當事者、支援者の苦勞の並々でなかつたことを思ふ時、これは只に天理村開拓協同組合一個の問題でなく、廣く本教の滿洲開拓政策を物語らなければならぬと思つた。かゝる見地から天理村の十年を語るといふよりも、天理教の滿洲開拓政策十年を物語るといふやうな結果になつてしまつた。天理村開拓團を一つの礎石として、さらに大天理村建設にまで筆の及んだ所以である。天理村の創設は滿洲事變最中であり、試驗移民時代であり、滿洲移民成否の見當もついてゐない時であつた。かゝる時滿洲開拓の雛型を作り上げた天理村の功績は、滿洲入植者にとつて忘れることの出來ないものがある。故にその步みは編者の批判を務めて避け、只忠實に資料を羅列し江湖の批判を仰ぐことにした。天理村に對する毀譽褒貶は今日と雖もなほ數多いであらう。しかも天理村はこの十年をもつて完成されたものではなく、なほ將來にこそ重大な建設の道程が殘されてゐるのである。この時靜かに過去を顧みることは將來への指針であらうが、惜むらくは編者の力及ばず、その責を果すことが出來なかつた。

なほ編輯上について一言すると、直接歷史的敍述を要しない天理村の現況を語る部面は、第二編天理村概說中に收め、歷史的敍述は第三編に入植するまでの經過と、入植後を各論に分けて述べる方法をとらざるを得なかつた。故に所々で重複の嫌ひが生じたが、總ては相關聯して十年の道程をなしてゐるので、これを諒とせられたい。

さらに採用してある資料は、橋本正治氏編の滿洲移民事業日譜、同參考資料及び村の事務所から得た資料に基くもので、これらの資料を提供下された關係者に厚く御禮申上げる。

最後に本誌のために五十子開拓總局長閣下、二宮滿拓公社總裁閣下、田村濱江省次長閣下が特に題辭を寄せられたことは本誌無上の光榮であり、また管長様が御多忙の中序文を御執筆下さつたことは、本本誌に華を添へ、缺を補はれたものとして、感謝に堪へぬところである。こゝに誌上をもつて厚く御禮申上げる。

昭和十九年七月一日

編　者

天理村十年史目次

天理村十年史

第一編　満洲開拓の歴史と現状

一　滿洲事變前まで

わが國の滿洲開拓史を繙いて見るに、その起原は遠く日露戰役後の滿洲經營に端を發してゐる。すなはち滿鐵が創立された時、兒玉總參謀長は滿鐵初代總裁後藤新平伯に次の如く述べてゐる。

『日露兩國の戰爭は恐らく滿洲の一戰限りで終るものとは考へられぬ。第二の日露戰爭はいつ來るか豫測し難い……それにはどうすればよいか。第一は鐵道の經營、第二は炭鑛の開發、第三は移民、第四は牧畜等諸業の經營。その中でも移民を以て要務としなければならぬ。いま鐵道を經營して十年内に五十萬の國民を移住することが出來れば、如何に露國が强がつても、さう易々と日本と戰端を開くことは出來ぬ。………』（松岡洋右著「滿鐵を語る」）

かく兒玉將軍は純軍事的立場から滿洲移民の必要を說いてゐるが、實に滿洲移民は、今日でもなほ軍事上、政治上の必要から强行されてゐるのである。移民といへば、多く人口問題、農村問題解決のために行はれるものであるが、滿洲移民はその目的が當初から異つてゐたことを知らねばならぬ。

かくて滿洲開拓計畫は、この兒玉將軍の十ヶ年間五十萬人の移民計畫を最初として、次には明治四十三年に小村外相が議會において、二十ヶ年百萬人の大和民族滿洲移住論を提唱した。しかるにこの高大な計畫にも拘らず滿洲事變までの內地人農業移民は、關東州、滿鐵附屬地に局限せられ、その數僅かに千名に過ぎなかつた。すなはち滿鐵除隊兵移民、關東州愛川村移民、大連農事會社移民の三者で、前者は大正三年から六年までに三十六戶を、中者は大正四、五年に三十二戶を、後者は資本金一千萬圓をもつて五百戶の入植計畫を樹てたが、昭和四年から三年間に七十四戶を入植せしめたのみであつた。そしてその何れもが中途退耕者半數以上を出すといふ有樣であつた。かくの如く滿洲事變前までの農業移民は、各種の事情に支配されたとはいへ、完全なる失敗に終つてゐる。その結果、滿洲の土地は耕作に適しない、生活程度の高い日本人は、滿洲人との競爭には耐へ得ない等、滿洲移民不可能論をさへ生むに至つた。

二　滿洲事變と移民

かくするうち昭和六年九月十八日、柳條湖に起きた事件は、わが特殊權益擁護のため自衞權の發動となり、續いて滿洲建國、日滿一體不可分の關係となり、さらに支那事變、大東亞戰爭への導火線とさへなつた。事こゝに至るまでの國際問題、國內問題を見れば、當然起るべくして起つたのが滿洲事變であつた。この各種の國際問題、國內問題こそ、事變前までの滿洲開拓を失敗に終らしめた大きな原因であつたことを知るのである。

しかして滿洲建國以來の農業移民は、日滿兩國の國防强化といふ軍事的國防的使命のみならず、滿洲國内の治安維持を圖り、また滿洲諸民族の先達として、民族協和の中核的分子として、日滿一體化の實現を圖るといふ重要な政治的使命をも帶びて、今日重要國策の一つとして强行されてゐるのである。こゝに滿洲移民の特色と重要性があるのである。元來移民といへば總てわが國も行つた南米移民、アメリカ移民の如く、人口問題、農村問題解決のために行はれることが多いが、滿洲移民に限つてその目的が古い昔から軍事的、政治的の必要上から叫ばれ、その實現を期して來たのである。すなはち滿洲建國なつてからは、一段と喫緊化した軍事的、政治的必要からこれが强力な實現を圖り、昭和七年秋には早くも第一次開拓團（第一次彌榮集團開拓民）として五百戶を入植せしめ、引續き毎年五百戶を（第二次は千振集團開拓民）入植し、總計第四次までに二千餘戶の入植に成功した。この四ヶ年間を所謂武裝移民、試驗移民時代といふが、一方これらの開拓民と異り拓務省の集團によらないもので、この時代に入植したものは一棵樹（舊稱天照園）鏡泊學園、わが天理村等がある。昭和十一年に入植した第五次開拓團からは『試驗』なる形容詞が取り除かれ、倍數の千戶の入植を行つたが、こゝにいたつて事變前までの滿洲移民はその不可能論を完全に一擲して、移民の前途に一大光明を齎した。この移民當初における關係者の苦心困難は、今日われ〳〵の想像以上のものがあり、偏に移民當事者の愛國的熱情と、軍官關係者の後援擁護によつて、今日の基礎が出來たものといはなければならぬ。

三　滿洲移民二十ヶ年計畫

この經驗に基いて昭和十一年八月には、廣田內閣によつて大量の開拓民送出計畫を國策として決定、向ふ廿ヶ年間に百万戶、五百万人の入植計畫を樹立した。以來着々その實現を圖りつゝあるのである。わが天理村が試驗移民時代に建設され、現にこの二十ヶ年計畫の線に沿ふて滿洲移民に貢献しつゝあることは意義誠に重大といはねばならぬ。

二十ヶ年百万人計畫は、一戶平均五人家族とみて、五百万人の內地人を滿洲に移住せしめ、二十ヶ年後の滿洲人口を五千萬人と豫想するとき、その一割程度を大和民族によつて占めることが絕對的に必要であるとの考へに基くものである。實施期間を四期に分け、五ヶ年を一期として、第一期に十万戶、第二期に二十万戶、第三期に三十万戶、第四期に四十万戶を送り出すことゝし、開拓民を甲種（集團開拓民）乙種（集合開拓民）の二種に分けた。

しかるに支那事變の勃發によつて、滿洲國の地位は一段と重要性を增し、日滿不可分の基本原則から、日滿支を連ねる東亞新秩序建設の基礎原動力となつたので、開拓政策もこの新情勢から新たな檢討が加へられた。すなはち昭和十四年日滿兩國によつて、滿洲移民の基本要綱が發表された。その重要點は次の如し。

第一　基本方針

滿洲開拓政策は日滿兩國の一體的重要國策として、東亞新秩序建設のための道義的新大陸政策の據點を培養確立するを目的とし、特に日本内地人開拓民を中核として、各種開拓民並に原住民等の調和を圖り、日滿不可分關係の鞏化、民族協和の達成、國防力の增强及產業の振興を期し、兼て農村の更生發展に資するを以て目的とする。

第二　開拓民の種類

日本内地人、原住民

第三　開拓農民の移住形態

集團、集合、分散の三形態に區分し、集團形態については、集團移住協同經營の概成から進んで自給自足經濟の確立を圖ると共に原住民との混成村を完成し、集合形態については、集團形態に準じ集合部落の概成を、分散形態については開拓農家の自立を目途とし、各形態とも原住民を包容融合せしめる如くす。（こゝにいふ集團とは二、三百戶のもの、集合とは三十戶乃至百戶のもの、分散はそれ以下を指す）

第四　集團及集合開拓民の農業經營

家族的勤勞主義並に部落的協同勤勞主義を目途とし、その形態については自作農を主眼とし協同經營を加味し、特に集團開拓農民は機械營農併用の協同經營又は必要なる鮮滿人との合作に關し考究す。

集合開拓地に於ては全體的協同經營より個人經營への分化移行及びこれが有機的相關關係を確立す。
第五　開拓青年義勇隊（滿蒙開拓青少年義勇軍）
主として日本内地人青少年を以て結成し、民族協和の中核として滿洲國の生成發展に寄與すべき各種開拓民、特に開拓農民の基底たるの資質を育成訓練し、以て日滿不可分關係の鞏化に資するものとす。
こゝに日滿を一つに結ぶ東亞新秩序建設の基礎原動力は、農業移民を以てするといふ日露戰役以來の大國策を確定したのである。

四　開拓協同組合法制定

この基本要綱に基いて昭和十五年六月には開拓協同組合法が公布施行され、開拓團の地位、性質、機構を確立した。これは開拓團にとつて劃期的一線を畫したもので、開拓團の躍進に資するところ大なるものがあつた。然してこの時既に入植五ヶ年を經過せる十五開拓團（集團開拓團九、分散開拓團六、この中に天理村も含まる）は直ちに開拓協同組合法に移行する資格を與へられた。

いま開拓協同組合法を概觀するに、その目的とするところは、日本内地人開拓農民の永住定着を企圖すると共に、滿洲開拓政策の實踐を期するにあり、その特質とするところは大略次の通りである。

一、前身たる開拓團の業務及び財産は、そのまゝ組合員として無條件に繼承される。故に設立責任者は原則として開拓團長である。

一、開拓農家の家長は當然組合員となり、その地位を剝奪され又は喪失せざる限り自由脫退を認められない。

一、組合は外部に對し無限責任組織をもつて行動する運命協同體、農民の永住定着を企圖し、生活指導を行ひ、職業を制限する生活協同體、組合員の生産を指導助長して國家的要請に應ずる生産協同體ともいひ得られ、この組合員の無條件的協同協力と、家長の地位得失に干渉し開拓農場の管理監督をなす組合の親權的統制指導は相關關係をなしてゐる。

一、組合は國家の統制經濟又は計畫經濟における重要なる役割を果す實踐的な最下部組織である。

一、組合は出資を行はず組合費負擔金を徵集し、又基本財産を所有するのみで、その基礎的共同施設は開拓團當時滿拓の借入金竝に政府補助金とによつて建設されるために資金の必要がない。

一、組合の表現人は官選たる組合長を中核としこれを輔翼するものより構成される。

一、組合の業務内容は、法規の制限なき以上如何なる業務でも執行し得るが、主なるものは組合員の生活及び生産を指導し又は助長する業務と組合員教育の二つに大別することが出來る。これを列擧すれば生産指導、生活指導、土地の配分、管理、改良、信用、生産加工、販賣、配給、共濟、利用、農家の繼承等である。

一、管理組織としては組合長、副組合長、監事、參與、協議會、組合員大會、實行會等がある。組合長は原則として開拓團長が任命されてをり、他はそれ〳〵優秀なる組合員がこれに當つてゐる。協議會は實行會代表を以て構成され、業務の適切な運行を圖るを目的としてゐる。毎年度一回は必ず開催されるもので、豫め協議事項を部落に通達し、部落毎に協議を經たる後行はれる。實行會は組合の細胞組織として設立されるもので、その構成は開拓團當時の部落の延長である。實行會はさらにこれを組に分けて業務を行ふが、その表現人としては、會長、副會長、組長、係員、常會、組長會議等がある。實行會は二十名乃至三十名の組合員を以て構成する。かくの如く組合の消長は一に實行會の運營、機構の良否にかゝつてゐるといふことが出來、その使命は最も重大とされてゐる。

一、組合の職制には總務係、事業係があり、總務係は庶務、經理、指導、厚生、土地、事業係は信用、購買、販賣、利用、加工に關する業務を綜合的に又は班に分つてこれを處理する。役職員の人件費については組合長、副組合長の給與額は政府の命令により定め且つ補助されてゐる。

五　入植者の現狀

さて百萬戸入植計畫も昭和十六年をもつて第一期を終り、現に第二期の計畫が進行中であるが、大體第一期を終つた昭和十六年五月現在までの入植狀況を見やう。

既に內鮮を合して戸數五萬七百餘、人口十七萬六千餘人、この外に靑少年義勇隊約五萬人、勤勞奉仕隊三萬餘人を數へてゐる。（滿洲開拓年鑑による）

一、集團開拓民

第一次	一團	三〇一戸	一、三六六人	（昭和七年）
第二次	一團	四八〇戸	一、四二六人	（昭和八年）
第三次	一團	二〇九戸	九二二人	（昭和九年）
第四次	二團	四三〇戸	一、四二六人	（昭和十年）
第五次	四團	一、〇四〇戸	三、四四四人	（昭和十一年）
第六次	一八團	三、九一四戸	一三、一三七人	（昭和十二年）
第七次	二二團	四、二一五戸	一二、九三二人	（昭和十三年）
第八次	四〇團	五、七八三戸	一五、三六四人	（昭和十四年）
第九次	六二團	三、六〇一戸	八、五〇五人	（昭和十五年）
第十次	三九團	一、一二七戸	一、三七〇人	
特設第十次	五團	一五八戸	一七八人	

合計	一九五團	二一、三二八戸	六〇、〇七〇人

二、集合開拓民

昭和十二年	二團	一九七戸	四九六人
昭和十三年	一團	一四八戸	一五四人
昭和十四年	六團	三三二戸	九〇四人
昭和十五年	四〇團	一、二九〇戸	三、三一一人
昭和十六年	一三團	二〇一戸	一、二五九人
合計	六二團	二、〇六八戸	五、一二四人

三、鐵道自警村

昭和十年	六團	六八戸	二四八人
昭和十一年	七團	一二六戸	四〇三人
昭和十二年	一〇團	二四六戸	七九七人
合計	二三團	四四〇戸	一、四四八人

四、分散開拓民

合計　六六團　二、五六〇戸　八、六六七人

五、朝鮮人開拓民

合計　二四、三七一戸　一〇〇、七〇四人

六、青少年義勇隊

昭和十三年　一八、八七一人
昭和十四年　一〇、五九二人
昭和十五年　七、七四二人
合計　三七、二〇五人

七、勤勞奉仕隊

昭和十四年　一〇、三九六人
昭和十五年　一一、三九八人
合計　二一、七九四人

六　滿洲開拓十年の回顧

この滿洲開拓十年の歷史を滿洲拓殖公社理事中村孝二郎氏は左の如く回顧してゐる。（滿洲開拓年鑑による）

滿洲開拓事業の初期において、開拓民の最も苦しんだのは何んといつても開拓地の治安が不良であつたことゝ交通の不便であつたことである。この二つの障害が無かつたらもつと順調に行つたのではないかと思はれる。第一次、第二次の武裝移民が入植した頃は未だ建國早々で國內に匪賊が二、三十万人ゐたのだからその建設は實に並々でなく、現存せる開拓民の拂つた努力と苦心は、滿洲開拓史上如何程高く評價されてもなほ足らない。

當初の豫期に違はなかつたとはいへ、開拓地の建設に拂はれた勞費よりも、開拓地の自衞と隣接地の治安工作とに拂はれた苦心と努力とが數倍も多かつたばかりか、その間幾多の尊ひ犧牲さへも出したことを忘れてはならない。

創設期の成否については無數の批判と論難とがあり、殊に昭和九年春の依蘭事件には滿洲移民が危機に直面し、一時は潰滅の一歩前まで追ひ込まれたが、日本農民魂の氣魄によつて立派に切り拔け、こゝに十年の歷史を迎へたことは、當時と今日と思ひ比べて實に感慨無量なものがある。滿洲開拓十年の足跡は大きく深いものがあるのである。

七　滿洲開拓將來の問題

大東亞戰爭の勃發によつて滿洲開拓事業の意義は一段と高められた。大東亞建設のために必要なる物資は南方に俟つものが多い。又南方には白人の魔手から解放される十億に上る大東亞同胞があり、われらの指導撫育を待つてゐる。然し大東亞千年の歴史を守るべき中核文化は、これを北方に築きあげねばならぬことは、二千年に及ぶ世界の歴史がこれを教へてゐるのである。滿洲開拓による大和民族を中核とせる大東亞北方文化の建設こそ、今やわれらに課せられた大使命といはねばならぬ。南方の豊かな資源に目を奪はれ、北方の經營に對する熱と努力が百八十度に轉回するのではないかといはれてゐるが、この時に想ふことは、滿洲開拓の父と呼ばれた故東宮大佐が『北進のための南進』と、叫んだ言葉を忘れてはならないことである。皇化南に及んでいよ〳〵北進の重大なのは今である。

しかして現在移民用地として豫定されてゐるところは、（滿洲開拓年鑑による）

三江省地帶	三百萬町歩
小興安嶺南麓地帶	百萬町歩
チチハル以上松花江上流地帶	二百萬町歩
黑河璦琿地方	五十萬町歩

舊北鐵東部線地帶	二十萬町歩
京圖線及拉濱線地帶	八十萬町歩
大鄭線地帶	五十萬町歩
遼河下流地帶	五十萬町歩
逃索線地帶	五十萬町歩
三河地帶	五十萬町歩
遼河西上流地帶	五十萬町歩
計	一千萬町歩

で滿洲開拓の前途は洋々として愈よ多望といはねばならぬ。これを開拓し、大東亞の穀倉たる滿洲の大使命を貫徹せしめるものは、われ〳〵日本人であることを忘れてはならぬ。

飜つて最後に思ふことは、今日滿洲移民が絕對的、國策的要求に基くものであり、如何なることがあつても是非遂行されなければならぬものではあるが、そこには自ら種々困難な事情があるといふことを忘れてはならぬ。すなはち開拓民の土地所有と農家收支の問題、開拓農法の問題、アルカリ地帶の問題、開拓民の文化娯樂の問題、又最近起きた問題としては內地農村の勞働力不足問題、開拓民送り出しの條件等々である。これ等の難問題は國家はもとより、關係者がそれ〴〵眞劍に硏究、適切な方途を講じなければ、將來の開拓民送り出しを困難ならしめると共に、國策の遂行を妨げる難點となるであらう。

われ〳〵は滿洲移民の初期から、その雛型として天理村を建設、今日十年の歴史を顧るとき決して生易しいものではなかつたことを知るが、なほ將來においても幾多の困難があることを覺悟せねばならぬ。然し荒木棟梁の信仰信念は、如何なることをも征服して國策に殉ずるにある。われ〳〵は愈よ所期の目的達成に務め、天理村をして一大發展擴充、王道樂土の地たらしめねばならぬのである。

第二編　天理村概説

一　沿　革

天理村地域は清代の嘉慶十一年（紀元二四六六年、今より約百二十年前）張明貴外十數名のものが初めて移住し開拓を行つたところで、當時は永發屯と稱してゐた。次いで道光五年（紀元二四八五年）にはこれを福昌號と改めた。爾來百年の間に、十數戸であつた戸數は百戸に增加し、草原もくまなく開墾された。こゝへ天理村が自由移民として入植したのは昭和九年で、天理敎靑年會の手によつて四十戸が初めて入植したのである。翌十年にはさらに二十戸が入植した。場所は福昌號の西北方六百米に當り、附近一帶は丘陵地をなす既耕地であつた。

當時は滿洲建國と同時に定められた阿城縣第三區に屬してゐた。昭和十一年保甲制度が實施せられるやこの第三區福昌號管內を福昌屯、滿洲屯、道安屯、菸窩屯、美油坊、城子溝と定め、天理村は福昌屯に含められた。次いで昭和十四年街村制が實施せらるゝや、天理村地區は曹家村、新立村の二村に分割されたが、同年六月さらに地區改正が行はれ、第三區福昌號の全域を天理村と改稱、その中を福昌區、城子區、呂仁區、殷油區、天理區の五區と定め、天理村公所を福昌號に置き、村長には滿人姜鳴岐氏が任せられた。この時初めて天理村開拓地は天理區として獨立の行政區域となつたのである。次いで昭和十七年四月一日には、さらに天理村行政改革が行はれ、區は屯と改稱、村界の變更が行はれ福昌、呂仁の兩區は恒隆村へ轉出し、新たに聚源村より柏家屯、恒隆村より均福屯が轉入し、以來天理屯、城子屯、殷油屯、柏家屯、均福屯の五屯をもつて天理村とし今日に及んでゐる。この時天理村公所は天理屯生琉里へ移轉され、同時に村長も天理村開拓協同組合長魁生哲二氏の兼任と變更された。さらに昭和十八年三月三十一日には村長魁生哲二氏が辭任、新たに只野磐助氏が村長に就任した。

この地域は昭和八、九年に至り東亞勸業株式會社が開拓用地として買收を開始し、その後は滿洲拓殖會社が引繼、買收を完了した。現在の天理屯がすなはち最初の天理村自由開拓團用地域にして、現在は天理村開拓協同組合用地となつてゐる。昭和十八年にいたつては均福屯に岡山開拓團、殷油屯に一字開拓團、城子屯に大和開拓團が入植した。さらに昭和十七年五月からは三ヶ年計畫で濱江省防水開發事業局が全天理村地域に亙つて防水、排水、用水の三大工事を實施し、これが完成すれば柏家屯も開拓用地として開拓されることになつてゐる。かくの如く昔は曠茫たる草原であつたところも、今は全地域が開拓村へと變貌してゐる。

二　位　置

天理村の位置は北緯四十五度五十一分、東經百二十七度五十一分にして、濱江省阿城縣の最北端に位してゐる。北は松花江を沿岸とし、東は賓縣及び聚源村に、南は恒隆村、西は阿什河を隔てゝ哈爾濱へと接してゐる。天理村開拓協同組合は、この天理村の中央部南端に位し、村域を扇狀に見ればその要に當るところへ位置してゐる。すなはち西、北、東にそれ〲均福屯、殷油屯、城子屯と接し南は恒隆村に接してゐる。

行政上からは濱江省阿城縣天理村天理屯であり、交通上からは濱北線三棵樹驛から東北へ十五粁の地點である。三棵樹から天理村へは天理輕便鐵道が通じ、又阿城に通ずる縣道、村道、里道が通じてゐる。

三 面積

天理村の全面積は濱江省開發事業局の測量したところによれば

總面積		二三、六六〇町
既墾地	水田	三〇町
〃	畑	八、五六〇町
可耕未墾地		一〇、六〇〇町
不可耕地		四、四七〇町

このうち天理村開拓協同組合所有地は

總面積		一、二六三町二七
既耕地	水田	一五町
〃	畑	七二四町八九
可耕未墾地		一五〇町
荒地		一五九町九六
立木地		一〇町
無立木地		五三町
濕地		一〇〇町
其他道路及敷地		五〇町五七

この外に昭和十八年十二月、滿洲拓殖公社において未買收地を回收したので、その中四百町歩の分讓を受けることになつてゐる。

四 地勢

三棵樹より聚源昶におよぶ松花江右岸地帶は概して平坦であり、均福屯、殷油屯、柏家屯の各部落はなだらかな丘陵をなしてゐるも天理、城子の高臺を除けば多くは低濕地帶である。天理村開拓協同組合用地は三分の二が高臺をなし、三分の一は低濕地となつてゐる。地質は第四期層冲積土で、大部分は黒色壤土である。表土の深さは八十尺にも及んでゐる。高臺は肥沃とはいへないが中性である。低地は所謂アルカリ土壤をなしてゐる。濱江省内土壤分析成績によると、

置換酸土	○・一五○	置換性石灰	○・四二四
腐植	三・九二一	金窒素	○・一三四
鹽酸可溶 燐酸	○・○三四		
鹽酸可溶 加里	○・○五八		
鹽酸可溶 カルシウム	○・六四八		

となつてゐる。

五　氣象

氣象を天理村簡易氣象觀測所の調査によつて見るに、氣溫は

一月が最も寒く	平均	零下　二二度
	平均最低	零下　二○度
七月が最も暑く	平均	二三度

平均最高　　　　　　二八度
氣溫高低極數平均較差　　三〇度

となつてゐる。風は一般に穩かであるが、四、五月の候には突風、暴風がある。風向は一年を通じて南西が多いが、五月から十月までは南及び北東が多く、十一月から四月までは西及び北西の寒風が強い。降雨關係は次の通り。

降　雨　期　　六、七、八月、七月最高、八月が次位
一年降雨量　　六〇〇粍内外
初　　　霜　　九月十五日より十月十五日
終　　　霜　　四月二十日より五月十六日
無霜期間　　一年の中約百二十三日が安全
結　　　氷　　十月中旬より三月下旬
解　　　氷　　四月上旬

これを農耕上から見ると、作物の生育期間短きにも拘らず日射量多きため、地熱は十四度から十七度位まで昇り、積算溫度二千七百度から三千七百度位になるので極めてよく成長する。然し降霜期早く降雨量少く、あつても夏期に偏在し、特に四、五月の播種期に當つては降雨少い上に強風多く、水分の蒸發を促す等惡條件もかなり多い。

六　生琉里部落

天理村は現在五屯七十一部落であるが、天理村開拓協同組合の生琉里、西生琉里の兩部落もその中の一つである。生琉里は東西五百米、南北三百十六米、面積十五町一九六である。昭和九年五月着工し同十一月に完成した。入植も同十一月である。この中の公共施設は次の通り。

名稱	構造	棟數	坪數	摘要
天理教生琉里教會	煉瓦造平家建	一	八七・一九〇坪	昭和九年建設
天理村在滿國民學校	〃	一	一八一・〇八〇	〃
天理村診療所	〃	一	三七・五〇一	〃
天理村配給所	〃	一	三八・七〇〇	〃　元共同浴場
種畜場	トーピー	一	三四・六六七	〃　元自動車庫
協同組合事務所 天理郵政辦事所	煉瓦造平家建	一	三二・〇五六	
教員宿舍	〃	一	四四・一四〇	〃　元警官派出所
豆油工場	トーピー	一	三五・〇〇〇	〃　元倉庫

生琉里配置図

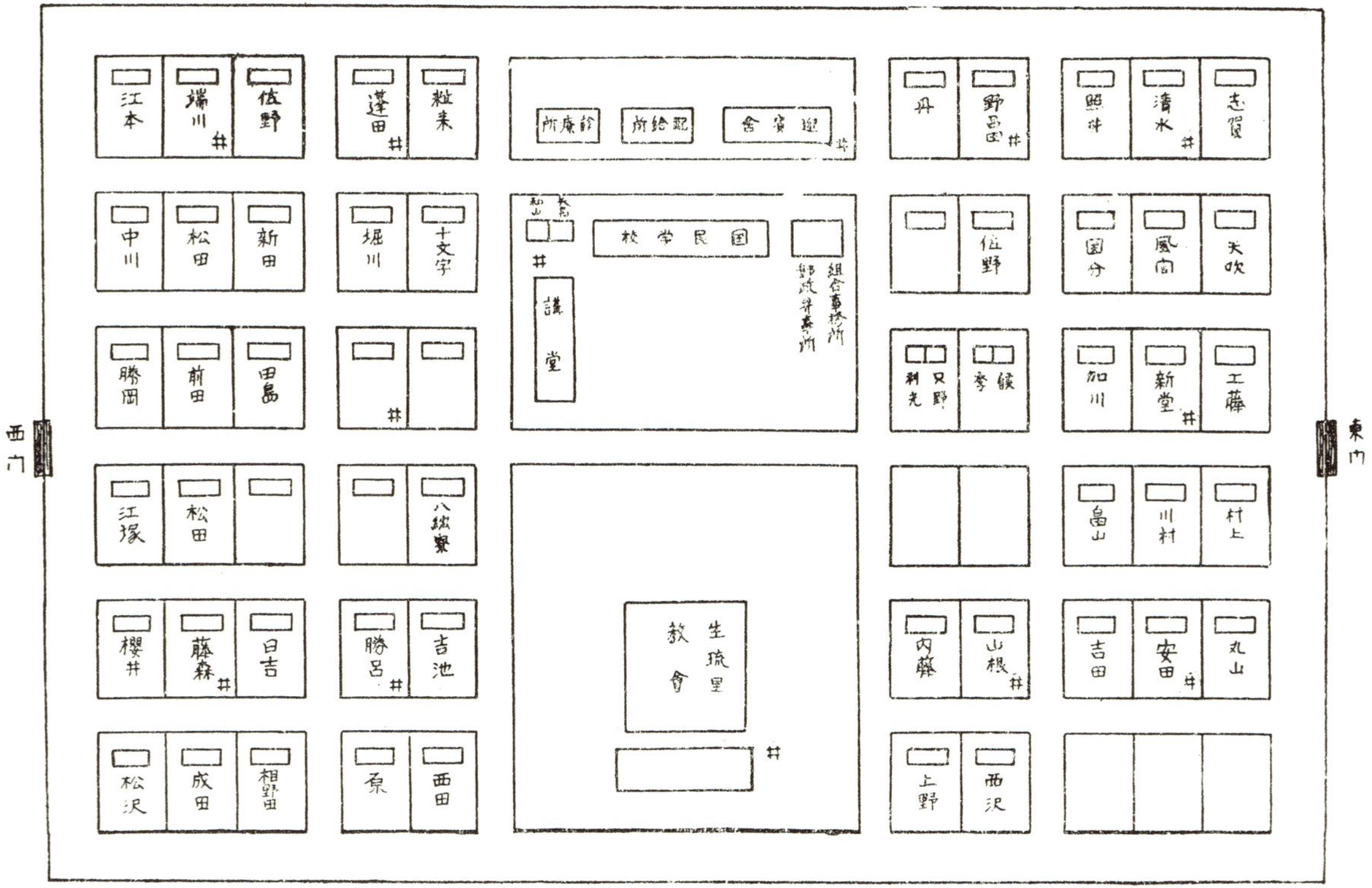
西門
東門
江本
端川
佐野
逢田
粒来
診療所
配給所
迎賓舎
丹
野呂田
照井
清水
志賀
中川
松田
新田
堀川
十文字
和山
長島
国民学校
組合事務所
郵政弁事所
講堂
佐野
国分
風間
矢吹
勝岡
前田
田島
利光
又野
加川
新堂
工藤
江塚
松田
八紘寮
島山
川村
村上
櫻井
藤森
日吉
勝呂
吉池
生琉里教會
内藤
山根
吉田
安田
丸山
松沢
成田
相野田
泉
西田
上野
西沢

精米精粉工場	煉瓦造平家建	一	七〇・九五〇	昭和十年建設
漬物工場				
蹄鐵工場				
第二倉庫	煉瓦造平家建	一	六六・一五〇	昭和十年建設
迎賓舍	〃	一	四四・二九〇	〃
國民學校講堂	〃	一	八〇・〇〇〇	昭和十一年建設
八紘寮	トーピー	一		昭和十七年建設
天理村公所	煉瓦造平家建	二		昭和十八年建設
井戸	支那式六角	一四	一〇〇尺	昭和九年完成

七　西生琉里部落

西生琉里は東西三百四十米、南北二百二十米、面積七町である。昭和十年六月着工し同十月竣工した。入植も同十月、公共施設としては西生琉里布教所、共同倉庫があるのみで他は生琉里との共有になつてゐる。目下土地整備に伴ひ、西生琉里に近く耕地を所有するものは生琉里からこちらへ移轉しつゝあり、なほ最近は農耕地への轉居も見られるやうになつた。

西生琉里配置図

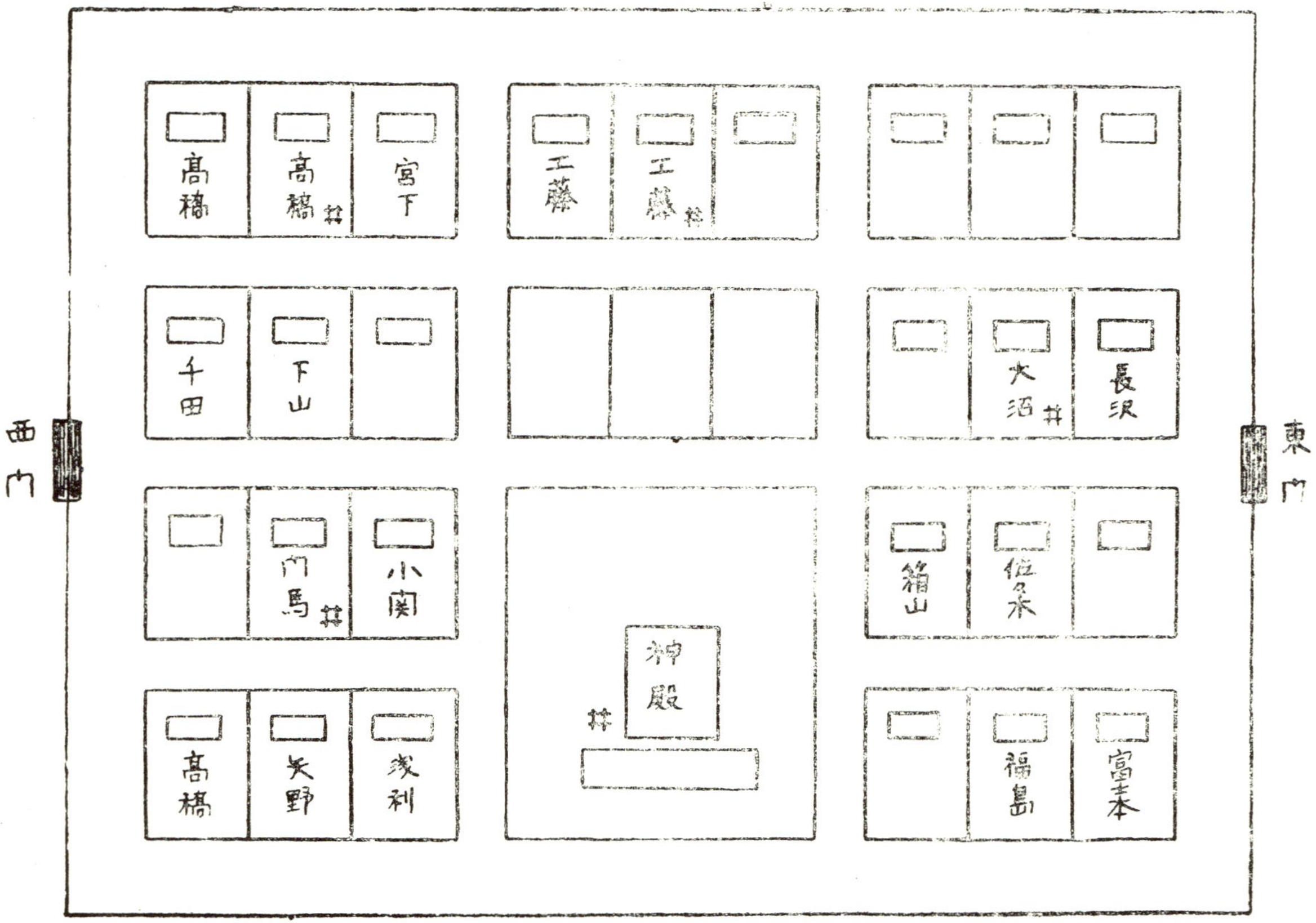

兩部落合せて現在七十三戸であるが、昭和十八年末新たに四百町歩の分讓を受けたので、百戸完成を目指して新たな入植者を入れる豫定を進めてゐる。

八、生活（衣、食、住）

村民の衣服は入植當時は內地のまゝで婦人は和服に割烹着、足袋に下駄。男子は和服又は洋服にゴム靴、地下足袋といふ極寒の北滿には極めて不向きのものであつた。それも當時はシューバー、防寒服、防寒靴が高價なため入手困難であつたからである。その中次第に大衆向きの廉價なものが出來、シューバー、防寒服、支那服、ロシヤ服、皮服、防寒帽、滿人帽等を揃へることが出來た。それも鄕に入りては鄕に從はねばならぬ村民の生活環境が次第に滿人式になつたせゐでもある。昭和十年からは夏の屋外着を男子は『天理村』と染め抜いた法被に地下足袋、女は同じく法被にモンペ、地下足袋を正服と定めた。これによつてモンペを着用しなかつた關西方面の婦人も便利で溫かいモンペに變つた。昭和十五年からはさらに法被の補給がつかなくなつたので、團服を正服とし今日にいたつてゐる。

食物は農耕地の關係から水田少く、米作の自給が出來ないため、消費都市哈爾濱を近くに控へてゐる地理的關係から蔬菜作に主力を注ぎ、米は購入して主食物とした。その關係で勢ひ粟や高粱の混食を多くし、又購入米が等外品の粗米であつたゝめ幼兒の消化不良を多く出した。昭和十九年からは水田の開

移民家屋見取図

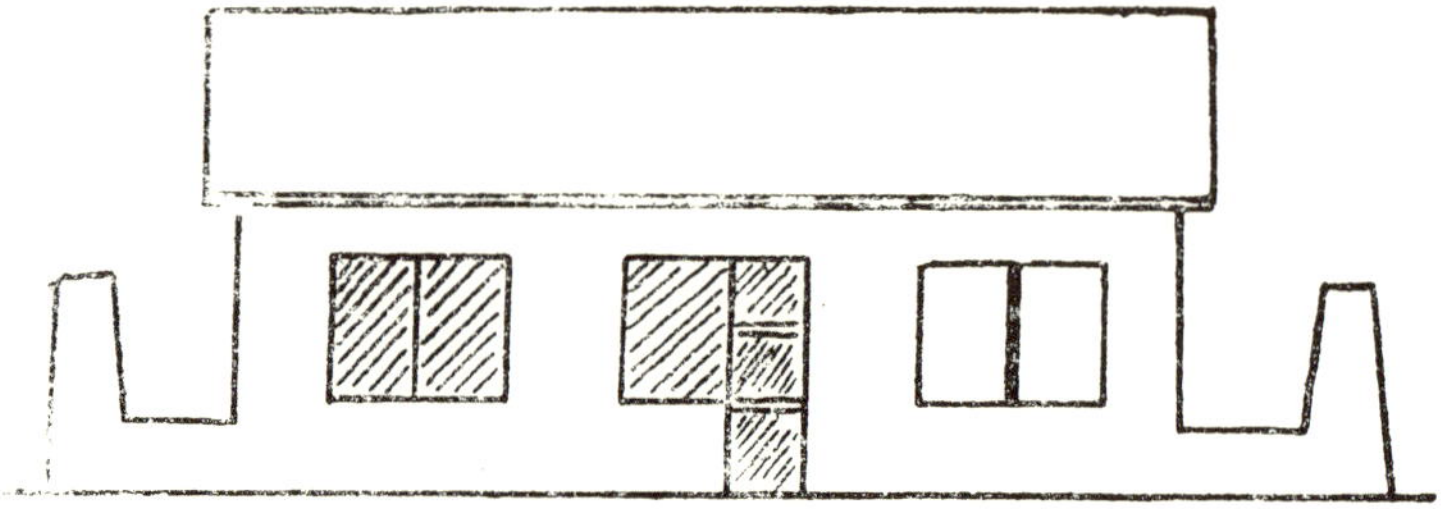

正面

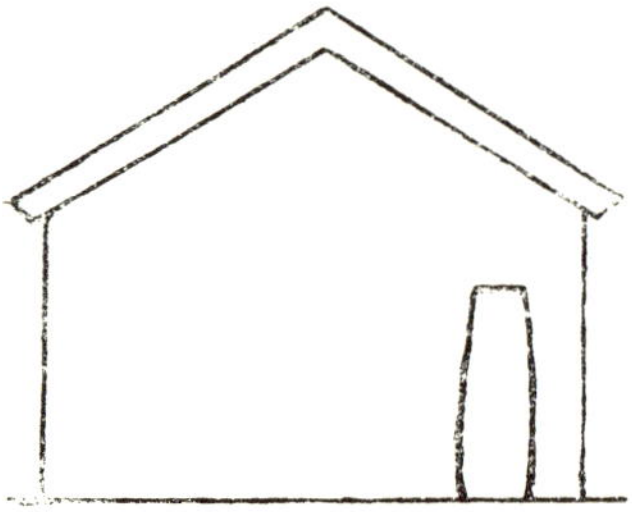

側面

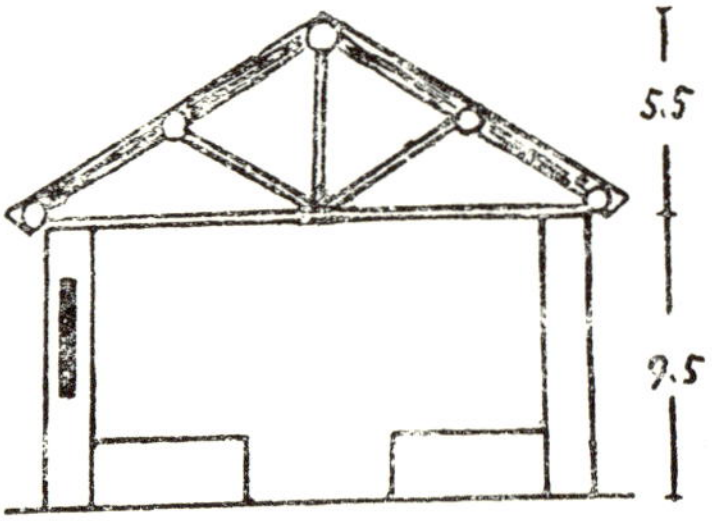

側断面

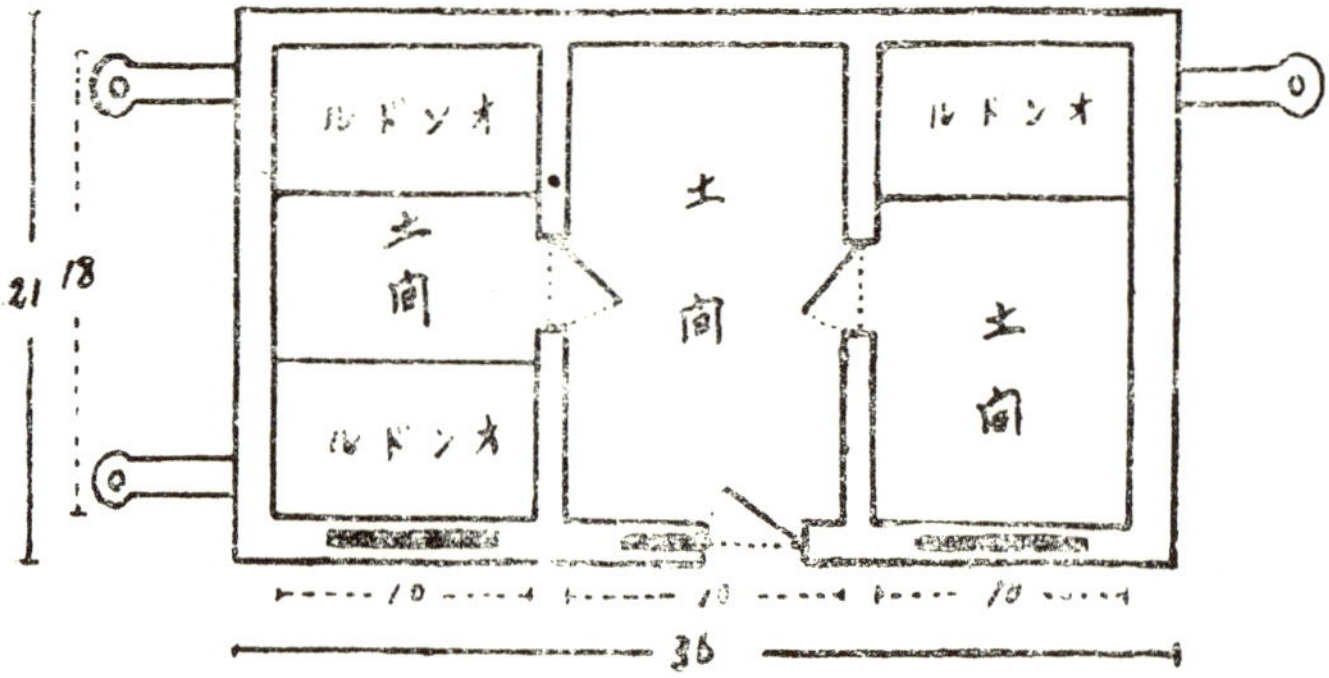

平面

發計畫が實現するので米の自給自足も可能となるであらう。副食物は兎、鷄、豚、松花江の魚等に加へて、蔬菜作が主であるから、材料に不足なく、又澤庵漬、奈良漬、福神漬、味噌、醬油、豆腐、豆油の共同加工、自家製造が行はれてゐるので潤澤である。飲料水たる水は建設當時既に七戸に一つの割で掘拔井戸が掘られたが、その深さは高臺のため百尺内外に及んでゐる。衞生上無害であり、夏冬ともに過水の必要はない。昭和十年の水質檢査によれば次の如し。

色（蛋白石濁）硬度（四・三八五）クロール（一・〇六四）過マンガン酸カリ（五・三七二）亞硝酸、硝酸、鉛、銅（何れも不檢出）臭味（ナシ）反應（アルカリ性）判定（飲料適）

住宅は半トーピー式、三間房子、總坪二十一坪の前頁の如きものである。これは入植以前建設されたものであるが、當時開拓民家屋の雛型なくその建設には苦心を極めたものである。最も困難をしたのはオンドルで、中々燃えなかつたものであるが、現在は次第に滿人式に改められてゐる。敷地は匪襲を考慮し、又蔬菜の自給に備へて一段歩あり、各戸は獨立家屋をなしてゐる。

九　作物及び主要作行事表

天理村で現在作られてゐる農作物、果樹、家畜等は次の通り。

農　作　物

小麥、水稻、大麥、燕麥、玉蜀黍（包米）蜀黍、黍、粟、稗、陸稻、蕎麥、大豆、小豆、菜豆、綠豆、蠶豆、葱、薤、大麻、菠薐草、白菜、大根、人參、馬鈴薯、茄子、トマト、胡麻、西瓜、南瓜胡瓜、甜瓜、越瓜、牛蒡

果　　樹

苹果、梨、杏、李、梅、桃

家　　畜

牛、馬、緬羊、豚、兎、鷄、蜜蜂

作物別行事表（主要作）

作物名	播種初	播種終	除草始	除草終	收穫始	收穫終
小麥	四月上旬	四月中旬	六月上旬	六月中旬	八月上旬	八月上旬
大豆	四月下旬	五月下旬	六月中旬	七月下旬	十月上旬	十月中旬
粟	五月中旬	五月下旬	六月中旬	七月下旬	九月下旬	十月上旬
高粱	五月上旬	五月中旬	六月上旬	七月上旬	九月下旬	十月上旬
陸稻	五月上旬	五月中旬	六月上旬	七月上旬	九月中旬	九月下旬
玉蜀黍	五月中旬	五月中旬	六月中旬	七月中旬	十月上旬	十月上旬

小豆	五月下旬	六月上旬	七月上旬	七月下旬	九月中旬	九月下旬
緑豆	五月上旬	五月上旬	六月上旬	七月下旬	九月中旬	十月下旬
西瓜	五月中旬	五月中旬	六月上旬	七月下旬	九月上旬	九月下旬
南瓜	五月上旬	五月中旬	六月中旬	七月下旬	九月上旬	九月下旬
馬鈴薯	四月下旬	五月上旬	六月中旬	七月中旬	九月中旬	十月中旬
胡瓜	五月下旬	五月下旬	六月中旬	七月下旬	七月下旬	八月中旬
白菜	七月上旬	七月中旬	八月上旬	八月下旬	十月上旬	十月下旬
燕麦	五月上旬	五月中旬	六月上旬	六月下旬	八月上旬	八月下旬
越瓜	五月中旬	五月中旬	六月下旬	七月中旬	八月下旬	九月中旬

第三編　天理村開拓協同組合

第一章　天理村建設

一　天理教における滿洲移民論

1　長野理生會の聲明

昭和六年九月十八日、柳條湖における銃聲一發は遂に新しき世界歴史を書き換へる端緒となつた。そして翌年三月一日、滿洲建國なり、日滿の一體不可分が確立するや、わが朝野の關心は、この新しき滿洲國に奔流の如く注がれ、滿洲進出はあらゆる分野に亙つて燎原の火の如く燃え擴がつた。滿洲移民もその一つである。今まで如何にその必要が叫ばれても、遂に成功を見なかつた滿洲移民が、より高度の必要性から、國家の遠大な計畫の下、着々と實現の歩を進めた。すなはち昭和七年には早くも五百餘戸の武裝移民が入植された。これらは硝煙未だ消えやらず、匪賊の跳梁する中に武裝のまゝで滿洲開發の雄々しき鍬を取つたのである。かうした中に本教人の滿洲關心も他に劣るものではなかつた。布教上は勿論のこと、滿洲移民についても各方面から多大の關心が寄せられてゐた。すなはち本部では同年二月、約一ヶ月にわたり深谷德郎、村田慶藏、平野義太郎、中山慶一の諸氏を派遣、在滿皇軍ならびに教會長、信徒らを慰問せしむるかたはら、各地を視察調査せしめ本教將來の滿洲發展に資するところあつたが、本部のこの積極的態度に呼應して地方にも亦活潑な動きが展開された。これを當時の『天理時報』によつて見ると、長野理生會が最初の一聲を擧げたと報じてゐる。

三月一日、長野縣上諏訪町諏訪支教會に於て理生會長野縣支會創立十周年記念講演會が開催されるや、その席上龜田亮二氏は新滿洲國に理生村の建設を提唱して本教の海外進出に對する氣分を煽つて一同の共鳴を博した。その具體案としてはまづ根柢を信者の移民に求めて、第一期計畫として、管內群馬、栃木、新潟、長野の四縣下八百餘の教會より四十歲未滿の男子中心の約八百家族の移民團を組織、これを吉林省或は黑龍江省方面に送り出して時局に善處す。(昭和七年三月十日附天理時報)

といふのであり、國家的要請に基いて高大な計畫を樹て、烈々たる赤誠を披瀝するところがあつた。その後この提案が本教各地に非常な注目を浴びたことは、當時の本教人の態度を雄辯に物語つてゐる。

2　片山孝造、今井俊彥兩氏の建言

次いで四月には當時の本島分教會長片山孝造氏、大連の今井俊彥氏より靑年會理事深谷德郞氏に對して、滿洲移民計畫案の提示があり、深谷理事は直ちにこれを中山會長に上申した。前述のごとく本部でも滿洲移民問題に深い關心を寄せ、既に現地調査の步さへ晤々裡に進めてゐたときとて、この計畫案の提出を契機として關係者の間において眞劍に滿洲移民問題を考究するにいたつた。提出された計畫書の一端は次の如し。

趣旨 天理教青年會は滿洲國內の要所に豐滿怡樂の生活を實證する天理農場を設定し、環境の思想並に經濟を開發し、彼此和衷協同して滿洲國を樂土化し、日滿共存共榮の實を擧ぐることに貢献せんがため、先づ左記要綱に依り試驗農場を設定するものとす。

組織 普遍的試驗を施行するに適する土地三千町步を買收し、內六百町步を指導農場とし其の殘餘の二千四百町步を五十町步宛の四十八區に區劃して實習農場とし之を四班に分つ、指導農場は本部これを經營し、實習農場の各區は直轄分支會之を經營するものとす。（編者註　以下省略）

事業の主體を荒木棟梁たる青年會において提案してゐるところは、その後の動向を決する重要な鍵となつた。

3　青年會滿洲視察團を派遣

これより先、青年會は昭和六年十月の第十三回總會における『荒木棟梁たるの使命に生くる本會は、玆に、會員各自の燃ゆる信仰に緊褌一番、一手一つの奮躍を喚起すると共に、今にして向後五ヶ年間に亙る本會活動の旗幟を鮮明にせずんば、遂には時旬奉公の道に立ち遲れ、臍を後に噬むとも尙は及ばざるものあらん』といふ中山會長の告諭に、兩年祭の提唱と相俟つて、緊褌一番、更生の意氣物凄く今こそ時旬の御奉公に起ち上らんとしてゐた。かくて青年會は新興滿洲國に役員を派遣、今後の海外飛躍に備へて各種の調査視察を行ふことになつた。一行は中山爲信、深谷德郎、山澤爲次、橋本武、能美一夫の諸氏で、昭和七年八月三日渡滿した。實にこれが青年會の滿洲移民計畫の端緒となつたものである。

二　第一次土地選定

1　青年會の滿洲移民決定

天理教青年會は、大正七年に創設され、爾來本教の羽翼として又荒木棟梁として活動を續け、教內的には天理教館、天理圖書館、天理語學專門學校、天理教教廳印刷所等を建設してこれを本部に献納、教外的にはその時々に應じて捨身奉公の誠を披瀝して內外共に大いに活躍するところあつた。しかるに滿洲事變勃發するやこれを契機として飛躍的更生一新の態勢を示した。そしてその本領たる海外飛躍を試み、まづ日滿一體、五族協和の理想達成に乘り出した。それには大地に根ざした農業移民をもつてするのが最良であるといふ國策に順應することになり、未だ曾て成功したことのない滿洲農業移民を計畫、われ〳〵の信仰と熱をもつてこの難事業を遂行し、移民の雛型を示さんと決意した。かくて前記の如く役員中山爲信氏の一行を滿洲視察に派遣、具體化の第一歩とした。一行は八月三日の渡滿から同廿五日の歸和まで滿洲各地において要路者と面談、種々意見の交換を行つて大いに贊意を表され、支援を約束されて意を强うするところあつた。かくて今井俊彥氏によつて奉天省農務總會顧問赤木讓氏を知るところとなり、赤木氏に移民適地の物色を依賴して歸和した。その後直ちに赤木氏からハルピン阿什河左岸に適地のあることが報告され、この候補地を中心に現地では滿洲傳道廳が、本部では青年會常務委員會が検討を重ねた。その結果十月廿七日の第十四回青年會總會にはいよ〳〵滿洲移民事業の決行を發表することになり、これを當日、會員に發表するや、全會員は熱誠な賛意を示し『今こそ御國の爲に大いにやるべし』と御國に殉ずる赤誠を示してこれが實現達成を誓つたのである。正に文字通り會場沸くの感がして會員の意氣大いに揚り、力强くも賴もしい情景であつた。かくて同時に深谷德郎氏を滿洲傳道廳長に任命、今後の衝に當らしめることになつた。

2 阿什河左岸の土地選定

一方現地では、赤木讓氏推薦の阿什河左岸地區の候補地を再三に亙り實地踏査してゐた。その結果報告を摘錄すれば次の如し。

滿洲傳道廳書記植田五郎氏提出

調査日　昭和七年十二月十二日

場　所　ハルピン郊外阿汁河左岸、約七千五百町歩

調査者　拓務省管理局技師中村孝二郎、同省囑託技師藤田弘、滿鐵庶務課門野良三、赤木讓、後藤基次、和田吉太郎、川原政太郎

中村技師意見

移民地として經濟上最適。大都市に接續してゐる。水利の便良し。土地肥沃。交通便。農產物販路が自由。まづ滿洲で最良の地。

藤田技師意見

非常に有望な地。他には阿什河流域の如き好條件の地は見つからぬ。

さらに滿洲傳道廳主事宮川鹿藏、高室二郎、和田吉太郎、下寺鶴平、兒島辰次郎、小島遷次郎、江口榮太郎、波田傳次郎、高部直太郎の諸氏は連名をもつて十二月十五日付この候補地に關する上申書を提出、大いに決定を嘆願するところあつた。その要點次の如し。

一、如何なる作物にも適し且つ肥沃故數年間施肥の要なし。
一、大豆、高粱、粟の外小麥、砂糖大根、米、野菜、煙草に適す。
一、副業として養豚、養鷄、バター、チーズ等の牧畜製造工業あり。
一、將來滿洲國の產業、經濟、文化の中心都市たる哈爾濱に接續し、販路容易、輸送又簡易なり。
一、警備上安全。
一、その他

駐哈第十師團長を始め特務機關、憲兵隊、在哈各機關は、双手を擧げて贊同、本質的の移民は天理敎のみよくなし得る所と信ずる故全幅の支援を惜しまず。

關東軍司令部にても大いに贊同、既に自發的土地調査の援助を受けつゝあり。

これらによつて見るに候補地は、滿洲にも得難い良地であり、各方面の諒解援助もあり、すでに順調な進行をさへ見せつゝあつたことを物語つてゐる。

3　移民の許可申請

かくて年改つた昭和八年は、年頭から現地と本部両側において愼重な候補地買收準備が進められた。さうして一方一月十五日には關東軍宛左の如き移民計畫書が提出され、移民の許可申請が行はれた。

御　願

天理教青年會ヲ代表シテ今回滿洲哈爾濱郊外阿什河畔ニ約一萬町歩ノ農耕地ヲ買收シテ左記計畫通リ理想的農村ヲ建設仕度候ニ付テハ之ガ達成ノ爲御指導御支援被成下度此段懇願候也

記

計畫大略

一、移民ハ主トシテ天理教教師及信徒ノ中信念ノ鞏固ナル者ノ中ヨリ選拔又ハ信徒外ヨリ選定シテ移住セシムルモノトス
二、資本金ハ第一期計畫トシテ金一百萬圓ヲ投資ス
三、一戸當リ農耕地約十町歩トス
四、一戸當リ經費金三千五百圓ノ見積トス
五、右經費ハ本部ニ於テ支辨或ハ貸與スルモノトス
六、投資ニ對スル償還ハ三ケ年据置、向フ十五ケ年ニテ償還スルモノトス、尙總テ金利ヲ見ザルモノトス
七、計畫年限ヲ五ケ年トス
八、右ハ計畫ノ大略ニシテ細目等ニ亙リテハ拓務省軍部各方面ノ御主旨ニ添ヒ日本人移植民ヲ爲スヲ以テ目的トスルモノ也

天理教青年會長　中山正善
右代理天理教滿洲傳道廳長　深谷德郎

昭和八年一月十九日

關東軍司令部參謀長　小磯中將閣下

4　土地買收假契約成る

そして順調な交渉の結果、早くも二月廿八日には地主代表者との間に土地買收の假契約が行はれた。本教側からは深谷德郎、松村義孝、滿洲傳道廳書記植田五郎、同主事和田吉太郎、通譯平岩勝、赤木讓らの諸氏、軍部側からは第十師團參謀櫻井德太郎、同通譯蛇原正孝らの諸氏が出席、阿城縣公署において、阿城縣長呂佐周氏立會の下に調印された。

協定書

從來許一觀ト各地主代表トノ間ニ於テ賣買契約進行中ノ阿城縣第三區三家子ヨリ袁家窩鋪ニ至ル荒地ヲ含ム一萬一千餘晌ノ土地ヲ今回天理教青年會本部代表者中山正善ニ於テ之ヲ引繼ギ商租契約ニ改メ左記ノ通リ地價ノ協定ヲナス

地價

熟田　上一百元（一晌二一六〇坪ニ付、但哈洋）　中八十元（〃）　下四十元（〃）
荒地　上四十元（〃）　中二十元（〃）　下十元（〃）

柳　　楠　　　　　　　　　　三十元（〃）

商租權代表　中山正善代理　深谷德郎

地東代表　邢鳳池　吳憲章　劉　珍　張傳莊　奚成貴

吳成貴　胡志海　胡郡海　胡冐林　孟廣財

阿城縣長　呂佐周證明

大同二年二月二十八日

5　天理農村建設事務所設置

この本格的移民事業進行に伴ひ、專任の擔當者を必要としたため三月三十日、靑年會參事橋本正治氏に現地出張を命じ、四月一日には哈爾濱市斜紋街五〇號に『天理農村建設事務所』を設置、現地陣容を强化して本格的活動に乘り出した。

6　土地商租許可願

そしてさらに四月十六日には土地商租の必要上から吉林省長宛土地商租許可願が提出された。その中の趣意書、事業計畫は簡單ながらわが移民事業の理想を表明し、さらにまた既に滿人、鮮人の入植者があり、これらを綜合し經營して行かねばならぬ土地の複雜性をも示してゐる。この複雜性が次に一大暗礁へ乘り上げる結果となるのである。

土地商租許可願

私儀今般別紙計畫書ニ依リ天理農村ヲ建設致度候條該計畫施行ニ要スル土地商租ヲ特別ノ御詮議ヲ以テ御許可相成度此段及御願候也

大同二年四月十六日

天理教青年會代表　中山正善

右代理人　深谷德郞

吉林省長　凞洽閣下

趣意書

滿洲建國ノ實業方略ハ其劈頭ニ於テ農業ノ振興ヲ揭ゲテ農業立國ノ大本ヲ明示セリ、社會敎化ヲ使命トセル天理敎靑年會ハ建國ノ宣言ト其方略トニ遵ヒ哈爾濱東郊阿什河左岸ノ地ヲトシ一大模範農村ヲ建設シ以テ之ヲ大農業國滿洲ノ縮圖ト爲サントス、卽チ滿人ハ畑作ニ鮮人ハ水田作ニ日人ハ田畑作ニ各民族農民ノ特技ヲ發揮セシメテ彼此ノ長短ヲ融合シツ、近代農業經營ノ精華タル多角的集約農法ニ依リ土地ヲ最有効ニ利用シ之ヲ統率スルニ自治的ノ產業組合ヲ以テシテ共生產ニ販賣過程ニ於ケル中間搾取ヲ斷乎排擊セントス

商租地約一萬晌ハ三千晌ヲ水路道路共同放牧場其他公共建設物ノ敷地ニ、四千晌ヲ畑ニ、三千晌ヲ水田ニ充當シ、之ニ收容ノ農戶ハ滿人百五十戶、鮮人二百戶、日人五百戶、合計八百五十戶ニシテ一戶當リノ耕地面積ハ十晌以下ト爲ス

本農村ノ完成迄ニハ相當多額ノ給費ヲ要スルヤ勿論ナルガ天理敎靑年會ハ其一切ノ費用ヲ負擔スルノミナラズ該耕地ノ所有又ハ商租ノ意志アル農民ニ對シテハ總テ無利子二ケ年据置、十ケ年賦償還ニ依ラシメ此代價ハ更ニ第

二次農村建設事業ニ充當セントス

事業計畫

一、資金總額　一百萬圓

（編者註　內譯省略）

二、商租地積　一萬晌

內譯　趣意書ニ同ジ

三、收容總戶數　八百五十戶

內譯　趣意書ニ同ジ

三　第一次候補地の拋棄

1　候補地拋棄の原因

しかるにこの土地買收はその後契約通りに進行せず、遂に土地拋棄による移民計畫中止とさへなつた。その原因及び顚末を左に記錄す。

滿洲事變が起るや各地の難民は哈爾濱になだれ込み、それらの滿人、鮮人は哈爾濱郊外の阿什河左岸に收容された。その中鮮人の有力者は直ちにその土地を中心に營農に着手し、既にわが方が買收にかゝらんとした時には、各種の團體や個人が入り亂れて權利爭ひを行つてゐた。すなはち滿人二百戶、鮮人三百戸が營農に當つてゐた。買收すれば當然これらの先住民に對する處置が問題となるのである。前記の如く最初の移民計畫に鮮人、滿人をも含んだ計畫が樹てられてゐた所以である。

その中で最も有力なるものは鮮人を一體とした太平農務稧なる團體で、土地買收商租はこの團體に關係してゐた許一觀なるものゝ阿什河左岸一萬一千晌に對する土地先占權讓渡と地主代表との地價協定の二つに分れて行はれたものである。しかるに許一觀には事實上かゝる廣汎なる土地に對する商租權利はないにも拘らず、投資不確實なるものをも當方に押しつけて利を占めんとしてゐた。

第二に多くの地主は買收の話を聞いて、それ以前に、よりよき條件で買却せんとして地劵を持ち廻り、當方で買收せんとする頃には豫定地の大半が轉賣されてゐて、愈よ買收を困難ならしめた。

第三に假契約の土地協定が不完全且つ粗雜であつたため、買收の實際に當り紛糾を惹起し、買收費は意外の多額に上る結果となつた。これは後に軍の命により東亞勸業株式會社が買收に當り、土地買收費五十萬圓、その他の買收費三十五萬圓を計上したのでも明かである。

第四に豫定地は實地踏査が不確實であつたため、視察者の前記報告とは相違して、全面積の五割五分に當る濕地を水田化することは水利の關係で事實上不可能であり、從つて七千五百町歩のうち實際移民を收容して直ちに農耕に從事せしむべき土地は、僅かに千五百町歩に過ぎないことが知れた。

第五に軍においてはこの地帶を國防上の樞要地と目して、別途の計畫を樹てゝゐたこと。

第六にかゝる本教の大事業を、全然本教に理解なき門外漢をして代表とし、各方面の折衝、交渉に當らしめたため、根本的に意見、計畫の相違を生じて來たこと。

以上これらが主要な原因をなして、土地買收は遲々として進まず、時日の經過と共に紛糾の一路を辿つたのである。

現地ではかうした事情にも拘らず、新たに赴任した橋本正治氏を中心に解決に苦心する一方、着々諸般の準備を進めてゐた。すなはち三棵樹の土地買收、三棵樹假事務所の建設、豫定地における白楊の植樹、阿什河堰止工事の着工等問題解決の日に備へて各種の計畫を進めてゐた。

2 移民計畫中止命令

しかるに六月に入つて俄然情勢は惡化して來た。すなはち當局においては前記諸原因の綜合結果として、一旦この土地に於ける移民計畫を中止せしむるといふことに一決したのである。これを知つたわが方では、關係者が極力解決に苦心したが、甲斐なく、遂に六月二十八日關東軍移民部長梅谷光貞氏より正式に『一旦手を引け』と、阿什河左岸地區の移民計畫中止を指示された。ことこゝにいたつては如何ともすべなく、萬斛の涙を呑んで一旦計畫を中止することにした。そしてその後は國營移民地と決定、東亞勸業株式會社が一切を引繼いでその後の買收に當ることになつた。

3 移民計畫引繼協定

その引継協定は早くも七月五日、哈爾濱特務機關において行はれた。參席者は梅谷移民部長、東亞勸業向坊社長、同花井專務、同酒井庶務課長、同齋藤謙太郎、竹下中佐、植田五郎、和田吉太郎、赤木讓ら諸氏の各關係者であつた。

移住計畫繼承ニ關スル協定

一、阿什河左岸ニ於ケル天理教團ノ邦人移住計畫ハ、關東軍ノ指揮ニ從ヒ本協定ノ成立ノ日ヨリ一切東亞勸業株式會社之ヲ繼承ス

二、天理教團ハ本移住計畫ニ關スル權利義務ヲ文書ヲ以テ東亞勸業株式會社ニ引繼グベシ

三、天理教團ハ本移住計畫ノ爲メ支出シ、又ハ支出スベキ費用其他一切ノ義務ニ關スル明細書ヲ提出シ、東亞勸業株式會社ハ必要ニシテ且ツ正當ナル理由ヲ有スルモノニ對シテハ之ガ責ニ任ズベシ

四、天理教團ガ哈爾濱市街地區內ニ購入セル土地竝ニ其ノ施設ハ本移住計畫ノ一部ト見做ス

五、協定ノ細目ニ關スル事項ハ當事者間ニ於テ覺書ヲ作製シ關東軍ノ承認ヲ受クルコト

六、本協定ニ關シ疑義ヲ生ジタルトキハ關東軍ニ於テ之ヲ裁定ス

昭和八年七月五日

於哈爾濱特務機關

關東軍特務部移民部長　梅谷光貞

天理教團代表者　深谷德郎

東亞勸業株式會社　向坊盛一郎

立會人　第十師團司令部　櫻井德太郎

特務機關　竹下義晴
哈爾濱總領事館　淺川爲吉
阿城縣　田中鈞一

さらに七月廿八日には、東亞勸業との間に細目引繼協定が行はれ、大和ホテルにおいて調印したその結果、東亞勸業から本教側に支拂ふべき金額は九萬五百九十六圓三十錢となつた。

細目引繼協定

昭和八年七月五日天理教團ト東亞勸業株式會社トノ間ニ於ケル哈爾濱郊外阿什河左岸ニ於ケル邦人移住計畫ノ繼承ニ關スル協定ニ基キ左記ノ通リ細目引繼ギヲ爲スモノトス

記

一、天理教團ノ提出セル別紙引繼目錄及引繼書類說明書ノ通リ東亞勸業株式會社ニ對シ一切ノ權利義務ノ引繼ヲナスモノトス

二、天理教團ノ本事業ニ對シ從來支出セル金額ハ別紙支出明細書ノ通リ金九萬五百九十六圓三十錢ニシテ之ヲ適當ト認メ東亞勸業株式會社ヨリ遲滯ナク天理教團ニ支拂フモノトス

三、天理教團ノ本事業ニ對シ將來支出ヲ豫約シタル左ノ金額ハ東亞勸業株式會社ニ於テ之ヲ繼承シ支拂フモノトス

(イ)	農耕資金	一〇、四四七・四〇円	鮮農農耕資金一萬五千圓限度ニ對スル殘高
(ロ)	市場建物竝鮮農馬耕賃	八、五八八・〇〇	三棵樹市場建物請負金ノ殘高及鮮農馬耕賃未拂高
(ハ)	報償金	哈洋七、〇〇〇元	許一觀ニ對スル報償金、但シ許一觀ガ約束義務ヲ履行シタル場合

（ニ）同	哈洋	三五、五〇〇元	金書鐘ニ對スル報償金、但シ金書鐘ガ協定義務ヲ履行シタル場合
（ホ）堰止工事費	哈洋	六四五元	金書鐘ニ對スル第二回分
（ヘ）水路工事費	哈洋	二、一七五元	金書鐘關係水路工事費
（ト）家具費	哈洋	五七一元七	金書鐘關係洋犁十臺分
（チ）醫療費		不詳	トラック運轉手入院料
（リ）井戸	哈洋	二五〇元	三個ノ中一個滿人ノ請負分
（ヌ）三棵樹直營農場耕作費	哈洋	一四三元	黄爽基拂

以上ノ内第（ホ）（ヘ）（ト）項ハ東亞勸業株式會社ニ於テ現地調査及現品取調ノ上價格ヲ査定スルモノトス

四、天理教團ガ從來許一觀トノ間ニ於テ約束セル一萬一千晌ノ土地買收ニ對スル報償金及太平農務稧ノ有セシ權利並過去施設ニ對スル損害及馮某ノ事業計畫ヲ廢止セシメタル等一切ノ淚金トシテ哈洋一萬二千五百元支拂ノ件ハ東亞勸業株式會社ニ於テ之ヲ繼承スルモノトス

五、昭和八年三月廿六日付天理農村建設事務所代表者赤木讓ト香坊水利組合代表者金書鐘トノ間ニ於ケル細目協定書ノ天理教團ノ權利義務一切ヲ東亞勸業株式會社ニ繼承スルモノトス

六、從來天理教團ノ使用人タル朝鮮人李夏教及トラック運轉手吉江勤治郎ハ東亞勸業株式會社ニ於テ引繼採用スルモノトス

七、將來本引繼事項ニ關シ悶着及疑義ヲ生ジタル場合ハ双方誠意ヲ以テ圓滿ニ解決スルモノトス

本覺書三通ヲ作成シ一通ハ關東軍ニ提出シ尚當事者各一通ヲ所持スルモノトス

昭和八年七月廿八日

天理教團代表　深谷德郎
東亞勸業株式會社社長　向坊盛一郎

支出明細書

事務所費	二、九六九・五四円
測量費	一六、四〇八・六九
交際費	八三一・一八
交通費	三、一〇四・九五
醫療費	二三〇・〇〇
鮮農費	一二、九〇六・二七
三棵樹市場費	三九、九〇四・七三
手付金	四、四七一・六〇
調査費	八、二四八・二九
雜費	一、五二一・〇五
計	九〇、五九六・三〇

4　移民計畫中止後の善後策

こゝに最初の移民計畫は中止の止むなき狀態となつたが、全教が擧げてこれを支援し、完全遂行を期待してゐただけにその打擊は大きかつた。關係者の苦惱と焦慮は甚だしく、現地においても、本部においても、その善後策が悲痛なまでに協議された。中には『そんなことをやるからこんなぶざまな結果になるのだ』と、それ見たかといはんばかりの者も現れて、移民事業一切の中止説を説へる程であつた。青年會常務委員の態度も次第に移民事業を不可とするやうになつた。教内は最初の氣勢をそがれて意氣銷沈の體であつた。

しかるにこの頃管長様は世界宗教大會參列のため御渡米中で、委細を申上げて御意見を聞くことが出來なかつた。電文で樣子を報告、常務委員會の最後的意見を述べる過ぎなかつた。常務委員會の最後的意見としては

一、移民を中止すれば會員の會費はその爲に募集したものであるから、これを返却せねばならぬ。

二、會費を返却せずとすれば、他の土地を選定して第二の移民計畫を樹てるか。

三、直接移民を遂行する代りに、國策移民遂行を援助する意味で献金して、間接に素志の一部を實現するか。

といふ三通りになり、結局その第三項を選ぶことゝなつた。要するに移民計畫は今後も樹てず、青年會の事業としては、外に適當な事業を計畫するといふ、移民に關する限り頗る消極的な態度となつた。

管長樣との電文の應答は次の如し。

○移民計畫、軍部ノ命ニ依リ中止ス、委細文、姉崎先生ニ託ス、青年會

（昭和八年七月十八日　青年會發信）

○青年會電見タ、中山

（同七月十九日　本部着電）

○青年會常務委員次ノ點ニ付成算アリヤ

一、青年會更生善後策及ビ今後ノ活動方針

二、献納會費ノ處理

三、來ル總會ニ於ケル態度表明

ロスアンゼルスニテ返待ツ　（同七月二十一日　本部着電）

こゝにおいて管長樣の電文にお答へするため直ちに常務委員會を開いて協議を重ね、結局三十萬圓を國營移民地購入費として献金、滿洲移民の素志貫徹の態度を表明することに一決して返電した。

一、青年會ハ國策ニ順應スルノ誠意ヲ披瀝スル爲、金三十萬圓ヲ國營移民地購入費トシテ軍部ニ献納シ、滿洲移民ノ素志貫徹ノ態度ヲ表明ス。

二、右ノ件ォ許シヲ得バ直チニ献金ノ手續キヲ致シ度シ。

三、來年度ノ活動方針ニツイテハ目下審議中デス。

（同七月廿二日　青年會本部發信）

この返電に對し重ねて質問の電報が入つた。

○青年會、ハルピンノ土地不首尾ノ故ヲ以テ最初ノ移民計畫自體ヲ中止スル意ナルカ

（同七月廿三日　本部着電）

こゝにいたりさらに常務委員會を開いて愼重に協議を行つたが、先の返電以上に積極的な意見も出

す、管長様の大きな御意志を慮つて、ともかく九月の歸國されるのを待つて重ねて協議、管長様の指示を仰ぐことにしてひとまづ結末とした。

5　建設事務所解散

この頃現地における直接の責任者たる建設事務所主任橋本正治氏は、喧々囂々たる非難の矢面に立つて苦惱してゐた。本部の指示に基いて哈爾濱は一應引揚げることにし、建設事務所の職員も七月十八日赤木讓氏以下全員を解職し、一切を解散して泣くにも泣けぬ、死ぬにも死ねぬ嘆きをかこつてゐた。このときの心境を左の如く某氏に宛て血を吐く思ひの苦しさを訴へた。もつて當時の狀況を偲ぶに足るものがある。

『たうとう來るべき日が來ました。阿什河畔の大農場は勿論、三棵樹市場豫定地に建設の一切を擧げて東亞勸業公司の手に、命により引繼ぐべき日が、一切合財零に還元して……。この二十日過ぎには、一切の引繼を終りましたら、後には夫婦只二人が殘るだけです。このまゝ行けば事業の性質が青年會本部の破滅はおろか、天理教の全般にまで大きい波紋を投げつける恐れがあることを見極めて出先としての取るべき一切の手段をとつた迄です……。これで筋書通り一切が進んで來たのです。四面楚歌、死ぬに死なれぬ、歸るに歸れぬ、引くに引かれぬ、つくにつかれぬ境が又私に惠まれて來たわけです……。どつちにしたつて、泣くに泣けぬ立場に立たされる人間は、この橋本一人でせう……』(昭和八年七月十日發信)

四　移民再願の決定

1　移民再願論

かくて最初の土地選定は遂に失敗に歸した。一切の引繼を完了したとはいふものゝなほ先住鮮農問題はその代表者たる許一觀を中心に十二月頃まで紛糾を續け、十二月十五日許一觀と最後的覺書に調印して初めて一切の解決を見た始末である。

しかし最初の計畫が失敗したからとて、これで青年會の移民事業を全面的に中止することとは内外共に遺憾とするところであつた。『なんでも、どうでも、さらに計畫を建て直すべし』といふ意見が教内に漲つて來た。又本部でも教内のかうした熱意に應へる一方、中止によつて意氣沈滯した全員の志氣を恢復し、愈よ荒木棟梁の本務に邁進すべく、移民再計畫が議されるやうになつた。管長樣の御意志も前記の電文で明かなやうに、出來るまでさらに第二、第三の計畫を樹て、あくまでも最初の素志を貫徹し、この國家的大業を本教の手で完遂せしめたいといふ御意志のやうであつた。しかし次の實施には自ら愼重なる計畫と準備が要求されてゐたのは當然のことである。

一方これとは別に現地においても『これをもつて天理教の移民計畫を拋棄せしむべからず、天理教に移民をやらすべし、天理教大いにやるべし』といふ意見や支持が各方面から起きてゐた。そしてそれらの具體意見はどし／＼橋本正治氏の手許に持ち込まれたのである。その中の二、三を拾つて見やう。

2　現地に於ける移民再願活動

最初は呼蘭河と松河江の合流地點にある航業聯合局長英順氏の持地である。三千町歩程あり、水田に適すといふのであつたが、實地踏査する前に、餘りにも距離遠く交通不便にして、さらに三角洲なる故水渦の危險が多いので斷念した。

次は阿什河上流地區や、哈市對岸松浦鎭、濱北線海倫方面等、その他にも二、三推薦があつたが何れも思はしくなく斷念した。

出來ればハルピン都市計畫區域內で、その計畫に差支へない所をといふのがわが方の希望であつたため、その次に顧郷屯にある滿人池世榮氏所有の土地を推薦されたが、都市計畫に觸れることが判りこれも斷念した。

最後に推薦されたところは匪賊のとても多いところだが、哈爾濱市西南郊の團子山附近であつた。ここは移民にも適地であり、都市計畫にも觸れるやうなことはなかつた。ともかくこゝを適地として、橋本正治氏は本部の指示を待たず、獨斷で出願の手續にかゝつた。これは最初の移民計畫とは異り、かなり具體的であり、實地に卽した無理のないものであつたが、後に現在の移民地が決定するや、何らの紛糾もなく願書は取り下げられた。かくの如く現地では中止後反つて活潑な積極的動きを見せてゐた。これらに參畫した人々も在哈總領事館淺川爲吉、朝鮮總督府派遣員田邊孝、芮東進、哈爾濱辦事處長盛長次郎、哈爾濱警察官鈴木佐吉、滿人鼎、奉天公報事業部長小泉勝治、瀨尾陸太郎、平馬愼太郎、關東軍移民部山田金吾、東亞勸業齋藤謙太郎らの諸氏で、何れも誠意ある支持者であり、又後に再願に大きな力となつた人々である。

かゝるうち阿什河左岸地區の引繼は、軍、朝鮮總督府、拓務省、東亞勸業株式會社各當事者の間で細部に亙つてまで圓滿に引繼が行はれた。これを機會に、軍官民の間に本敎の移民事業に對する熱意が諒解され、その好意ある支援の手が差しのべられる好結果となつた。先の中止命令は只その後の事情と情勢の變化によつて止むを得なかつたのだといふことになり、これから後は再び積極的な好意ある支援がよせられたのである。

このうち特に軍移民部山田金吾氏は『軍へ提出する願書は全責任を持つから安心してやれ』と鞭撻、又東亞勸業の花井專務は『阿什河の左右兩岸地區に亙つて一萬町歩を軍の命により買收中であるから一緒に買つて上げてもよい。又その一部を分讓して貰つたらよい』と好意ある申出を行つた。さらに丁度在哈中の拓務省書記官小河正儀氏を訪ねて、花井專務の意向を傳へて依賴すると『東亞勸業と萬事打合せて下さい。今日も第十師團の櫻井德太郎參謀へ、移民部としては天理敎の移民をやらせるつもりだからと話したところ、櫻井參謀もそれは大變良からう。師團の方もその點は諒としてゐるからといふことだつたから、そのつもりで計畫を進めて下さい』といふことであつた。これによつて移民部や軍の意向も大體諒解出來、今度は早くから前途の順調を思はすものがあつた。これが九月も末のころのことである。

その結果十月二日、橋本正治氏は東亜勸業の阿什河右岸地區の買收豫定地實地踏査に加へられた。一行は軍移民部鎌田生三氏以下三名、東亞勸業花井専務、齋藤謙太郎氏以下二名、平馬愼太郎氏らに日本警備兵であつた。詳細な視察の結果、特に東亞勸業の一行、移民部の鎌田生三氏らと親密になり、その後の移民地區決定に大いに役立つた。

鎌田生三氏は早速東亞勸業と緊密な連絡の上、阿什河畔土地分讓願を軍へ提出したらよいとさへすゝめてくれた。

さうした折、山澤爲次氏が本部から渡滿したのを機會に、十月六日新京の傳道廳において、深谷德郎氏らを交へて、現地側の狀勢を傳へて協議するや、本部においても移民再願が決定してゐるから、どしどし計畫を進めるべしといふことになり、この阿什河右岸地區を中心にしての移民再願は、當局側の諒解と共に確實な一歩を踏み出すことになつた。

3　移民計畫再願の決定

かくて阿什河右岸地區の分讓による移民實行を決して、關係方面への準備と交渉を進め、完全なる諒解の下に移民再願計畫が樹てられた。そしてこれは十月十九日の靑年會常務委員會にかけられて承認された。次いで直轄分支會長會議にもかけられて贊同を得た。

十月廿四日には、教祖殿新築落成式、遷座祭がいと盛大に擧行され、同二十七日には第十五回青年會總會が開催された。席上、最初の移民計畫中止にいたつた經過報告を行ひ、さらに移民計畫再願の件を發表して賛同を求むるや、滿場大拍手裡に賛意を表し、移民再願を可決した。一時移民中止を傳へ聞いて銷沈してゐた會員は、この發表に歡喜し、如何なる難關があらうとも必ずわれらの信仰と熱誠によつてこの難事業を遂行、御國の御奉公に役立つのだと軒昂たる意氣を揚げた。もとより最初の中止を聞いたからとて、更生の意氣と荒木棟梁の使命に燃ゆる青年會が、一回の失敗位でこの國家的素志をまげるはずのものではなかつたのだ。その時から、どんな難關に遭遇しても、國のためなら必ずなし遂げるのだと不屈の信念を固めてゐた。それが今日の再願となつて現れ、あの時の悲痛な覺悟と熱意がけふの喜びとなり、さらに將來の天理村建設の推進となり、天理村を移民の雛型として完成せしめた大きな原動力となつたことを忘れてはならぬ。

4 阿什河右岸移民計畫願

移民再願が決定するや、再三青年會常務委員が開催されて、移民計畫願が愼重に審議された。その結果次の如き『阿什河右岸移民計畫願』が十一月十六日付關東軍司令部宛提出された。同廿日にはこれと同じ寫が在哈爾濱の特務機關、第十師團司令部、憲兵隊本部、總領事館へ提出された。

哈爾濱近郊移民計畫ニ關スル件御願

今般天理教青年會ニ於テ哈爾濱近郊貴軍御買收地ノ接讓地若シクハ其附近ニ於テ壹千町歩ヲ買收シ貴軍移民計畫ノ御趣旨ニ遵ヒ別紙ノ通リ天理農村建設計畫ヲ樹立シ移民ノ實現ニ着手致度候間特別ノ御詮議ヲ以テ御承認被成下度別紙關係書類相添ヘ此段及御願候也

昭和八年十一月十一日

天理教青年會長　中山正善

關東軍參謀長　小磯國昭殿

天理教青年會移民計畫案

地名	收容戸數	耕地面積 壹戸當リ 水田	耕地面積 壹戸當リ 畑	耕地面積 計	宅地計	小計	學校、教會、墓地、病院、潰地等	總計
哈爾濱	壹百戸	三町歩	五町歩	八町歩	十町歩	八百町歩	約二百町歩	約壹千町歩

一、移民ノ資格

イ、天理教青年會員ニシテ授訓者タル事

ロ、ナルベク既教育在郷軍人タル者

ハ、年齢滿廿六歳以上滿三十五歳以下ノ尋常小學校卒業以上ノ者

ニ、滿洲永住ノ決心ヲ有シ志操信仰堅實且ツ身體强健、困苦ニ耐エ得ル有配偶者

ホ、農業ニ經驗アル者或ハ農業ニ經驗アリ手職アル者
ヘ、被扶養者尠ク勞働力大ナル者
二、移民ノ收容時期
イ、第一回移民　五〇戸　昭和九年五月頃
ロ、第二回移民　五〇戸　昭和十年五月頃
三、一戸當リ割當面積及ビ作物
水稻　三町步　其他　五町步
外ニ宅地、潰地、共同施設等ノ面積一戸當リ一町步ノ割　計十町步
四、所要資金
資金ハ總テ天理教青年會ヨリ貸與シ、渡滿第五年度ヨリ年賦償還セシメ、償還完了ヲ待ツテ住宅、土地ヲ移民ノ所有ニ移シ獨立自作農タラシム、但シ一切金利ヲ附セズ
五、所要資金　貸付金（一戸當リ）
A、固定資本　二、五七九圓
イ、土地　一、五五九圓
土地買收費　一、一三九圓
土地改良費　四二〇圓
ロ、造營物　七二〇圓
住家（支那式三間房子）　四〇〇圓
倉庫兼苦力舍　一〇〇圓

厩舎	五〇圓
豚舎	二〇圓
井戸（二戸共同）	五〇圓
共同設備	一〇〇圓
ハ、什器（農具概算）	二〇〇圓
ニ、家畜	一〇〇圓
耕牛	六〇圓
種豚（牝二頭 牡一頭）	四〇圓
B、流通資金	六五〇圓
イ、生計費	一五〇圓
ロ、農耕資金	五〇〇圓
合計	三、二二九圓（但シ指導員ノ給料ヲ含マズ）

六、移民一戸當收支計算

收入

第一年度	第二年度	第三年度
一、一六八円・〇〇	一、六九九円・〇〇	一、九二二円・〇〇

支出

第一年度	第二年度	第三年度
九八〇・〇〇	一、三〇三・〇〇	一、三一八・〇〇

差引益金

一八〇・〇〇　　三九六・〇〇　　六〇四・〇〇

（編者註　内譯省略）

七、年賦償還

第五年度末ヨリ毎年二百十五圓宛十五ヶ年均等割賦償還セシム、但シ移民ニシテ資本ヲ有スル者或ハ年賦償還額ヲ多額ニ納付シ得ル者ハ自由ニ償還年度ヲ短縮スル事ヲ得、償還完了ト同時ニ移民ノ所有ニ移スモノ左ノ如シ

一、耕　地　　八町歩

一、宅　地　　一段歩及ビ同地上ノ營造物一切

一、農具什器等

この移民計畫は最初の失敗もあり、愼重が期された。現地では移民部の山田金吾氏、東亞勸業の齋藤謙太郎氏等が中心になつて立案し、さらに本部で愼重審議されたものである。

まづ一千町歩と地域を縮少し、移民一戸に對し十町歩の耕作面積としたことは、今に殘る移民の標準として適當なものであつた。さらに移民の成否は一にかゝつて人にあるので、移民資格が嚴重に規定された。最初計畫された時の資格は頗る漠として、誰でもよいといふ感じであつたが、今回ははつきりと『青年會員にして授訓者たること』と規定してゐる。これは再願そのものが、天理教教徒たる深き信仰者によつてのみ、滿洲移民の雛型を示さうとする信念のもとにせられたことを物語るものである。次に

志操堅固、身體強健なるものは何れの移民團も要求してゐるところであるが、特に堅實な信仰を要求してゐるところに特異性がある。また當時移民といへば必ず最初は獨身者をもつて組織するのが常識であつたが、特に有配偶者を求めてゐることは、當時未だ企圖されてゐなかつた家族移民を決行して、移民事業に一新紀元を開かうとしたものであると見ることが出來る。その他計畫には入植時期、戶數、一戶當り割當面積等何れにも愼重な計畫が立てられ關係者苦心の程が覗はれるものである。

ともあれこの計畫は、最初の出願から見て畫期的な進展を見せてをることは、最初の試煉が今日の結果となつたものであり、また各權威者の參畫、應援に負ふところ多いものがある。そしてこれが今後の天理村實施計畫の骨子となり、また滿洲移民の一つの型として廣く今日まで基本をなして來たことは誠に特筆大書さるべきものであつた。

五　移民計畫許可

さて十一月十六日に移民願を提出したとはいふものゝ、許可にならねば手の付けやうがない。昭和九年三月には先遣隊を入れると、さきの青年會總會で發表してあり、一日も早く許可して貰ひたいのは人情であるが、中々さうは行かない。種々交涉して見たが、年內に許可される見込はなくなつた。關係者の間で焦燥の色が見え出して來た。また不許可になるのではないかといふ不安もあり、氣が氣でなかつた。この折りのことを橋本正治氏は次の如く述懷してゐる。

關東軍司令部の方へ行けば出先官憲の諒解を得よといふし、出先では新京より何の指示もないと逃げられ、其間に立つてタラヒ廻しの憂目に逢ふてゐるやうで泣くにも泣けぬ。是が非でも何んとかして頂きたいと、手詰めの交渉しても埒があかず、地團駄踏み〳〵遂に昭和八年を見送つた。

翌れば昭和九年、一月廿六日の本部大祭までには何んとか許可指令を間に合はしたいと、正月早々から關係方面との交渉が初められた。『大丈夫許可して貰へるから』と聞いても中々安心出來なかつたやうである。然し各關係當局の間には好意によつて順調な進行を見せてゐた。この愈よ大詰めとなつた頃のことを、同じく橋本正治氏は次の如く述懐してゐる。

一月十日、軍司令部に鹽澤參謀を訪ねて、一日も早く許可して貰ひたいと願ふと『まあさう急ぐな、いづれ哈爾濱の方から添書が來るから、それからのことだ。參謀長はどういふかわからんぞ』とこの會見はいつもと變り打解けたものがあつたので、言外に自分達は承知してゐるが、殘るところは參謀長だけだから心配するなといふ意味が含まれてゐると思ひ、これなら許可間違ひなしと大いに安堵した。

翌十一日、移民部に出頭して見ると、出先の添書が到着してゐるので、やれ嬉しやと早速經由方を賴んで歸宿、餘りの嬉しさに深谷德郎氏宛『昨日出先より添書提出あり、滯京して許可指令を待つ豫定、吉報お待ち乞ふ』と打電した。次いで十三日、十四日と移民部に出願して『まだか〳〵』と督促し、許可のない内は毎日坐り込みかねない有様であつた。移民部の鎌田生三氏も困つて『必ず通るやうにするから心配せずに十六日の朝出頭せよ、それまでは哈爾濱に歸つて待つてをれ』といふことであり、十四日一旦歸り、十五日再び新京に出た。それと行き違ひに移民部から『明十六日來い』といふ電報が哈爾濱から轉電されて來た。十六日朝移民部に出頭すると、武藤公平拓務事務官から『軍買收地の一部讓渡願を至急提出せよ』とのことに早速これを提出した。すると『關係者の承認を得てあげるから午後四時頃もう一度來い』とのことであつた。約束の午後四時三度出頭すると『今許可指令をタイプライターに打つてゐるから、それが出來上るまで待つてをれ』とのことである。それを聞いた私は感極まつて、若し人がゐなかつたらその場に泣き伏したことでせう。

昭和七年以來こゝに滿二年、青年會當事者の苦心丹誠、三十萬會員の熱誠、關係當局の理解等によつて、途中千辛萬苦をなめながらも、こゝに初めて天理敎自體の手によつて天理敎獨自の移民を達成し得る端緒は廻り來たのである。許可の吉報は各方面へ飛んだ。

土地分讓願

客年十一月十一日付及御願置候哈爾濱近郊移民計畫御承認ノ上八月下東亞勸業株式會社ニ對シ買收方御依託相成居候地區內ニ於テ御計畫ニ差支ヘナキ限リ約一千町步ヲ御指示ニ依ル價格ヲ以テ御分讓方特別ノ御詮議相成度此段併セテ及御願候也

昭和九年一月十六日

天理敎青年會代表　深谷德郎

關東軍參謀長　小磯國昭殿

移民計畫許可指令

特務部發第七十九號

哈爾濱近郊移民計畫ニ關スル件回答

昭和九年一月十六日

關東軍參謀長　小　磯　國　昭

天理教青年會長　中　山　正　善　殿

昨年十一月十一日付申請ニ係ル哈爾濱近郊移民計畫ニ作フ一千町歩ノ土地商租ニ付テハ左記條件ヲ付シ手續方異存無之

尙目下東亞勸業株式會社ガ買收中ノ地區ニ付其ノ買收終了ノ上城子又ハ黃家店附近約一千町歩ヲ妥當ナル價格ニテ分讓ニ應ズル如ク取計フモ差支無之旨申添フ

尙詳細ニ就テハ隨時打合セ決定ス

記

一、移住地區決定セバ其後三ヶ年以內ニ之ヲ完成スル事

二、移住地施設ニ付テハ接讓地區ト均衡ヲ保持シ當分關東軍移民部ノ指示ニ從フコト

三、移住地建設狀況ヲ時々報告スルコト

以　上

六　移民地區の決定

1　青年會の移民計畫審議

丁度半年前、最初の計畫を中止した時は內も外も四面楚歌で、再び移民の實現を見ることはあるまい

と思へる程であつた。しかるに關係者のたゆみない努力と、會員の熱誠なる支援、當局の理解ある支持によつて、場所も前と餘り變らぬ同じ阿什河畔に、本敎獨自の移民が實現を見ることになつた。關係者の喜びは恐らく想像以上のものであつたであらう。特に『死ぬにも死ねぬ』と苦しんだ橋本正治氏けふの喜びは如何ばかりであつたらう。橋本氏は一切の過去をこの喜び一つにかき消して許可指令を胸に、一月十八日嬉し涙と共に哈爾濱を發ち本部に歸着した。中山會長への報告も濟み、廿二日には常務委員會が開かれ經過報告が行はれた。さうして指令中に指示されてゐる城子、黄家店二つのうち何れを選ぶべきかは役員の實地踏查によつて決定することにした。さらに移民計畫の詳細案も同時に審議され、直ちに移民募集にもかゝることになつた。橋本正治氏は寸暇を割いて、一月廿九日から二月三日まで東北六縣を訪ねて、まづ關係方面に移民事業の支援を依賴するところがあつた。

2　天理村建設事務所設置

かくて移民事業の着手に當り陣容を强化する必要があり、從來とも天理村建設事務所は哈爾濱市斜紋街に置いたまゝであり、その事務所主任は橋本正治氏が現任の形であつたが、途中計畫の中止や、事務所の解散のため甚だ明瞭を欠いてゐたので、本格的建設に當りこれを强化した。すなはち滿洲傳道廳長としてその衝に當つて來た深谷德郎氏を專任所長とし、橋本正治氏を主任とする天理村建設事務所開設屆は同所處務規程と共に二月十二日付をもつて關係各機關宛に屆けられた。

昭和九年二月十二日

天理教青年會長　中山正善

（關係各機關宛）殿

天理村建設事務所開設御屆

昭和九年一月十六日付特務部發第七九號ヲ以テ關東軍參謀長小磯國昭閣下ヨリ哈爾濱近郊ニ於ケル移民計畫ノ件御許可相受候ニ付今回左記ノ通リ相定メ候間此段及御屆候

左　記

一、事務所規定　別紙ノ通リ

一、職　員　所　長　本會理事　深谷德郎

主　任　本會參事　橋本正治

天理村建設事務所處務規定

第一條　天理村建設事務處理ノ爲メニ天理村建設事務所ヲ哈爾濱斜紋街五〇號ノ三ニ置ク

第二條　本事務所ニ左記職員ヲ置ク

一、所　長　一名

二、主　任　一名

三、係　員　若干名

第三條　所長ハ天理教青年會長之ヲ命免ス

第四條　主任ハ所長ノ推薦ニヨリ天理教青年會本部常務委員會ノ議ヲ經テ天理教青年會長之ヲ命免ス

第五條　係員ハ所長之ヲ命免ス

第六條　所長ハ本事務所ヲ代表シ建設事務ヲ總攬ス

第七條　主任ハ所長ノ命ヲ受ケ建設事務ヲ處理ス
第八條　係員ハ上職ノ命ニ從ヒ諸般ノ事務ニ當ル
第九條　本事務所ニ關スル細則ハ別ニ之ヲ定ム

3　移民地區の實地踏査

移民計畫再願も許可され、天理村建設事務所の正式開設も出來、現地は洋々たる希望に滿たされ愈よ二月十六日實地踏査を行ふことになつた。

この日快晴にして一點の雲もなく、參加する者は軍移民部山田金吾、東亞勸業土地買收係後藤連一、大阪朝日新聞社營業部木村巳之吉、深谷德郎、松村義孝、橋本正治、和田吉太郎の諸氏外合計十四名で、日本軍警備兵に護られてトラック二臺、ハイヤー一臺に分乘、午前九時斜紋街の事務所を出發して三棵樹、韓家窪子、黃山咀子、大和店を經て偏瞼子にいたり、こゝの東亞勸業土地買收事務所で少憩した。こゝは土壁に圍まれた農家であるが、執銃の白系露人廿一人が警備に當ると共に周圍には鐵條網を廻らすといふ物々しさであつた。さらに新立屯にいたり王子豐（元阿城縣匪賊の副頭目）の家で少憩、次に福昌號にいたり樓門つきの堂々たる豪農張百琛家へ車を乘り入れる。執銃の私兵十七、八名が物々しく警備してゐる。次に城子溝、城子屯に進んだが、一行の意見は『この城跡を部落にし、北側の低濕地を水田に、南方の臺地を畑としたら良い』といふことになつた。然し結氷中のことゝて地味の肥瘦も地形も分明しない。これが後の天理村の地域と決定するのであるが、この時はまだ誰にも想像さへつかなかつた。さらに北側の底地に下りて北進、千家窩棚を過ぎて西進、三姓屯から黄家屯に出たが、この邊りは許可指令にある黄家店地區である。かくてこの日の視察は多大の成果を收めて終了した。

さてこの實地踏査の結果、城子と黄家店との何れかを選ばなければならぬ。東亞勸業の齋藤謙太郎技師の研究によれば、阿什河左岸が一番地味惡く、次が黄家店、一番肥沃なのは福昌號附近とのことである。實地踏査に同行した移民部の山田金吾氏は、あらゆる方面から檢討した結果を城子地區に選び、しかも出來るだけ偏瞼子方面に近よつて選ぶを得策とすると進言した。

4　土地分譲地域の許可

しかし一旦中止を命ぜられたにも拘らず、破格の取扱ひによつて再び阿什河畔に移民地の取得を許されたのであるから、この際地區の選り好みはせず、一切を軍の命に從つた方がよいといふことになり、分譲地域指示に關する願書が提出された。

分譲地域指示ニ關スル件御願

今般阿什河右岸城子屯及ビ黄家店附近ヲ天理教青年會移民地トシテ御認可相成候ニツイテハ別紙圖面ニヨリ御分譲地域御決定相成度此段及御願候也

昭和九年三月八日

天理村建設事務所長　深　谷　德　郎

關東軍特務部長　西　尾　壽　造殿

これに對し翌九日には次の如き許可があつた。

特務部發第三一四號

天理村建設地區決定及移民計畫ニ關スル件回答

關東軍特務部長事務取扱

小　磯　國　昭

天理教青年會長　中　山　正　善　殿

昭和九年三月八日付ヲ以テ願ニ係ル首題ノ件ニ關シ昭和九年一月十六日付特務部發第七九號中ノ城子屯附近ニ決定セシニ付回答ス

尙移民計畫ニ關シ東亞勸業ニ依賴ノ件ハ當方ニ於テ異存無之

この最後の項目たる『東亞勸業に依賴の件』といふのは、實地踏査を終へた後、地區決定後の建設工作について東亞勸業花井專務と相談した時、花井專務曰く『全然素人の天理教の人が建設工作を進めることは中々困難であると思ふ。殊に事務所にはまだ其の仕事に通じた人が一人もゐないのだから、今度また失敗すれば再び中止の憂目を見ねばならぬと思ふ。今までの行がゝりもあり僅かのことだから、經驗も十分な自分の會社がお手傳ひしてもよい』と、渡りに船のやうな好意ある申出に『萬事宜しく』といふことになり、建設工作は東亞勸業に依賴することになつてゐたので、別紙にその許可も仰いであつたのである。

なほこれが後六月になつて建設工事の着手と共に東亞勸業哈爾濱事務所長齋藤謙太郎氏を顧問として

囑託、同社公太堡農場主任菅原運治氏を指導員として迎へることになつた。

5　本移住地域境界線の決定

さて地區が決定すれば境界線を確定する必要があり、三月十九日その實地踏査を行つた。一行は特務機關村田氏、東亞勸業中田、後藤兩氏、本敎側橋本、和田、川原三氏。例の如く日本警備兵に護られて所要地の踏査を行つた。その結果境界線決定願が提出されこれが許可された。

昭和九年四月十日

天理村建設事務所長　深谷德郎

關東軍特務部長　西尾壽造殿

天理村建設地分讓御願（ハルピン特務機關經由）

本年三月九日付特務部發第三一四號ヲ以テ御指令相仰ギ候天理村建設地域ヲ別紙圖面ノ通リ御分讓相願度

追ッテ本協議ニハ當地特務機關及ビ東亞勸業株式會社ノ御參與ヲ仰ギタルモノニ付申添候

右同意

哈爾濱特務機關關東軍司令部付

陸軍步兵中佐　細木繁

特務部發第五三三號（ハルピン特務機關經由）

天理村建設地域決定ニ關スル件回答

昭和九年四月十四日

關東軍特務部長　西尾壽造

天理教青年會長　中　山　正　善　殿

昭和九年四月十日付ヲ以テ願ニ係ル首題ノ件ニ關シ同年三月十二日付特務部發第三一二號ヲ以テ回答セル所ナルモ右地域ハ別紙圖面ノ通リニテ異存無之ニ付キ回答ス

この許可があつてなほその後、累次口頭を以て軍當局と折衝を重ね、現在の境界線が決定したのであつた。

6　天理村設定地區内の狀況

この時の天理村設定地區内の概況は次の通りであつた。（昭和九年七月調）

土地の狀況

位　置

天理村建設地は哈爾濱を距る東北約四十支里（わが約六里半）吉林省阿城縣第三區新立屯、鴨子溝、福昌號、城子屯、陳立洪屯、鄭家屯に跨る大集團地にして阿什河右岸東亞勸業株式會社買收地五千町歩の東方に接壌す、地理學上の位置は北緯四十五度五十一分、東經百二十七度五十一分なり

氣　候

一般氣象狀態は哈爾濱と差異なく、哈爾濱に於ける最近二十ケ年間（一九一〇――一九二九）の統計により該地方の農耕期間中の氣象狀態を示せば左の如し

要素＼月別	四月	五月	六月	七月	八月	九月	十月
平均氣温C	五・八	一三・八	一九・九	二三・三	二一・〇	一四・一	五・三
平均最高氣温C	一二・〇	二〇・〇	二五・八	二八・六	二七・〇	二〇・四	一一・七
平均最低氣温C（一）	〇・九	六・九	一三・四	一八・一	一七・〇	九・五	〇・二
降水量（粍）	一九・八	四四・九	九九・五	一五五・〇	一一八・七	六〇・九	三三・八

地勢

本地は新立屯より福昌號に至る間は台地にして、鴨子溝以北、陳立洪屯、鄭家屯方面は平地なり

地質及地味

表土は肥沃なる黒色壤土にして、深さ二――三尺位、中層は粘土、下層は砂土なり、地味は該地方に於ては上位と見らる、陳立洪屯、鄭家屯方面は稍ゝ低濕にして局部的に排水の要あるが如し

面積

實測面積約一六五八、八〇晌、買收當時の狀態を地目別に示せば次の如し

村屯名	地主數	地目別面積				摘要
		熟地	荒地	其他	計	
福昌號	八名	二二二・六九晌	一八一・六四晌	二・〇一晌	四〇六・三四晌	一戸當耕作面積 四・四四
陳立洪屯	一八	一六二・一一	一三七・一五	四・二三	三〇三・四九	三・八六
新立屯	三	三二八・一九	一七・二一	九・四九	三五四・八九	九・三八
鴨子溝	一六	二四二・六〇	一六〇・三九	四・五二	四〇七・五一	五・五一

城子屯	一五	一〇二・四七	三九・八一	五・〇八	一四七・三六	
鄭家屯	三	二六・九八	一一・六四	〇・五九	三九・二一	一・一四
計	六三	一〇八五・〇四	五四七・八四	二五・九二	一六五八・八〇	三・七九
町ニ換算シテ		七八一・二三	三九四・四四	一八・六六	一一九四・三三	二・七三

（註） 一晌は我が約七段二畝なり
荒地は二荒地を含む、其他は宅地、牧地（墓地）等なり
一戸當耕作面積三晌七九となるも該面積は地區內のものにして當地區外地をも耕作し居るを以て滿人實際の一戸當平均耕作面積は約七晌位の見込なり

作付狀況

重要作物は大豆、高粱、谷子（粟）、小麥、包米（玉蜀黍）等にして普通谷子、大豆、高粱又は小麥の三年輪作を行ふ、肥料は一般に馬糞を主とし之れに肥土、炕灰を混入したるものを用ひ、施肥は二――三年に一回を行ふ、施肥量は晌當馬車にて二十車內外とす

作物の晌當收量（哈爾濱枡）は

大豆	五――六石	谷子	五――六石
高粱	七――八石	包米	七――八石
小麥	三――四石	陸稻	七――八石
稗子	一〇石		

（註） 一石はわが一石六二なり

部落

本地方には一昨年の大水渦次いで匪賊の横行のため疲弊甚し、今部落の現狀を示せば

戸口　家屋　井戸　碾子　唐　家畜　馬車　（編者註　各別表省略）

警備、教育

本地方の治安は農村民による自衛團に保全せられ、團員約二百名、其の費用は農耕地に割當てらる、月額耕地晌當〇、〇七位なり、自衛團は縣警務局の統制下にあり、其の組織次の如し

團總—保董—甲長—排長—班長—團丁

本區内には教育機關なく僅かに福昌號に私塾ありて部落民の子弟を教育す

税金、公課

大租（地租）	年額國幣	〇・六四元
畝捐（縣税）	同	一・二五
自警團（地方税）	同	〇・六七二
村費	同	〇・五二八
計		三・〇九

出産税は穀物一石につき

大豆	國幣	〇・三二
小麥	同	〇・四〇
高粱	同	〇・一六
粟	同	〇・一六

馬車税

一頭曳	國幣	一・〇〇
二頭曳	同	三・〇〇

三頭曳　同　四・〇〇
五頭曳　同　以上一頭毎に一元増

七　移民地建設計畫

移民地區が決定し、その建設工事と諸計畫は豐富な經驗を持つ東亞勸業に委任し、いよ〳〵後は建設と移民の入植である。これよりさき、東亞勸業で立案された移住地建設計畫案は、三月廿五日の青年會常務委員會にかけられて、移民入植に關する具體案と共に愼重審議を盡し、直ちに印刷の上直轄分支會長に配附、この計畫に基いて具體的活動が開始された。建設計畫案は後に實施の基礎となつた重要なものであるから左に記錄す。

移住地建設計畫

A　移住地建設要項

一、一部落ノ戸數ハ約五十戸トス
二、一戸當ノ敷地ハ三百坪トス
三、部落ノ中心ニ二戸分ノ共同施設ニ要スル敷地ヲトル
四、部落ハ長方形墻壁內ニ設置ス
五、部落內ノ道路幅員ハ六間トシ中央ヲ四間兩側ヲ各一間宛トシ植樹ヲナス
六、部落經費ハ本豫算ニハ計上セズ部落ノ自治ニ一任ス

七、警備用警鐘ヲ準備ス
八、警備用武器彈藥ハ軍ヨリ貸付ヲ受クルモノトス
九、外務省ニ申請シテ領事館警察出張所ノ設置ヲナス
十、現地ニ村事務所ヲ設置ス、村事務所ハ移民ノ指導並ニ産業組合ノ業務ヲ掌ルモノトス
十一、移住地三部落ニ小學校、診療所ヲ含ム一ヶ所ノ部落ヲ設定ス
十二、移住者ハ一戸ニ付男ニ換算シテ二人以上ノ勞働力ヲ有スルモノヲ採用ス
十三、移住者ハ所持資金ヲ有セザルモノトシテ立案セリ
十四、耕地ハ當初ノ一年間ハ滿人ノ小作ニ付ス

移住地建設所資金總額	四一五、四〇〇圓	
一、土地代及築道費	一五六、〇〇〇圓	
1、土地代金	一二〇、〇〇〇圓	移住地約一千二百町歩購入見込額
2、築道費	三六、〇〇〇圓	
イ、道路修築費	三二、〇〇〇圓	約八里分
ロ、橋渠建築費	四、〇〇〇圓	約廿ヶ所分
二、建物建築費	三〇、〇〇〇圓	
1、村事務所建築費	三、五〇〇圓	三五坪分
2、同職員住宅建築費	三、六〇〇圓	一戸二〇坪三戸分
3、厩舎建築費	四〇〇圓	一〇坪馬夫宿舎ヲ含ム
4、小學校建築費	二〇、四〇〇圓	一七〇坪

5、教員住宅建築費　一、八〇〇圓　三戸分
6、診療所用建物建築費　三〇〇圓　一棟

三、設備費　一〇、〇〇〇圓
1、井戸堀鑿費　一、〇〇〇圓　一〇限分
2、墻壁構築費　三六〇圓　事務所用二四〇間
3、村事務所備品費　二、〇〇〇圓　金庫、机、椅子、戸棚、雜品
4、馬匹及馬具購入費　四四〇圓　馬三頭馬具
5、學校設備費　五、四〇〇圓　机、椅子、戸棚、オルガン、圖書標本、他一校分
6、醫務室用備品費　五〇〇圓
7、警鐘設備費　五〇〇圓　二ケ所

四、經常費　二〇、〇〇〇圓
（編者註　内譯省略）

五、貸付金　一九九、四〇〇圓
移住者ニ手持資金ナキモノト認メ其一家族ニ對シ營農資金三、一九四圓（第一例畑作ニ因ル）宛百家族ニ對スル貸付金三一九、四〇〇圓トナルガ其中ニハ土地代金一二〇、〇〇〇圓ヲ含ムニヨリ之ヲ控除シタル一九九、四〇〇圓ヲ實際貸付金トナシタリ、渡航費ハ除外ス

六、所要資金ノ分類
總額　四〇九、八〇〇圓
1、土地代　一二〇、〇〇〇圓

2、築　道　費　三六、〇〇〇圓
3、村事務所關係費
イ、建物及設備費　二一、二八〇圓
ロ、經　常　費　一一、一〇〇圓
4、教　育　費　一〇、一八〇圓
イ、建物及設備費　三六、九六〇圓
ロ、經　常　費　二八、一〇〇圓
5、衛　生　費　八、八六〇圓
イ、建築物及設備費　一、七六〇圓
ロ、經　常　費　八〇〇圓
6、貸　付　金　九六〇圓
一九三、八〇〇圓

移住地建設年次計畫
1、第一年度（昭和九年九月末）五〇戸ヲ入植セシム
2、第二年度（昭和十年九月末）五〇戸ヲ入植セシム
備考　土地買收其他ノ狀況ニヨリ第三年度更ニ五〇戸、第四年度五〇戸ヲ入植セシムルコトアルベシ

B　農家ノ營農標準及其收支計算書
第一例　畑　作
一、想　定

1、一戸當面積　畑一〇町歩（水路計畫實施後ハ水田三町歩、畑七町歩）
　但シ昭和十年度ハ小作ニ附シ同十一年以降自作スルモノトス
2、所要資金貸付計算ノ通リ三、一九四圓ヲ貸與スルモノトシ、昭和十二年度迄据置、昭和十三年度以降
　二十ヶ年ニ年賦償還セシムルモノトス、但シ無利子トス
3、移民ハ昭和九年九月家族帶同入植ノコト、シ、家族ノ構成ハ五人トシ内勞働力アル者ヲ二人ト假定ス
4、本案計算基礎ハ左記換算率ヲ適用セリ
　イ、哈爾濱桝　一石ハ　日本桝一石四斗
　ロ、哈大洋　一百元ハ　金九〇圓
　ハ、一　晌　七段二畝

二、所要資金

1、固定資金

イ、土地代	一、二〇〇圓	土地買收十町歩
ロ、造營物	六七〇圓	別項（ロ）ノ通リ
ハ、動物	二〇〇圓	別項（ハ）ノ通リ
ニ、農具	二六〇圓	別項（ニ）ノ通リ
計	二、三三〇圓	

2、經營費　八六四圓　別項（イ）（ロ）（ハ）（ニ）（ホ）（ヘ）ノ合計額八八九圓ノ七〇％六二二圓ト昭和九、十年度損金二四二圓ノ合計額

3、所要資金合計　三、一九四圓

收支計算

1、收入ノ部

	昭和十年	昭和十一年	昭和十二年	昭和十三年以降
	円	円	円	円
農耕收入	―	九〇六・〇〇	九四六・〇〇	九六六・〇〇
小作收入	一八八・〇〇	―	―	―
副業收入	一六〇・〇〇	一六〇・〇〇	一六〇・〇〇	一六〇・〇〇
計	三四八・〇〇	一、〇六六・〇〇	一、一〇六・〇〇	一、一二六・〇〇

2、支出ノ部

	昭和九年	昭和十年	昭和十一年	昭和十二年	昭和十三年以降
	円	円	円	円	円
種苗費	―	―	七九・〇〇	六六・〇〇	六六・〇〇
肥料費	―	―	二〇・〇〇	二〇・〇〇	二〇・〇〇
飼料費	―	五六・〇〇	五六・〇〇	五六・〇〇	五六・〇〇
勞力費	―	―	三二八・〇〇	三二八・〇〇	三二八・〇〇
税金公課	―	三四・〇〇	三四・〇〇	三四・〇〇	三四・〇〇
生計費	二〇〇・〇〇	三〇〇・〇〇	三〇〇・〇〇	三〇〇・〇〇	三〇〇・〇〇
小計	二〇〇・〇〇	三九〇・〇〇	八一七・〇〇	八〇四・〇〇	八〇四・〇〇
固定資本償却	―	―	八六・〇〇	八六・〇〇	八六・〇〇
年賦償還金	―	―	―	―	一六〇・〇〇
計	二〇〇・〇〇	三九〇・〇〇	九〇三・〇〇	八九〇・〇〇	一、〇五〇・〇〇

3、收入差引

年度	收入	支出	差引損益
昭和九年	—	二〇〇・〇〇円	(一)二〇〇・〇〇円
昭和十年	三四八・〇〇	三九〇・〇〇	(一)四二・〇〇
昭和十一年	一〇六六・〇〇	九〇三・〇〇	一六三・〇〇
昭和十二年	一一〇六・〇〇	八九〇・〇〇	二一六・〇〇
自昭和十三年至昭和卅二年	一一二六・〇〇	一、〇五〇・〇〇	七六・〇〇
昭和卅三年以降			二一六・〇〇

別	項	
一、所要資金	三、一九四圓	
A、固定資金	二、三三〇圓	
イ、土地	一、二〇〇圓	十町歩分
ロ、造營物	六七〇圓	
內譯		
移民住家	三〇〇圓	滿洲式三間房子
滿人常傭住家兼倉庫	一五〇圓	同右
厩舍	三〇圓	概算
豚舍	一〇圓	概算
井戸	五〇圓	二戸共同一戸當

共同設備　一〇〇圓　周圍土塀一戸當

共同浴場　一〇圓　一戸當

教會堂　二〇圓　一戸當

小計　六七〇圓

ハ、動物　二〇〇圓

內譯

馬　一四〇圓　二頭分

驢　三〇圓　一頭分

豚　三〇圓　親豚一五圓二頭分牡ハ共有ス

小計　二〇〇圓

ニ、農具　二六〇圓

內譯

馬車　一五〇圓　一臺大車附屬品付

共他農具　一一〇圓

B、經營資金　八六四圓

本文說明ノ如ク昭和十一年度分中ノ種苗費、肥料費、飼料費、勞力費、稅金公課、村費、生計費合計八八九圓ノ七〇％六二二圓ト昭和九、十年度損金二四二圓トノ合計額

C、貸付金　三、一九四圓　（前記A、Bノ合計額）

二、收支計算

A、收　入

昭和十年度　三四八圓　小作年度ノ收入　昭和十一年度　一〇六六圓　自作農收入

昭和十二年度　一一〇六圓　自作農收入　昭和十三年度以降　一一二六圓　自作農收入

イ、小作年度ニ於ケル收入（昭和十年）

收　入　三四八圓

種別	作付面積	段當小作料	全小作料	單價	金額
小作料	一〇町	石・四〇	石四〇・〇〇	円四・七〇	円一八八・〇〇
副業收入	―	―	―	―	一六〇・〇〇
計	―	―	―	―	三四八・〇〇

（註）1、小作昭和十年度一ケ年トス

2、ハルピン地方小作慣習ハ大豆、高粱、粟三色ノ定租ナリ
而シテ其ノ小作ハ熟地一晌平均二石（哈爾濱枡）ナルヲ以テ段當日本枡四斗ニ當ル

3、大豆、高粱、粟ノ一斗當（日本枡）平均單價ハ四七錢ナリ

因ニ一斗ノ値段大豆五〇錢、高粱三五錢、粟五五錢ナリ

ロ、自作ニ於ケル收入

1、農耕收入

昭和十一年度　九〇六圓　自作十町歩

昭和十二年度　九四六圓　自作十町歩

昭和十三年度以降　九六六圓　自作十町歩

種別	作付段別	段當收量	全收量	單價	金額
大豆	四〇.〇段	〇.九五石	三八.〇〇石	五.〇〇円	一九〇.〇〇円
粟	二〇.〇	一.二〇	二四.〇〇	五.五〇	一三二.〇〇
小麥	二〇.〇	〇.九五	一九.〇〇	一〇.〇〇	一九〇.〇〇
包米	二.五	一.二五	三.一三	三.五〇	一一.〇〇
陸稻	七.五	一.五〇	一一.二五	六.五〇	七三.〇〇
蔬菜	五.〇	五〇.〇〇	—	—	二五〇.〇〇
ルーサン十一年		二〇〇.〇〇	一、〇〇〇.〇〇	—	二〇.〇〇
十二年	五.〇	六〇〇.〇〇	三、〇〇〇.〇〇	—	六〇.〇〇
十三年		八〇〇.〇〇	四、〇〇〇.〇〇	二〇.〇〇	八〇.〇〇
計 昭和十一年度		—	—	—	九〇六.〇〇
昭和十二年度		—	—	—	九四六.〇〇
昭和十三年度		—	—	—	九六六.〇〇

備考 穀價ハ昭和八年十一月哈爾濱糧棧相場ヲ標準トセリ

2、副業收入（昭和十年度以降）一六〇圓

養豚	四〇圓	仔豚一〇頭
馬車賃稼收入	一二〇圓	一日三圓、四十日勞働見込ミ
計	一六〇圓	

B、支出

昭和九年度	二〇〇圓	昭和十年度	三九〇圓
昭和十一年度	九七五圓	昭和十二年度	八九〇圓
昭和十三年度	一、〇四七圓		

一、小作農年度ニ於ケル支出

	昭和九年度（円）	昭和十年度（円）
飼料費	—	五六・〇〇
税金	—	三四・〇〇
生計費	二〇〇・〇〇	三〇〇・〇〇
計	二〇〇・〇〇	三九〇・〇〇

二、自作農ニ於ケル支出

イ、種苗代

昭和十一年度　七九圓

昭和十二年度　六六圓　（以降同ジ）

種別	作付段別（段）	段當播種量（石）	全播種量（石）	單價（円）	金額（円）
大豆	四〇・〇〇	〇・〇七	二・八〇	五・〇〇	一四・〇〇
粟	二〇・〇〇	〇・〇二	〇・四〇	五・五〇	二・二〇
小麥	二〇・〇〇	〇・〇八	一・六〇	一〇・〇〇	一六・〇〇
包米	二・五〇	〇・〇四	〇・一〇	三・五〇	〇・三五
陸稻	七・五〇	〇・〇七	五・二五	六・五〇	三・四一

蔬菜	五・〇〇	―	―	六・〇〇	三〇・〇〇
ルーサン	五・〇〇	―	―	二・五〇	一二・五〇
計　昭和十一年		七九・〇〇			
昭和十二年		六六・〇〇			

昭和十二年以降ハ不要

ロ、肥料費（昭和十一年度以降）二〇圓

但シ蔬菜栽培用　段當四圓　五段歩分

他ノ作物ハ施肥ヲ要セズ、特ニ必要ナルモノハ自家製肥料ヲ使用スルコト、ス

ハ、飼料費（昭和十年度以降）五六圓

種別		金額
耕馬並驢馬	昭和十年度以降	三六・〇〇円
豚	昭和十年度以降	二〇・〇〇
計	昭和十三年度以降	五六・〇〇

ニ、勞力費（昭和十一年度以降）三二八圓

種別	員數	單價	金額	
常傭人夫	一人	―	一六〇・〇〇円	年給一二〇圓外ニ食費四〇圓ヲ含ム
臨時人夫	三三五人	〇・五〇円	一六七・五〇	
計			三二八・〇〇	

ホ、稅金公課（昭和十年度以降）三四圓

種別	反當負擔額	總負擔額
大租畝捐	〇・二〇円	二四・〇〇円
村費		一〇・〇〇
計		三四・〇〇

ヘ、生計費（昭和十年度以降）三〇〇圓

但シ家族大人三名、子供二名ト見做シ子供ハ大人ノ二分ノ一トシテ計算ス

種別	一ヶ月分單價	金額	
食料費	一二・〇〇円	一四四・〇〇円	主食陸稲、副食物鹽、紛條子、豚肉、豆油メリケン粉ヲ主トシ味噌、醤油ハ自給
光熱費		五〇・〇〇	石油五十斤
被服費		五〇・〇〇	
雜費	二・五〇	三〇・〇〇	日用品、通信費、修養娯樂費
豫備費		二六・〇〇	醫療費其他
計		三〇〇・〇〇	

ト、小作年度ノ損失金　一八六圓

	收入	支出	損失
昭和九年度	円	二〇〇・〇〇円	二〇〇・〇〇円
昭和十年度	三四八・〇〇	三九〇・〇〇	四二・〇〇
計	三四八・〇〇	五九〇・〇〇	二四二・〇〇

チ、固定資本償却　八六圓

種別	金額	摘要
造営物	三四円・〇〇	六七〇圓ノ五%
農具	五二・〇〇	二六〇圓ノ二〇%
計	八六・〇〇	

リ、年賦償還金

昭和十三年度以降二十ヶ年々賦　一六〇圓

但シ昭和十一年自作農年度貸付金三、一九四圓ヲ無利子ニテ均等償還スルコト、シ期限ハ二十ヶ年トセリ

C、収支差引

昭和九年度損金	二〇〇圓	昭和十年度損金	四二圓
昭和十一年度益金	一六二圓	昭和十二年度益金	二一五圓
自昭和十三年度至昭和卅二年度益金	七六圓	昭和卅三年度以降	二一六圓

八　部落建設

1　東亞勸業株式會社の援助

さて愼重な計畫の下に、九月の入植を目指して天理村建設は第一歩を踏み出した。然し當時はまだ試驗移民時代で、果して滿洲で農業移民が成功するか否かは、當局においても確かな成算はなかつたので

ある。況んや如何なる移民を如何にして入れ、如何に運營すべきか一定の計畫はなかつた。しかるに一宗教團體が集合移民を入れ自力でこれを經營して行かうといふのであるから、その成否は特に注目された。若しこの移民にして不成功に終るやうなことがあれば、實に將來の移民國策に影響するところ大なるものがあるので、關東軍特務部を始め、駐哈日滿各關係機關は勿論、阿城縣當局に於ても絕大の支援をよせ、特にその建設には、多年滿洲にあつて農場經營の權威者たる東亞勸業株式會社が、その蘊蓄を傾けて當ることになつた。同社公太堡農場主任菅原運治氏が招かれて指導員として着任したのは五月三十日であり、また最初の計畫拋棄後から多大の援助を示した東亞勸業哈爾濱事務所長技師齋藤謙太郎氏が懇望されて顧問に囑託されたのは六月一日であつた。かくの如く、その建設は東亞勸業の手によつて進められた。なほ工事の一切は吉川組が請負つて着工することになつた。

2　起　工　式

まづ中央部落建設位置を決定する必要があり、五月十八日これが豫定地を實地踏査し、その結果中央部落は福昌號西北方約六百米の地點に決定した。一行は特務機關林田數馬、東亞勸業小田島企畫課長、齋藤謙太郎、後藤連一、吉川組中野三都二、本敎側橋本正治、川原政夫の諸氏であつた。

そして同二十六日には中央部落地鎭祭並に起工式が擧行され、曠野の中に感激深い第一鍬が下された。この日の參列者は特務機關林田數馬氏、東亞勸業中田富夫氏、吉川組中野三都二氏外在哈敎會長、教信徒、吉川組員ら多數で橋本正治氏主齋の下にいと盛大であつた。

3 建設工事仕樣

次いで六月十一日には吉川組から詳細な建設工事仕樣書、見積書、請書その他の書類が提出された。

天理村建設工事仕樣書

一、敷地總面積		四七、三二八・〇〇坪
一、建物總面積		一、八一五・二八九

右建物內譯

一、神　殿	煉瓦造平家建一棟	八六・九一二
一、事務所	同	三二・〇五六
一、派出所	同	四四・一四〇
一、診療所	同	三七・五〇一
一、共同浴場	同	三八・七〇〇
一、小學校	同	一八一・〇八〇
一、大　門	同　　二棟	二六・〇〇〇
一、職員宿舍	脫坯造平家建一棟	六四・三五〇
一、敎員宿舍	同	四三・二六六
一、倉　庫	同	三五・〇〇〇

一、自動車庫　同　三四・六六七
一、四隅望臺　同　二棟　一一・八四二
一、便所　木造平家建　五棟　九・七七五
一、移民住家　脱坯造平家建　五二棟　一、〇九二・〇〇〇
一、同附屬便所　同　〃　七八・〇〇〇

外ニ
一、展望臺　木造　一ヶ所
一、井戸　支那式手掘　一四ヶ所
一、濠及鐵條網　延長　八九二間
一、道路　同　二、三〇四間
一、箱樋　木製　一六五ヶ所
一、鹿柴　丸太製　六架

見積書

一金十四萬八千六百九十八圓四十錢也
但シ天理村建設ニ作フ諸建物其他新築工事
右ノ通リ見積候也
昭和九年五月二十五日

吉川組　永吉山藏

天理村建設事務所御中

請　書

一金　十四萬八千六百九十八圓四十錢也

但シ天理村建設ニ伴フ諸建物其他新築工事

着　手　昭和九年六月五日

竣　工　昭和九年九月二十五日

右工事ハ大正十一年三月滿鐵社則第三十號請負規則ニ準ジ完全ニ施行可致候也

昭和九年六月五日

吉川組　永吉山藏

天理村建設事務所御中

4　建設を妨害する阿什河と匪賊

逞しき建設は始まつた。しかしこの建設を最も妨害したのは、阿什河と匪賊であつた。

阿什河は松花江の支流であり、僅か三十米の川幅しかないが、天理村へ入るにはどうしても渡らねばならぬ河である。そのためにこれが氾濫したら道路も橋も忽ちに押し流されて天理村への交通は絶えてしまう。現在の如く木橋を架け鐵道で連絡してゐても、ひと度氾濫すれば木橋まで押し流されるので、昔から現在まで阿什河は天理村唯一最大ともいつてよい惱みの種となつてゐる。況んや建設當時阿什河で、工事關係者が苦心したことは想像以上のものである。この年七月に入つてから北滿は連日の雨となつた。雨が降れば道路が河になる位當然の滿洲では、忽ちトラックが動かなくなり、哈爾濱からの材料運搬が進捗しなくなつた。松花江本流を利用して水路による運搬を計畫し七月九日、吉川組によつて水路視察が行はれた。一行六名であつたが凹子營附近に於て匪賊の襲撃を受けた。建國二年、まだ〳〵匪賊は各地に出沒してゐた。特にこの松花江流域は、昔から匪賊の巢窟といはれてゐたので甚だしかつた。天理村も哈爾濱から僅か四里の所であるが、阿什河に沿ふてしきりに匪賊が蠢動してゐた。部落建設に完全な武裝がほどこされた所以である。勿論この頃の移民は、武裝移民といはれた程、全滿各地の移民が自ら銃を執りつゝ開拓の鍬を振つたものである。

この吉川組の遭難によつて、東亞勸業の木村運轉手が行方不明となつた。直ちに駐哈軍隊、遊動警察隊、江防艦隊等から搜査隊が派遣せられて、匪賊の掃討が行はれた。幸ひ木村運轉手は翌十日無事生還したが、建設隊にとつて匪賊の蠢動も油斷ならぬものであつた。

降り續く雨は止まず、北滿は松花江を中心に大洪水と化した。遂に同十九日阿什河も大氾濫し、賓縣國道の一部が潰滅し去つた。そのために材料輸送の方法が全然立たなくなつた。關係者は腕をこまねいて、自然の猛威を嘆ずるより外なかつた。

5　中山管長建設工事を視察

かうした折、中山管長の天理村初視察が行はれた。すなはち一行は管長の外に深谷德郞、松村義孝、後藤總一郎の諸氏であつた。七月廿二日新京に入り、關係方面に挨拶すると共に、記者團に對して、天理村建設概況を説明した。廿七日には哈爾濱に入り、同樣關係方面へ挨拶を行つた。こゝで陸路による視察を行ひたかつたのであるが、生憎先日來の大洪水は、陸上交通を不可能ならしめてゐるので、廿九日飛行機による空からの視察を行つた。午前十時二十五分、織田幸士氏操縱のM一〇八中島式二型機は哈爾濱飛行場を離陸、三棵樹、偏臉子を經て福昌號にいたり、建築現場を四回旋回、三十米の低空まで下りてつぶさに視察を行つた。曠茫たる草原の一點に、一滴墨を落したやうな建設地の姿、それは只雄々しいといふより外はなかつたであらう。この一點が、やがて曠原を征服して理想鄉たるべき日はいつぞ。胎兒の創生にも等しい建設地の胎動は、機上からもそれと察せられたことであらう。そして機上の一行は必ずこれを育みそだてゝ行かねばならぬ責任を感じたことであらう。空からその前途が祝福され成功が祈られた。

すなはち管長直筆の通信筒が投下された。それには吉川組に宛てゝ

昭和九年七月廿九日　午前十時半

天理村上空より視察す

建設者一同の御奮闘と健康をいのる

M一〇八號機上にて

天理教管長　中山正善

吉川組御中

と記されてゐた。視察したものも、視察されたものも感激深いうちに飛行機は同十一時無事着陸した。これによつて遅れ勝ちであつた工事は急速調で進行を見せ、年内入植の見込みを立てることが出來た。誠に銘記すべき壯擧であつた。

なほこの日、管長を中心に深谷所長、松村常務委員、後藤總一郎、橋本主任、齋藤顧問、菅原指導員吉川組中野技師、勸業中村社員らを交へて移民入植の時期、道路計畫、中央部落完成時期、その他移民に關する重要協議を行つた。

6 材料輸送難による豫定延期

さて洪水による材料輸送困難は、遂に七月三十日にいたり工事豫定の變更を餘儀なくせしめた。九月廿五日の完成が、十月十五日迄に延期され、從つて移民入植も十一月上旬と延期することになつた。しかして材料輸送のため窮餘の策として拉濱線踏切より約二百米を架橋し、さらに韓家窪子より約一里半、大和店迄を船で輸送することになり、同三十一日から直ちにこれを實施した。なほ元の如く三棵樹經由トラックで入村出來るやうになつたのは、洪水以來三ケ月後の十月三日からであつた。

7 匪賊襲擊による遭難と警備

かゝるうち八月十三日、またゝゝ匪賊が大和店積卸場を襲擊した。同時に先頃竣工したばかりの天理村電話線も切斷された。匪賊は忽ちのうちに吉川組員坂卷義政氏に右肱貫通銃創を負はせ、苦力頭の一人を頭部貫通銃創で卽死せしめて引上げた。直ちに非常線が張られ遊動警察隊からは一ヶ中隊が派遣せられ、阿什河右岸地區の掃討が行はれた。關係者は徹宵對策に奔走し、暫くは戰々兢々たるものがあつた。遂にこの一ヶ中隊の中から一ヶ小隊は、天理村常駐警備として後に止ることになつた。なほこの遊動警察隊は十月三日滿洲國軍警備隊と交代するまで止り、さらに滿洲國軍は昭和十年一月廿七日まで警備に當りこれから後は移民の自衞となつた。

しかし匪賊の蠢動はなほ止まず、遂に徹底的掃討が行はれることになり、同三十日遊動警察隊の二百五十名は、再び阿什河右岸地區の匪賊掃討を行つた。この後もなほ匪賊の出沒はあり、電話線の切斷など、しばらくは匪賊の脅威から逃れることは出來なかつた。

8　武器貸與願

かうした危險は、必然的に建設地の武備を强化せずにはゐられなかつた。まづ直接の武器貸下願は、第一回が四月十九日に行はれ、次は移民の入植した直後十一月十三日に行はれた。入植後は移民自身の手で警備に當らねばならぬ實情にも拘らず、この武器貸下願は中々許可にならなかつた。止むなく第三回目を昭和十年一月七日に行つたが、これと行き違ひに漸く同十日付を以て、軍銃貸下許可指令と彈藥拂下許可指令が下つた。その後の貸與期間は、屢々期間延期願によつて延期され今日に及んでゐる。

庶發第六〇號　昭和九年十一月十三日

天理村建設事務所長　深谷德郎

軍政部最高顧問　板垣征四郎殿

兵器貸與ノ件御願

首題ノ件阿什河右岸福昌號附近天理教移民部落自警用トシテ去ル十一月九日入村ノ移民二百五名ニ對シ昭和九年十一月中旬ヨリ向フ三ケ年間左記兵器御貸與相成度此段及御願候也

追而右兵器ハ當事務所ニ於テ保管出納ノ責ニ任ズベク貴團ノ御都合ニ依リ何時タリ共御指示ニ應ジ返納仕可候

左記

一、小銃　五十挺

一、革帶彈藥盒　各五十人分

滿願兵第一號　康德二年一月十日

軍政部最高顧問　佐々木到一

天理村事務所長　深谷德郎殿

小銃貸與ノ件

昭和九年十一月十三日庶發第六〇號願出ニ依ル首題ノ件左記ノ通リ貸與スベキニ付齊齊哈爾軍械支廠ヨリ受領相成度

尚ホ實包ハ一挺ニ付百發以內ノ範圍ニ於テ拂下（一發十錢）ニ應ズベキニ付拂下ノ願書ヲ提出相成度

左記

一、品目員數　七、九粍歩兵銃（除屬品）五十挺
二、貸與期間　康德四年十一月十五日迄
三、受領並ニ返納ニ要スル一切ノ經費ハ借用人ノ負擔トス

9　警察官派遣所設置

次には警察官派遣所設置である。これも兵器と共に移民入植後は警備治安上最も必要なものであるから、四月十八日には既に願書が提出された。しかして許可になつたのは七月十日であり、野尻幸一巡査部長以下四名の警察官の駐在を見たのは八月廿九日からのことであつた。以來治安良好となる昭和十一年末まで定員を減少しながら常駐された。

庶發第八號　昭和九年四月十八日

天理村建設事務所長　深谷德郎

哈爾濱總領事　森島守人殿

天理村建設地ニ警察官派遣所設置ニ關スル件御願

首題ノ通リ阿什河右岸天理村移住地區ニ警察官派遣所一ケ所設置方御取計被成下度別紙關係書類相添ヘ此段及御願候也

追ツテ現地ニ卽スル移住實施計畫及ビ設計圖等ハ目下東亞勸業株式會社ノ手ニテ作製中ニ付出來次第提出致ス

可ク候　（編者註　以下省略）

右許可ス

昭和九年七月十日

在哈爾濱總領事　森島守人

警察官駐在ニ關スル協定（八月十五日）

一、派遣警察官ノ俸給金額ハ總領事館ニ於テ負擔スル事

一、左記費用ノ支出ヲ天理村建設事務所ニ於テ負擔ス

1、派遣警察官ノ僻陬手當　出張旅費

2、住　居

3、薪炭料及ビ事務費　但シ派遣警察官ノ數ノ如何ニ不拘一ヶ月定額八十五圓ト定ム

一、右支出ハ昭和十年三月三十一日迄トシ、ソレ迄ニ領事館當局ハ天理村駐在所ノ昭和十年度豫算ヲ大使館ニ稟請シ天理村建設事務所ノ負擔ヲ除ク事

10　公衆電話架設

さらに警備用と同時に通信連絡の敏速を期して、哈爾濱天理村間に公衆電話が架設れた。工事は三興洋行の手によって七月十一日から初められた。工事完了は八月十日で、直ちに通話試験が行はれ、同十

三日には電話線竣工檢査が行はれ、通話されるやうになつた。しかるにこの日、匪賊の大和店襲撃があり、最初の電話線切斷となり、その後もこの電話線は屢〻匪賊の難を受けて切斷されたものである。

11　短波無線電信機設置

電話線も匪賊によつて切斷される恐れがあるので、最上の連絡機關とはならなかつた。大和店の遭難があつて翌日には、早くも短波無線機備へ附の議が起つたのも當然である。その結果、八月二十七日日本電氣株式會社からこれを購入、九月十二日には野尻巡査部長以下が短波無線受發信機を携へて入村、同十四日には哈爾濱との間に通話試驗を行つた。これによつて不意の匪害、または突發事件に際し、有効且つ適切な連絡がとれるやうになつた。當時在滿移民村でかゝる設備を持ち得たのは稀であつたため、入植後の移民に力强い安心を與へることが出來た。然して昭和十一年末、治安良好となつた結果、領事館警察官の引上げと同時にこれを休止した。

12　電燈線架設

さらに附記すべきは電燈線の架設である。八月二日に願書を提出、同廿一日から大阪電氣商會が電燈線架設工事に着手し、次いで中央部落内電燈配線工事は、十月三日から日ノ本電氣工務所によつて行はれた。そして移民が入植した十一月九日のその夜から點燈されたのである。

一路竣工を急ぐ中央部落は、九月七日にいたり遂に上棟式を擧行した。すなはち神殿上棟式がこれである。式は午前十一時半から深谷所長齋主の下にいと嚴肅に行はれた。參列者は齋藤顧問、菅原指導員、吉川組中野工匠長らの工事關係者を初め、森島總領事、特務機關林田數馬、憲兵隊上野正治、警察署坂下天僊、警察廳矢野久吉、東亞勸業小田島興三、大朝記者相馬正男諸氏の各代表以下軍官民、滿人部落民、教内在哈教會長、教師、教信徒ら多數で稀に見る盛大さであつた。この時の感激的情景を、天理時報特派記者生駒藤雄氏は次の如く報道してゐる。

13 上棟式

この日曇り、低くたれこめた空の下を早朝より現場に立て籠つた所員をはじめ、吉川組一同は晴れの式典の準備に大童だ。八時五分過ぎには、周圍の煉瓦積みを殆んど終へた神殿屋上に、五彩の吹流しがへんぽんと飜り、兩隅には大弓が周圍の部落を睥睨するかの如く建てられる。神殿前は急造りの宴會場、見る〳〵中にテーブルが、椅子が組立てられてアンペラの風除けだ。豪華ではないがけふの喜びを心から祝ふに相應しい。煉瓦積みに木づもりに忙しい九百餘の苦力が、時々仕事の手を休めて驚きの眼を見張る。警備の在哈遊動警察隊も物珍しげに囁きを交す。やがて十時十分、森島總領事、深谷所長、橋本主任らを乘せたトラック『天理村號』を先頭に、在哈市の諸機關代表をはじめ農村關係者、教信徒を滿載した七臺のトラックが續々と現場に到着する。十一時三十分から愈よ式に入る。思ひなしか式次第を告げる橋本主任の聲は感激に震ふ。宜なるかなだ。正に無から有が出來上らうとしてゐるのだ。見渡す限り曠茫たる平原、今そこに俄然大部落が出現しやうとしてゐるのだ。正面の小學校々舍も殆んど型を整へた。浴場、事務所、警官派出所等々、中心建物は既に姿を現はさうとして居り、五十餘の移民家屋は總て棟が上り、中には屋根葺き、壁塗りの濟んだのもある。顧る幾多の辛酸、直接關係者ならずともまた感なきを得ない。(昭和九年九月十六日付天理時報所載)

14 生琉里敎會設置

この中央部落の名稱については中山管長から『生琉里』と命名された。從つて部落中央にあるこの神殿も『生琉里敎會』として、十月廿三日設置願が本部へ提出された。この擔任教師は橋本主任であり、設立者は深谷所長であつた。

天理教生琉里教會設置御願

今般天理教青年會經營ノ滿洲國吉林省阿城縣城子屯ニ於ケル移民教信徒ノタメ同移民地中央生琉里ニ天理教生琉里教會ヲ設置仕度候ニ付特別ノ御詮議ヲ以テ御認可被成下度關係書類相添ヘ關係者連署ノ上此段奉願上候也

昭和九年十月廿三日

天理教青年會理事　桝井安松
同　春野喜市
同　梶本宗太郎
同　山中忠藏
同　中山慶太郎
同　山田清治郎

同　諸井慶五郎
同　村田慶藏
同　島村國治郎
同　山本利正
同　永尾正信
同　堀越儀郎
同　桝井孝四郎
同　山澤爲次
同　平野規知雄
同　松村義孝
同　上原義彦
同　喜多秀太郎
同　中山爲信
天理教生琉里教會擔任教師
天理村建設事務所主任　橋本正治
天理教生琉里教會設立者
天理村建設事務所長　深谷德郎

天理教管長　中山正善殿

天理教生琉里教會設置項目表

一、教會設置ノ地　滿洲國吉林省阿城縣第三區天理村

一、土地建物　敷地三千五百坪、建物煉瓦造平家建草葺一棟、建坪八十七坪

所有者氏名　天理教青年會本部

一、教會設置費ノ支辨方法

設置費一千圓ニシテ天理教青年會本部ヨリ支辨

一、教會經費ノ支辨方法

一ヶ年ノ維持費一千八百圓ニシテ教會收入ノ他天理教青年會本部ノ支辨ニヨル

教傳甲第一二七號

滿洲國吉林省阿城縣城子屯生琉里

擔任教師　橋本正治

外十九名

右同所ニ於テ天理教生琉里教會設置願之件聞届候事、但シ天理教滿洲傳道廳長ニ其手續ヲ履行スベシ

昭和九年十月廿六日

天理教管長　中山正善

庶發第六六號

天理教生琉里教會設置許可申請

今般管下滿洲國濱江省阿城縣第三區天理村大字生琉里ニ於テ天理教生琉里教會ヲ設置致度候ニ付御許可被下度別紙關係書類相添ヘ此段奉願候也

昭和九年十一月十六日

右設立者兼擔任教師

權中講義　橋本正治

在哈爾濱總領事　森島守人殿

右認可ス

昭和九年十二月一日

在哈爾濱總領事　森島守人

15　部落建設の完成

前記の如く天理村建設は洪水といふ自然の猛威と戰ひながら、なほ匪賊の人爲的難をも防禦しつゝ各關係者の涙ぐましい努力によつて武備、文化、信仰ともに移民村としては完璧に近い施設を施しながら、その竣工を急いだ。それは一日も早く、よりよき施設を移民に與へ、こゝに移民の理想郷天理村を建設せんとした關係者の熱誠以外の何ものでもなかつた。施設の完備が圖られたのも、入植者を落着かすことを第一とし、落着きさへすれば移民は成功するものとの見解をとつたためであり、また治安上からした方面に多大の經費をかけねばならなかつたのも、當時としては止むを得ないことであつた。

かくて十一月八日には諸建物中職員宿舍を除いて全部竣工、電燈線工事も同樣竣工し、移民の入村を待つばかりとなつた。その頃、新しき天地に、輝く希望を抱く移民を乘せた列車は奉天、新京をも通過、一路北上しつゝあつたのである。

九　第一次移民の募集

1　募集要綱

移民の募集は現地の建設と相俟つて早くから着手された。すなはち三月末には橋本主任によつて立案され、常務委員會によつて検討された『移民入植に關する具體案』竝に前記の『移住地建設計畫案』が印刷され、四月二日の直轄分支會長會議にかけられて募集が初められた。その募集要綱は次の通り。

一、移民ノ資格（編者註　既述移民計畫願中ノ資格ト同様ニ付省略）

一、直轄分會ヨリ三戸宛計一一四戸、同支會ヨリ一戸宛計二二戸、合計一三六戸中ヨリ一〇〇戸ヲ選抜

一、別掲第一號表式ニ據ル申込書ニ戸籍謄本一通、手札型寫眞一葉、直轄分支會長ノ推薦狀ヲ添附シテ青年會本部ニ届出ルコト

一、申込者ハ常務委員會ニ於テ銓衡シ、銓衡終レバ直チニ所屬分支會ヘ通報シ別掲第二號書式ニ依ル移住契約書ヲ青年會本部ヘ提書スルコト

一、移住者ノ準備ニ關スル注意左ノ如シ

イ、神様ヲ奉祀スルモノハ必ズオトモスルコト

ロ、在來使用ノ農具ハ出來ル丈ケ持參ノコト

ハ、衣服ハ在來ノモノニテ可、但シ防寒着ヲ用意スルコト

ニ、寢具一切ハ必ズ各自持參ノコト

ホ、日常必須ノ炊事道具ヲ持參スルコト
ヘ、現地ノ農漁ニ役立タヌモノハ携帶見合スコト
ト、拳銃、軍刀、日本刀等携帶許可證アルモノニ限リナルベク持參ノコト
チ、小鳥、犬、猫等ハ見合スコト
リ、蓄音機、ラヂオ等、樂器、娯樂用品ハ持參シテ可

移住申込書

私儀今般天理農村營農者トシテ滿洲ニ移住致度候ニ付御承認被下度戸籍謄本履歴書相添ヘ此段及御願候也
天理教靑年會長殿

推薦狀

右ノ者天理農村營農者トシテ移住願出候ニ就テハ左記理由ニヨリ推薦仕候也
天理教靑年會長殿

契約書

私儀今回貴農村定款並ニ移住要綱承認ノ上申込書記載ノ家族等ト共ニ御指定ノ場所ニ移住シ農業ニ從事スル事ヲ御承認相成候ニ付テハ左ノ條項ヲ契約致候
第一條　貴農村御指定ノ期間內ニ必ズ移住地ニ到着シ御割當ノ土地建物其他ノ附屬物ヲ引受ケ申ス可ク之ガ割當ニ付決シテ異議等申出間敷候事
第二條　貴農村ノ定款並ニ移住要綱及ビ之ニ基キテ定メラレタル諸規則並ニ御示達等固ク遵守シ違背致間敷候事
第三條　貴農村ノ定款ニヨリ引渡ヲ受ケタル土地建物其他附屬物ノ代金ニ對シテハ年賦償還開始前御計算ニ

基キ更ニ年賦償還借用證書差入可申ハ勿論償還期無相違拂込ノ義務ヲ履行可致候事

第四條　貴農村定款ノ規定ニヨリ萬一移住契約ヲ解除セラレタル時ハ引渡ヲ受ケタル土地建物其他ノ附屬物ハ直チニ返還致ス可キハ勿論移住後拙者ニ於テ爲シタル一切ノ施設其他ニ對シテモ何等ノ要求ヲ爲サズ貴農村ニ無償ニテ讓渡可致候事

第五條　本契約ニ依リ生ズル義務ヲ拙者ニ於テ履行セザル時又ハ定款ノ規定並ニ移住要綱ヲ違背シ貴農村ニ損害ヲ及ボシ御迷惑相掛申候節ハ何時ニテモ本契約ヲ解除セラレ候共異議等申立間敷候事

第六條　拙者ニシテ本契約ニヨリ生ズル義務ヲ履行セザル際又ハ定款ノ規程並ニ移住要綱ニ違背シ貴農村ニ損害ヲ及ボシ御迷惑相掛申候節ハ保證人ハ連帶義務者トシテ之ガ履行ノ責ニ任ジ且拙者ヲ引取リ他ニ適當ナル移住者ヲ貴農村ノ御承認ヲ得テ入村セシメ一切ノ御迷惑相掛間敷候事

右之通相違無之候也

移住者　何　某

保證人　二　名

天理村代表者殿

2　移民募集

そして移民地の特徴として

一、移住者が宗教的信念によつて固く團結してゐること

一、全家族を上げて同時に移住するものであること

一、移民地が大部分熟地であること
一、大なる消費地哈爾濱を至近の距離に控へてゐること
一、交通比較的便利であること
一、治安が稍〻確保された土地であること
一、移住者の集團生活に所要の住宅、公共營調物など一切を入植前に準備してあること
一、對移民の貸付金は全部無利子であること

等があげられ移民募集に拍車がかけられた。最初は九月の入植を目標にしてゐたので、七月廿日を締切りとしてゐたが、これまでに既に募集には好成績を收めてゐた。しかるに現地における洪水のため材料輸送難となり、工事は延期の止むなきにいたつたので、移民入植も十一月上旬と延期された。これは却つて十月の青年會總會に盛大な送別式を擧げることが出來て好都合であつた。

九月に入つてからはいよ〳〵本格的募集が行はれ、現地からは菅原指導員が募集のため東北地方へ出發した。さらに九月廿七日には齋藤顧問、橋本主任が福島敎區廳において、先着の菅原指導員と落合ひ、移民の銓衡に取りかゝつた。同廿九日に福島縣内、十月二日に山形、秋田縣内、同五日に北海道、青森縣内、同十一日に長野、千葉縣內、同二十日には近畿以西各縣の移民銓衡を終り、こゝに全部の銓衡を終へた。これを綜合すると、應募者は百十八戶の多數に上り、うち銓衡に入つたものは六十一戶で、實際に入植したものは四十三戶二百五名といふ結果になつた。

3 移民決定

この第一回入植者は次の通り。

出身地	所属教會	姓名	年齢
長野縣下伊那郡鼎村稲井二〇一一	(名京)	松澤一次	31
		あや	26
		あさ	11
		賢	7
長野縣松本市筑摩四五〇九	(東)	相野田龜代美	39
		はるゑ	35
		重雄	9
		春雄	3
長野縣東筑摩郡坂井村山崎三三六六	(中和)	吉池今朝吉	33
		すゞね	34
		園子	9
		司	4
		たつ江	2
福島縣双葉郡浪江町權現堂四九	(山名)	門馬今朝藏	39
		トメ	31

時子 16
滿智 13
保夫 7
一夫 3

福島縣伊達郡藤田町藤田北五九　（名京）阿部　勇 34
コン 30
一郎 5
由子 2

奈良縣吉野郡高見村木津二七〇　（敷島）西田文一 36
ツルエ 38
照子 16
豐子 11
俊一 8

奈良縣吉野郡川上村東川四三八　（敷島）阪本藤治郎 36
秋子 27
晴茂 4
佳世子 2

兵庫縣加東郡中東條村原利三三　（兵神）松田　貢 37
いわ 38

美好　16
文雄　13
則雄　11
正明　9
初美　6
次郎　4
ときよ　2

兵庫縣明石郡大久保村谷八木四九三
（兵神）藤田秀正　33
すゑ　30
玉子　19

神戸市葺合區阪口通五丁目一五
（兵神）川畑保雄　30
とし子　22

兵庫縣有馬郡八多村西畑一〇八
（兵神）前田俊治　23
菊野　22
之夫　20

兵庫縣多可郡比延庄村比延八八一
（兵神）勝岡萬次　32
キミコ　22

大阪府泉南郡春木町磯之上三九八
（中河）櫻井佐一郎　30
みきゑ　23

青森縣上北郡六戸村大落瀬二二一　（水口）　十文字喜悦　41
みゑ　39
久吉　21
久司　18
節子　7
良子　2
小笠原ハル　15

青森縣三戸郡上長苗代村張田五三　（水口）　田中勝美　36
マツノ　30
美亥　12
勝喜　9

岩手縣九戸郡久慈町下大川目一六　（水口）　新田石太郎　37
マツノ　36
ハツ　58
石松　17
正吉　14
末藏　12
石藏　11
廣喜　7

松男 1

岩手縣紫波郡志和村片寄五二 （島ヶ原） 畠山長左衛門 41
ミツ 50
アキ 33
サヨ 15
タエコ 9
孔子 6
松正 2

岩手縣紫波郡志和村片寄五二 （島ヶ原） 畠山長之進 28
ハツヨ 19
英一 1

北海道空知郡美唄町美唄一〇六一 （河原町） 松田八郎 34
みゑ 32
善雄 26
喜美子 16
千枝子 9
和夫 6

北海道空知郡芦別村新城本通三〇 （日和佐） 岡田佐吉 29
千恵子 23

虎吉 54
ツル 51
スマ子 11
ミエ子 10

北海道有珠郡伊達町錦町一〇七　（甲賀）佐野貞行 29
うめ 26
モヨ 51
勳 5
美惠子 3
里子 1

北海道勇払郡鵡川村毛奈城　（高安）粒來小一郎 25
靜子 22

北海道十勝國御影村上芽室　（高安）江本弘雄 24
ナツ 20

靜岡縣田方郡土肥村小土肥八八　（水口）勝呂久次 31
吉藏 61
しん 70
近子 27
福江 7

とよ子 5
うめ子 2

福井縣遠敷郡國富村高塚四一　（郡山）内藤助治郎 31
てる 31
又五郎 53
千代 54
カネ 16
實 4
和子 1

宮崎縣延岡市南延岡濱北五二八八　（中河）日吉菊藏 34
カツ 33
喜代治 24
勉 13
学 9
時男 7
光子 4

島根縣八束郡朝酌村大井八三九　（豊岡）上野半市 29
とめ 30
光幸 7

一江 4

岡山縣和氣郡山田村田土一八四三

（岡山）山根勇 33
貴美子 28
正信 6
才八 4
新一 21

青森縣上北郡天間林村天間館二一

（水口）田島多藏 27
コト 25
西野みゑ 11

青森縣弘前市富田八五

（山名）川村勇七 33
長之助 59
徳治 21
すま 29
とみ 10
とも 7
すみ 4
岩美 1

青森縣南津輕郡金田村新屋町四八

（山名）村上義武 36
キオ 32

義亟 18
徳雄 2

青森縣上北郡六戸村犬落瀬押込付八〇
（水口）新堂福次郎 31
イシ 30
進 5
川村マサ 11

青森縣南津輕郡黒石町馬喰町一五
（中和）工藤孫市 27
テツ 21
三之助 17

福島縣双葉郡新山町郡山五
（山名）加川丑太郎 46
ケサ 40
チイ子 16
セツ子 13
ヒサ子 11
孝 9
サト子 6
ノブ子 4
ミツ子 2

福島縣耶麻郡關柴村三津井一六六〇
（山名）坂内七郎 24

吉　野 23

福島縣郡山市境橋町一九（山名）國分廣吉 28
サク 23

福島縣耶麻郡豊川村高吉四三九五（山名）風間宗三郎 36
モヨ 30
博 8
テル子 4
登 1

福島縣相馬郡金房村小谷五三（山名）石井國八 33
ヨシノ 28
トミ子 10
一男 9
豊 7
キミ子 3
清壽 1
武 22

秋田縣雄勝郡山田村中屋敷七八（河原町）丹徳太郎 27
セツ 22

秋田縣田本郡森岳村垷田一八（湖東）野呂田八三郎 50

キヨノ 44
トモエ 19
正三郎 14
美子 7
正四郎 4
正五郎 1

秋田縣平鹿郡権手町大水戸九〇　（高安）　照井長太郎 33
菊枝 31
治平 10
健治郎 6
トシ 2

秋田縣仙北郡六郷町野中一四〇　（河原町）　清水末藏 27
タミ 17

山形縣東置賜郡糠野目村糠野目家中一七〇三　（湖東）　志賀忠助 33
優英 32
きよ子 23
マサコ 9
豊忠 3

移民縣別及び系統別

縣別	戸數	縣別	戸數
北海道	五	岡山	一
青森	七	島根	一
秋田	四	宮崎	一
山形	一	福井	一
岩手	三	大阪	一
福島	七	計	四三
長野	三		

系統別	戸數	系統別	戸數
山名	八	島ヶ原	二
名京	二	東	一
水口	六	兵神	五
中和	二	敷島	二
河原町	三	中河	二
高安	三	豊岡	一
日和佐	一	岡山	一
甲賀	一	郡山	一
湖東	二	人員合計	二〇四

4　移民入植によせられた期待

移民入植に當つて滿洲各方面からよせられた期待は大きかつた。こゝにも是が非でも完成せしめなければならぬ使命があつた。その二、三を拾つて見やう。(昭和九年九月十六日付天理時報所載)

鹽澤關東軍參謀談　隨分これまでにいざこざもあつたやうですが、とも角完成の一歩手前まで漕ぎつけられたことは誠に結構です。やりはじめたことは完全にやり遂げねばならない。僕の方としても、今後とも出來るだけの助力を惜しまないつもりです。精々一致協力、立派なものに育てあげるやう望みます。

哈爾濱特務機關細木中佐談　日本は人口問題からして、如何にしても海外に伸びて行かねばならぬ。だが白人間ではあらゆる所で閉め出しを喰つてゐる。滿洲移民が注目を惹き出したのは極く新しいことで、未だ試驗研究の時代にある。佳木斯の武裝移民は、或る意味に於てその試驗の一つの型だつた。今天理教がやらうとしてゐるのも、一つの雛型になるのだ。佳木斯と異つて、出來るだけの設備を整へて入植しやうとしてゐる完全さは一寸例を見ない。これが失敗したら、邦人の滿洲移民は絶望といつても過言ではなからう。一個の宗教移民といふよりも、國家的の大事業だ。この點大いに期待も持つてゐればまた關心も持つてゐる。出來るだけ助力もして來た所以である。

滿洲國實業部工商司長孫徵氏談　御教の移民事業が着々進行してゐると聞いて、誠に喜びに堪へません。日滿兩國は東洋永遠平和のために、固く手を握り合つて行かねばなりません。御教の今回の企ては、兩國民融和への輝かしい第一歩でせう。

關東軍特務部吉田新七郎博士談　成否は未だ何ともいへないが、從來の歷史から見て强い信念、鞏固な團結力をもつたものは皆相當の成績をあげてゐる。移民は大體經濟上の事情、政治上の壓迫、それから宗教によるものと二大別されやうが、信仰によつて結び合はされた固い團結、あらゆる困苦に耐へて行く信念の力は、世界いたるところでその美しい實を結んでゐる。御教の移民の前途にも幾多の困難があるでせうが、献身的な努力を捧げる宗教的信念の下には、如何なる難事業もなし遂げることが出來るでせう。大きな期待をかけてゐる所以です。

十　第一次移民の渡滿

1　送別總會

遂に青年會畢生の大事業、滿洲天理村に移住者を送るべき日は來た。第十六回青年會總會は、昭和九年十月廿七日午前八時半から、三萬の會員に埋められた東講堂前廣場において開催された。昭和七年の同じこの日、青年會總會において、堂々理想郷天理村建設計畫を發表してよりこゝに滿二年、三十萬會員が營々として心血を注ぎ、幾多の曲折を經た現地設備も全く完成し、けふぞ晴れの送別總會である。送られる榮えの移住者は四十三家族、二百五名、その顏は感激と歡喜の涙に濡れ、送る會員もまた顏を興奮せしめてゐた。この間建設地の變更、或は洪水による渡滿日の延期等あつたが、このよき日、總會をもつて三萬會員が餞けとすることが出來たのも、深き神意によるものであつたかも知れない。記念すべき總會の朝は秋天高く晴れ渡つてこの前途を祝福するかのやうであつた。當日の模樣を『天理時報』によつて偲ぶことゝする。（昭和九年十一月四日付天理時報所載）

午前八時半、中山會長、各役員、來賓着席、中山理事の開會の挨拶によつて總會の幕は切つて落された。續いて深谷理事の會務報告に移り、同理事が雄々しく天理村に赴いて種々苦心を重ね、遂に目的完成の域に近づいたことより、會長始め役員、全會員が一手一つになつた二年間の尊い努力、而して遂にけふの晴れの總會に、四十三家族の移住者を送り出すことの出來た今までの事業經過概要を說明し、この事業こそ、青年會が是が非でも成功を見なければ神意にも悖り、本教のみならず、全日本國民及び滿洲國民の期待を裏切り、ひいては帝國移民事業の將來に大なる暗影を投ずるものであると述べ、會員に一段の奮起を促す――（中略）――終つて會長告諭に移り、中山會長の音吐朗々たる訓話は、この上なき移住者への餞けとなり、一同思はず感涙に咽ぶ。さらに移住者の紹介に移る。二百五名の移住者はけふ揃ひのひのきしん服で、正面前方に座を占め、洋々たる前途に思ひを馳せつゝ胸を躍らせてゐる。橋本參事によつて移住者の姓名を呼び上げて、會員に紹介すれば、移住者これに應へて何れも隆々たる體軀を起立せしめ、滿場唯寂として聲なく、感激で胸は一杯だ。次いで移住者代表藤田秀正氏の烈々たる宣誓文朗讀は靜寂の空氣を震はして、一同の肺腑を貫く。送るもの送られるもの眼に滴々、はふり落ちる涙は別離の悲しみか、否過去全會員血汗の努力と天理村の黎明近きを思ひ、さらにいま移民の壯途を思へば唯感激の涙なのである。宣誓終るや萬雷の拍手、聲も渇れよと沸き起る萬歳の歡呼は耳を聾するばかりである。かくして三十萬會員の獻身的奉公は遂に報いられるの日が來て、渺茫たる曠野に一大理想境は現出し、いまこの第一回移民は會員の熱い餞けの言葉を背に負つて送り出されるのだ。

送別總會式次第

一、參　　拜　　午前七時半、一般會員は式場で禮拜
一、開　　會　　午前八時　中山爲信理事
一、國歌齊唱
一、會務報告　　深谷德郞理事
一、會長告諭
一、訓　　話　　松村吉太郎
一、告諭に基いて　上原義彥理事

一、答　　辭　柏原源次郎
一、移住者紹介　橋本正治參事司會
一、移住者代表宣誓　藤田秀正
一、天理教青年會々歌合唱
一、萬　　歳
一、閉　　會　中山爲信理事
一、參　　拜

中山管長告諭概要

今日の總會に際しまして一言挨拶に代へて申上げて置きたいのは、本年は喜びの重つたことであります。一つは神殿が落成しましたこと。も一つは青年會の事業、天理村へ移民を送るやうになつたことであります。今後は心のふしん、心の立替に、一手一つとなつて働かして頂かねばならないのであります。殊に荒木棟梁としての青年會員は、大いに働かして頂く時なのであります。次に滿洲移民も幾多の曲折を經て、この意義深い時に送ることになつたのも、今になつて考へれば神樣の深い御慈悲だつたのを悟ることが出來ると共に、これを以て見ても、神樣が如何にこの移民事業を喜んでゐられるかゞ判るのであります。滿洲國民は勿論、日本國民もこれを非常に重大視して大きな期待をかけてをります。一家族を引連れて行く諸君は、實に祝福された選ばれ者であり、青年會員を代表して、北滿に『ふるさと』を建設すべき使命を有する者であります。諸君の前途は坦々たるものでなく、幾多の難關が橫たはつてゐますが、諸君は本教の力强い信仰によつて、凡ゆる艱難と戰つて頂きたい。諸君は天理教の選ばれた者のみでなく、その前途は日本全國、滿洲國より大きな期待をかけられてゐるのであります。各自體に注意して奮闘して頂きたい。また送る會員は、この大事業を全體が背負ひ、荒木棟梁としての仕事として喜んでさして頂かねばならぬ。我々も共に滿洲へ行く決心でお送りしたい。行く者も、送る者も、總べては國家への御奉公でありますから、皆一手一つになつて、この時局に向つて働かして頂きたいと存じます。

移住者代表宣誓

（前略）青年會の時局の理に添ふたこの大事業、その移住者の中に我々家族の者が御選定を頂きましたことは、何といふ幸福な、何といふ光榮な事でせう。この結構さ、この有難さに感激して、生命を投げ出して働かせて頂くことと位は覺悟の前であります。どうでもこの天理村の成功を見るまでは、石にかぢりついても、必ずや成功を見なければならないのであります。よし不幸にして、我れこの一生に出來得ざるとしても、我が信仰を子孫に傳へて、必ずや天理村の建設に花を咲かせ、立派な實を結ばせて頂く決心であることを、今皆樣の前で誓はせて頂く次第であります。我々の後には何十萬の會員があり、背後からグッと押して下されてゐることを思へば、どうしてぢつとしてゐることが出來ませう。思ふだに血湧き肉躍るのであります。青年會長樣、どうか御安心下さい。假令我々の力は弱くとも、他の何人にも負けない信念と信仰とを持つて參ります。否、何にも代へ難い神樣の御守護を唯一の武器として、如何なる難關をも突破する決心で參ります。青年會員の皆樣方、力微弱なる我々ではありますが、會員の皆樣の御後援を生命の綱として氣丈夫にやらせて頂きます。どうか會長樣、役員諸先生樣、今日の光榮に必ずや添ふ働きをさせて頂くことを誓はせて頂いて、移住者の宣誓と致します。

移民四三家族、二百五名の決意は、この宣誓に明かな如く悲壯なまでのものがあり、子孫に傳へてまでも必ずや遂げる固い決意の下に渡滿したのである。

2　移民出發

昭和九年十一月四日、いよ〳〵移民出發の日、晴れの首途の四十三家族、二百五名は午前四時半、早くも『天理村』のひのきしん服に身を固めて本部神殿に集合。幸先を祈り團旗を先頭に隊伍を整へて丹波市驛にいたつた。この日の引率者は深谷代表、橋本副代表で、全員を三大隊に全隊を八班に分け、救護班、活動寫眞班をも加へてゐた。深谷代表は御分靈を奉じ、午前六時八分七輛連結の臨時列車で丹波市驛を出發した。驛頭は無慮六千名に上る歡送者で、未曾有の盛大さを見せた。同九時二十分列車は神戸港第二突堤に到着、しばし親戚、緣者と別れの挨拶を交して、大阪商船あめりか丸に乘船、埠頭には青年會本部の大長旗を初め、福島、宮城、岩手、青森、秋田、山形等の教務支廳旗、青年會分會旗、名稱旗、その他渡滿を祝ふ大旗、長旗が林立し、こゝでも數千の歡送者が力强い歡呼の聲で送つた。深谷代表は新聞記者團に次の如く語つた。

『規模は小さいが、わが國滿洲移民の一つの雛型として、私達は萬全の努力を拂ひ、また石に噛りついても立派に成功して見せるつもりである。これに刺戟され、より大きいものが續々出來るやうになれば、私達の望みは十分に酬いられたといはねばらない。移民國策といふ上からも、是非さうあつて欲しいものだ。』

言葉は短いが、わが方の決意と國家的抱負を、力强く語つたものである。

十一時五十分出帆を告げるドラが響く、期せずして萬歳の歡呼が起きた。船には船尾から船首まで一

班から八班までの移民團員が日の丸の班旗を立て正、副代表を中心に竝んで、岩壁の歡送に負けない萬歳を連呼

『頑ばれ！』

『しつかりやれ！』

『大丈夫だ、安心しろ！』

互に應答が繰り返されて感激は最高潮に達するうち、午後零時三分、あめりか丸は靜かにその巨體を動かして突堤を離れた。

渡滿日程及び經路

十一月四日　午前六時八分丹波市驛發
　　　　　　正午あめりか丸で神戸出帆
同　七日　午前九時大連上陸
　　　　　　午後九時大連發
十一月八日　午前六時四十五分奉天發
　　　　　　午後二時五十分新京發
　　　　　　午後六時二十分吉林發
　　　　　　午後十時十分新站發
十一月九日　午前五時二十分五常發
　　　　　　午前十一時二十五分三棵樹着

午後二時三十分トラツクにて入村

輸送幹部

代表者	青年會理事 天理村建設事務所長	深谷德郎
副代表者	青年會參事 天理村建設事務所主任	橋本正治
第一隊長	滿洲傳道廳主事	和田吉太郎
第二隊長	東清教會長	川原政夫
第三隊長		今村英雄
救護班長	天理村診療所醫師	川崎宗
活動寫眞班		西井道一
同		佐藤四郎
給仕		渡邊キヨミ

3 移民入村

かくて移民を乘せた列車は、九日午前十一時二十五分無事三棵樹驛に到着した。驛頭には在哈森島總領事、特務機關細木中佐、憲兵隊原少佐を初め各關係者、敎信徒ら多數が出迎へてゐた。一行は直ちにトラツク、乘用車等六十餘臺を連ねて、同午後三時あこがれの天理村へ第一歩を印した。初めて見る曠茫たる滿洲の天地、滿人式家屋、身にしむ寒氣、淋しさ等々、恐らく移住者にとつては曾て味つたことのない悲喜が交錯したことであらう。約一週間といふものは環境の激變による不安が殊の外濃厚であつた。この入村初めての感想を、後にいたつて村民は次の如く語つてゐた。

まだ十年しか經たない昔のことですが、私達が滿洲へ移住するといふことは、その昔の鬼界ヶ島における俊寛僧都位に思へたらしいです。役場へ行つて戸籍謄本作つて欲しといつたら、そんなところへ行くのは止めとけといつてなかなか作つてくれなかつたものです。愈よ出發も決り、本部で送別會をして頂き、また神戸で盛大な見送りを受けて出發しましたが、その感激は今日でも忘れることが出來ません。これは死んでも歸れないぞと思つてその後の苦しいことも頑張り通したものです。船の上で內地が見えなくなるまで立ち續け、これで內地も見納めかと思つて、思はず泣いたものです。大連へ上陸しましたら、親戚の一人が訪ねてくれまして、そんなところへ行くものではない、だまされてゐるんだ、直ぐ歸れといつてくれました。トラックで初めて村へ入りましたが、餘りにも大きな變化に、なんの感情も湧かず、放心したやうな氣持でお勤めを奉行さして頂きました。私達の入る家といふのを見ると、丁度倉庫の様な感じがし、中へ這入るとこれは馬小屋か知らんとも思へました。私達の入植に漸く間に合つたとかで、オンドル等まだ十分乾いてゐない狀態でした。後で聞いたのですが、間に合すため、濡れたオンドルを二日二晩焚き通したさうです。それでも半乾きですから、寢て起きると上の布團は凍りついてゐるのです。オンドルには困りました。何分見るのも初めてゞすから、その扱ひ方等さつぱり判らず、その上造り方が急いだため粗末になり、中々燃えないのです。これには長い間困りました。また屋根も粗末で雨が降ると雨漏りがし、傘をさして飯を喰ふ有樣でした。しかし教會はあり、電燈は灯いてをり、內地の環境と餘り違はず、それに、何がなんでもこゝで成功せねばといふ一同の心が一つになつて、皆んな喜び勇んで開拓に從事しました。今から思へば、五十年も百年も經つた程の進歩を見せてをり、總べては感慨無量といふ一語に盡きます。

十一　生琉里教會鎭座奉告祭

未だ治安も確立せず、曠茫たる北滿の僻地に入植した人々にとつて、何よりも力となり頼りとなつたものは神樣であり、自己の信仰の力であつた。最初から、いさゝかの動搖をも見せなかつたのは、一重にこの信仰の力であり、部落中央に建つ神殿は、朝夕どんなにか移住者の力となり、慰めとなつたことであらう。旣に生琉里教會の本部設置認可は、前記の如く昭和九年十月廿六日になつてをり、さらに滿洲國の認可も同十二月一日になつたので、この日を卜して、入植者一同の感激裡に、鎭座奉告祭が盛大に執行された。式は午前七時から、管長代理深谷所長齋主の下に行はれた。主神及び教祖の御分靈は、この日を期して永遠に天理村の守護神として神鎭まりまし、朝な夕なに村民の信仰神と仰がれた。奉告祭は、翌二日午前十一時から同樣、深谷所長齋主の下に執行された。この日の參列者は關東軍、在哈特務機關、同憲兵隊、滿洲國軍、領事館、警察官派遣所、埠頭區警察署、警察廳、哈市公署工務署、阿城縣公署、電々會社、哈市國道建設處、電業局、日ノ本電氣工業所、朝鮮總督府派遣所、吉川組、商業會議所、東亞勸業株式會社、哈市各新聞社、滿鐵地方事務所、哈爾濱學院、哈爾濱女學校、同小學校、普通學校、青年會本部、滿洲傳道廳らの各關係機關、來賓のみでも六十餘名の多きに上つた。式は型の如く進められ、齋主の玉串奉獻、奉告祭詞奏上があり次いで來賓の玉串、祝辭が行はれた。この日の玉串は管長代理（中山爲信）所員總代（菅原運治）村方總代（藤田秀正、中野正邦二）

關東軍司令官代理（大使館桝谷書記官）在哈總領事館（長岡副領事）東亞勸業總代（齋藤謙太郎）縣公署總代（田中鈞一）哈爾濱小學校長總代（大林惠美四郎）滿洲傳道廳主事總代（高部直太郎）の諸氏であつた。如何に盛儀であつたかは、これをもつても想像することが出來、また教外關係者が、如何に天理村の將來に期待を寄せてゐたかも、これをもつて覗ふことが出來た。特に天理村建設に當り、萬全の努力を拂つた東亞勸業株式會社が、その辛苦を偲び、多大の感激をもつて述べた祝辭は、天理村の特質を語り、その將來をトするものとして意義深いものであつた。

祝　辭

此度新ニ命名セラレタル此地生琉里ニ天理村ノ建設成リ本日吉辰ヲトシ茲ニ竣工ノ式典ヲ擧行セラルヽニ當リ關係者トシテ聊カ所感ノ一端ヲ述べ祝辭ヲ申上グルコトハ寔ニ欣快ニ存ズル次第デアリマス

昨年四月此事業ニ着手以來天理村建設事務所役員諸賢ハ艱難辛苦粉骨碎身ノ御努力ヲ續ケラレ其間幾多ノ迂餘曲折ヲ經テ茲ニ整然タル宗教自由移民ノ集團部落ヲ建設セラレ我邦移民史上ニ特筆大書スベキ新事象ヲ具現セシメラレタ事ニ付キマシテハ獨リ天理教團ノ爲メノミナラズ我邦家ノ爲寔ニ慶賀ニ堪ヘナイ次第ニ存ジマス

本農村ノ實情ニ就キマシテハ大方諸賢ノ既ニ御承知ノコトト存ジマスガ普通農業移民地ニハ見ラレザル幾多ノ好條件ガ具備サレテヰルノデアリマス

先ヅ團體構成ノ人的要素カラ見マスナラバ宗教的信仰ニ據リテ團結セラレテ居リ各自ノ信念ガ堅固ナルコト又全家族ヲ擧ゲテ同時ニ移住セラレ從ツテ中年輩ノ夫妻ヲ世帶ノ中心トシ之ニ老幼家族ヲ加ヘテ居リマシテ村内ノ模樣ヲ見マシテモ我内地ノ農村ニ起居スルノト同樣デ洵ニ賑ヤカデアリ一致和樂ノ朗ラカナ農村デアリマス

又村民諸賢ハ啻ニ農業ノ經驗ヲ有セラルヽノミナラズ各種ノ特技例ヘバ大工、左官、疊職、鍛冶職ト謂フガ如キ各般ノ技能ヲ有セラレ加フルニ訓導、産婆、看護婦ノ免許ヲ有セラルヽ方モアリ農村經濟ノ支出經費ニ屬スル斯種實用ノ自給自足ヲ可能ナラシムルコトハ特筆スベキ本農村ノ特長デアルコトヲ知ラルヽノデアリマス

次ニ村ノ公共施設福利增進ノ方面カラ見マス時ハ移住者ノ住宅ハ旣ニ建築サレテ居リ入村匆々何等起居ニ不自由ヲシナイコト又公共營造物タル學校浴場其他ノ衞生設備モ整備サレテ居ル上ニ信仰ノ中心殿堂タル神殿ノ建造セラレ居ルコトハ眞ニ錦上華ヲ加ヘタルモノデアリマシテ實ニ本農村ノ誇リデアルト思ヒマス又當地域ハ其ノ初メ匪賊ノ出沒橫行スル所トナリ相當脅威ヲ感ゼラレマシタガ日本軍總領事館ハ申スニ及バズ滿洲國側ノ不斷ノ警備ニヨリマシテ昨今デハ安ンジテ農耕ニ從事出來ル樣ニナツタ事デアリマス

尙村民諸賢ノ農耕資金ヲ天理敎團ニテ貸付ケラレ所謂資金難ヲ託ツノ要ナキ等入村當初ヨリ斯ノ如ク施設ノ行屆イタモノハ今後ト雖モ例ノ尠イコト、思フノデアリマス加フルニ地理的經濟的立場ニ於テ此地域ヲ見マスルニ北滿ノ大都市タル哈爾濱特別市ヲ間近ニ控ヘ交通亦至便デアリ如斯大消費地タル市場ヲ近距離ニ有スルコトハ農耕地ノ選定宜ニ用意周到ト申スベク敬服ニ堪ヘマセン

カルガ故ニ苟モ斯業ニ關心ヲ有スル者トシテハ必ズ成功シ得ルモノトノ信念ノ下ニ本農村ニ多大ノ期待ヲ持ツテ居ルノデアリマシテ其ノ成否如何ハ將來日本人移民ノ鍵ヲ握レル本農村ノ建設ハ斯ノ如ク大意義ヲ有スルモノデアリマスカラ此點ニ深ク留意セラレ技能ト資本ノ力ニヨリ土地ノ利用價値ヲ倍々增大シ所期ノ目的ヲ貫徹セラレ此地ヲシテ宗敎的精神的源泉タルト共ニ農業經營上ニ於テモ其ノ模範トナリ滿洲產業ノ開發向上ノ爲ニ盡サレンコトヲ禱念シテ已マナイ次第デアリマス

本農村建設ニ當リ聊カ御協力申上ゲマシタ我社トシテハ今更ノ如ク悅ノ感ヲ深クスルモノデアリマシテ此ノ式典ニ當リ特ニ農民諸賢ノ御健康ヲ祈ルト共ニ農村ノ彌榮ニ健全ナル發展ヲ冀ツテ止マナイノデアリマス

聊カ蕪辭ヲ述ベテ祝辭ニ代ヘル次第デアリマス

昭和九年十二月二日

東亞勸業株式會社

社長　向坊盛一郎

滿洲國移民の雛型として、その出發を祝福された村民は幸福であつた。と同時に一同は骨をこの地に埋めて滿洲開發の人柱たる覺悟と決意を固めて、感激一入深いうちにこの奉告祭は盛大に終了したのである。かくて生琉里教會の月次祭は毎月一日、春季大祭は四月一日（昭和十四年より四月十五日に變更）秋季大祭は九月一日（昭和十四年より九月十五日に變更）と定められた。

十二　第二次移民の渡滿

1　西生琉里の建設決定

第一次移民の順調な進行に伴ひ、最初の豫定通り昭和十年においてはさらに第二次を入植せしめることになり、四月二十七日の青年會常務委員會においてその具體案を發表した。そして今度新に建設されるのは西生琉里と稱することになつた。一方現地においては西生琉里建設の準備が着々進められて行つた。すなはち五月二十六日に西生琉里の區長、班長を次の如く決定した。

區長齋梧純二、第一班長勝呂久次、第二班長松澤一次、第三班長田島多藏、第四班長松田八郎、第五班長松田貢

これは第一次の移民中から選んだもので、一歩先んじた經驗をもつて、後續者の指導に當らすためであつた。

2 部落建設

次いで六月十六日には、齋梧區長を齋主に起工式を擧行、直に部落建設にとりかゝつた。この工事請負契約は次の通り。

御請書

一、工事名　天理村西生琉里建設工事

一、工事種類
1、集會所事務所及浴室　一棟
2、移民家屋　廿七棟
3、大門東西　二棟
4、角砲台　二棟
5、櫓（火見台）　一基
計五筆三十三口

一、請負金額　金二萬六千九百三十圓也

一、工事期間　昭和十年六月十日ヨリ
昭和十年九月二十日マデ百日間

一、右工事拙者請負致候ニ付テハ契約書ニ基キ別紙見積仕様書及ビ設計書ノ通リ相違無ク完全ニ施工可致コヽニ請書差入申候也

昭和十年六月七日

右請負人　南　助　三　郎

天理村建設事務所々長

深　谷　徳　郎　殿

かくて工事は順調に進み、八月廿一日には布教所上棟式を擧行、九月二十日には電燈を點じて豫定通り工事を終へ、今はたゞ入植者を待つばかりとなつた。

3　移民の決定

移民の銓衡は第一次の經驗に鑑みて、嚴選主義がとられた。橋本正治氏は七月二十日まづ福島において銓衡を開始、戸別に希望家族を訪問して家庭の状況を詳細に調査した。次いで北海道、宮城、岩手、四國、中國地方の銓衡を終へ呼び寄せ家族を交へ二十家族を決定した。

この入植者は次の通り。

出身地	所屬教會	姓名	年齢
青森縣北津輕郡板柳町福野田六七	（山名）	小關定雄	26
		ミエ	20
		定俊	1
秋田縣仙北郡千屋村浪花村丸森下七八	（河原町）	高橋早藏	38

ツルノ 35
ハツエ 12
フミ 11
秀一 8
亘 6
イワ 4
彪三 2

秋田縣仙北郡檜木内村下檜木内三二八 （河原町） 淺利倉之助 47
ノブ 44
忠枝 25
スカ 22
ツヤノ 19
敏晴 16
カツエ 12
タマノ 9
正一 6
トキヨ 3

山形縣北村山郡楯岡町楯岡二五六八 （島ヶ原） 高橋藤太郎 46
トク 41

藤　市 18
春　吉 12
芳　吉 8
ヨシエ 4
下山トクエ 23
下山久三郎 21

長野縣諏訪郡長地村三五四八
（名京）藤森光次 53
カ　ツ 51
武 23
ミチ子 20
芳　夫 16
ヒサ子 13
ミサ子 8

宮城縣栗原郡藤里村中牛淵五
（湖東）高橋虎二 37
キヨノ 33
幸四郎 12
ツ　ギ 7

青森縣西津輕郡水元村尾原九
（山名）成田久太郎 51
と　み 44

子之助 72
ソヨ 68
稔 21
良 17
セツ 14
みち 11
茂 8
亘 6
ひで 3

北海道上川郡當麻村一六二六

（甲賀）工藤新助 33
カツ 31
春市 12
利雄 11
三夫 8
フク 6
義子 1

福島縣西日河郡中畑村原宿九〇

（甲賀）矢吹貢 33
タニヨ 26
八郎 21

千代子 11
登茂子 7

福島縣河沼郡八幡村塔寺
（新潟）蓮沼兵五郎 49
キヨシ 35
肇 3
正雄 1

福島縣相馬郡金房村飯崎三
（山名）原専治郎 40
ツル 37
唯雄 17
正 11
ツヤ 8
良三 5
茂子 2

宮城縣伊具郡館矢間村館山五三
（名京）千田武次郎 39
千代 38
二郎 12
みつよ 10
年一 8
正一 4

國一 2

徳島縣海部郡日和佐町日和佐浦一一〇

（生琉里） 播田今太郎 59

安田徳一 7

山形縣西村山郡白岩町幸生五五五

（湖東） 大沼利喜藏 35

ひろゑ 31

シゲ 8

ひさゑ 5

繁雄 3

福島縣耶麻郡栗村三津井二三六二

（名京） 福島勝春 22

シマ 20

正子 11

徳島縣阿波郡土成村土成一六一

（撫養） 富士本徳太郎 30

國子 29

ふじ子 4

宮城縣玉造郡東大崎村新田九

（日光） 佐々木末治 45

みよし 42

はつね 24

千江子 13

龍市 25

福島縣耶麻郡岩月村稲野三六
(名東) 菊地健治 42
みち子 2
トラ 37
昭 9
重雄 5
文雄 1

秋田縣仙北郡高梨村拂田四七
(河原町) 熊谷キワ 18

山形縣西村山郡白岩町幸生五五五
(湖東) 大沼利三郎 42
よしの 38
モト 12
トモエ 11
サダエ 9
ハナヨ 4
佐吉 2
佐助 66
ソデ 59
アキ 23

移民縣別及び系統別

縣別	戸數	縣別	戸數
北海道	一	長野	一
福島	五	宮城	三
青森	二	德島	二
秋田	三	計	二〇
山形	三		

系統別	戸數	系統別	戸數
島ヶ原	一	甲賀	二
河原町	三	湖東	三
山名	三	撫養	一
生琉里	一	日光	一
名京	四	計	二〇
新潟	一	人員合計	一一六

4 送別會

かくて一行は九月二十日本部に集合、同二十七日には中山管長以下青年會役員、分支會長參列の下に、本部會議所において盛大な送別式が擧行された。

送別式々次第

一、參拜の上會場に着席　午前八時
一、分支會長着席
一、會長以下役員着席　午前九時
一、開會の辭　山澤爲次參事
一、事務報告　橋本建設事務所主任

一、會長訓話
一、送別の辭　直轄分支會長代表　諸井忠彦
一、宣誓　移民者代表　小關定雄
一、參拜
一、青年會歌合唱（御用場に於て）
一、萬歳三唱
一、閉會の辭　山澤爲次參事

5　移民渡滿

翌二十八日には愈よ出發である。この日二十家族百十二名は未明に起き、ひのきしん服に身を固めて神殿前に集合、使命達成を祈つて丹波市驛にいたれば、數千の見送人で雜踏してゐた。間もなく中山管長は親しく驛頭に見送り、橋本團長以下に激勵の言葉を送つた。七時三分萬歳の歡呼を後に、一行は七輛連結の特別臨港列車で出發した。同十時十五分一行を乘せた臨港列車は神戸第二突堤に到着、こゝでも數百の見送人から激勵の歡呼を浴び、午後零時三分解纜の熱河丸で一路大連に向つた。

輸送幹部

代表者　青年會役員天理村長　橋本正治
副代表者　天理村西生琉里區長　齋梧純二

救護班　天理村診療所々長　川崎宗

通信班　天理時報記者　出沖寅夫

　　　　　　　　　　　　西井道一

活動寫眞班　　　　　　　佐藤四郎

渡滿日程及び經路

九月廿八日　午前七時三分　丹波市驛發

正午　熱河丸で神戸出帆

十月一日　午前八時　大連上陸

午後九時　大連發

十月二日　午前七時五分　奉天發

午後二時　新京着

傳道廳で休息市內見學

午後十一時　新京發

十月三日　午前六時二十分　哈爾濱着

正午トラックにて入村

途中各地教信徒の歡送迎を受けながら、一同は三日午前六時二十分哈爾濱驛に到着した。驛頭には既に廿三臺のトラックが一行を出迎へてをり、到着するや直ちにこれに分乘、約四時間半ゆられて正午生琉里に到着、待ちに待つた第一次移民と互に手を握り合つて神殿で御禮勤めを奉行、橋本團長の慰勞の辭、東亞勸業中田主任の挨拶、第一次移民代表の歡迎の辭、第二次移民代表の答辭等あり一同待望の西生琉里に入つた。

十三　日本人墓地設置

移住者の總べてが、滿洲の曠野に骨を埋める覺悟であつたことはいふまでもない。そのためには永遠に眠る安らひの地が必要である。入植間もない昭和十年の二月には、早くも日本人墓地を建設することになり、その準備が進められた。場所は生琉里の西方半町許りの丘上に定められ、一町五段歩を區畫して設立許可申請が行はれた。

村發第四九號　　昭和十年二月二十日

日本人墓地設置許可願

一、場所並ニ面積　（別紙之通リ）

一、設置ノ理由　（別紙之通リ）

一、管理者　天理村長　橋本正治

右墓地設置致度候間認可被成下度此段及御願候也

右願出人　橋　本　正　治

在哈爾濱總領事　森島守人殿

右許可ス

昭和十年二月二十六日

在哈爾濱總領事　森島守人

（別紙）設置ノ理由

天理村ハ哈市ヲ距ル東々北方二十八粁ノ地點ニ在リ日本人移住者其他約五十戸ノ戸數ヲ有シ更ニ近ク五十戸ノ日本移民ヲ收容スル豫定ナレ共現在日本人墓地無之爲其ノ不便不利不尠依ツテ本願ニ及ビシ次第ナリ

最奥中央部に歴代教會の墓地を、その左右に所員墓地をとり、他は約一戸當り三十坪とし、墓地の周圍に白楊を植ゑて永眠にふさはしき地となした。十年後の現在、こゝには百餘名の人が開拓の礎石となり、安らかな眠りの中に、村の發展を見守つてゐるのである。

十四　移住地管理規定

第一次、第二次の入植なつて移住者の權利、義務を規定する必要があり移住地管理規定が制定された。

移住地管理規定

第一條　本移住地ニ入植居住スル者ハ本規定ニ依遵スルコトヲ要ス

第二條　本移住地ハ天理村事務所之ガ管理ニアタル

第三條　本移住地ハ之ヲ區ニ分チ各區ハ區長ヲ置ク其他區ニ關スル細則ハ管理者之ヲ定ム

第四條　移住者ハ本移住地區內ニ永住スルノ義務ヲ有ス正當ノ理由ナク無斷ニテ三ケ月以上移住地區ヲ離ルル

者ハ移住者トシテノ資格ヲ喪失シタルモノト認ム

第五條　本移住地ニ於テ道路ノ敷設及ビ保存ニ要スル經費ハ本移住地ニ土地ヲ所有スル者ノ負擔トシ負擔ノ方法ハ管理者之ヲ定ム

第六條　移住者ハ土地ノ利用ニ關シテハ管理者ノ指示ヲ仰グモノトス

第七條　本移住地居住者ガ家屋又ハ倉庫ヲ建築セントスル時ハ其ノ位置ニ關シ豫メ管理者ノ承認ヲ經ズシテ建築シタル時管理者ハ必要ニ應ジ之ガ移轉ヲ命ズルコトヲ得

第八條　本移住地移住者ハ界標ヲ保存スルノ義務ヲ有シ管理者ノ立會ナクシテ之ヲ移轉スルコトヲ得ズ

第九條　道路橋梁ノ修築山燒霜害及虫害驅除豫防其他共同ノ勞作ヲ必要トスル場合ニハ居住者ハ管理者ノ指示ニ從ヒ共同提携シテ其ノ勞作ニ服スルモノトス

第十條　本移住地居住者ハ天理教精神ニ從ヒ移住地ノ産業其他ニ服スルモノトス

第十一條　本移住地居住者ハ管理者ノ承認ヲ經ルニ非ザレバ各種ノ共同事業ヲ經營スルコトヲ得ズ

第十二條　移住者ハ共同購入販賣倉庫商店其他管理者ガ移住地ニ於テ經營スル事業及ビ施設ヲ利用スベシ

第十三條　前條ノ共同事業ニ影響ヲ及ボスベキ作物ノ耕作面積ヲ增減セントスル時ハ豫メ管理者ニ之ヲ報告スベシ

第十四條　移住者ガ前條ニ反シタル行爲アル時ハ管理者ハ退去ヲ命ズル事ヲ得

第十五條　本移住地ノ共同事業ニ關スル規定ハ天理村信用販賣購買利用組合定款及規定ヲ適用スルモノトス

第十六條　本移住地居住者中ニ風土病又ハ流行傳染ノ虞レアル疾病發生シタル時ハ該家族ハ直チニ之ヲ管理者ニ通報スベシ

第十七條　本移住地診療所ノ藥局ノ診察料入院料藥價等ハ管理者ノ定ムル所ニヨル

第十八條　本移住地内ノ一般居住者ヨリ戸數割其他公平ト認ムル方法ニヨリ賦課金ヲ徴收ス
第十九條　教會青年會婦人會研究會其他ノ社會事業ハ管理者之ヲ管理監督ス
第二十條、必要ノ場合ニハ管理者ハ前數條ニ規定セル以外ノ費用ヲ賦課シ若クハ勞力ノ提供ヲ求ムルコトヲ得

十五　移民の精神指導

さらに移民として、特に天理村民として如何なる精神を以て今後に臨まなければならぬか。この精神指導は特に必要なるものがあり、昭和十年一月、東亞勸業株式會社哈爾濱事務所長天理村顧問齋藤謙太郎氏を招いて、村民一同その講演を聞き移民としての心構へ、滿洲農法、天理村運營等に大いに得るところあつた。その主なる點を要約すると次の通り。

天理村の機構は農務部、經濟部、教學部、警備部の五部に分れ、各々が責任を以て仕事を分掌することになつてゐる。そして四十三戸を一つの經濟單位として活動せしめ、精神的、生産的、經濟的結束に依りて一戸の落伍者もない様にしたい。一村が生産的に、經濟的に一致協力すれば強力となり、農家も榮え、村も榮えるのである。日本の農村に於ては、共同經營は餘り良い成績を擧げてゐないが、部分的共同經營は効果を擧げてゐるのである。こゝに鑑み天理農村は五戸共同制をとることにした。すなはち耕馬、馬車は五戸共有、勞力は五戸共同として班長が指揮をとるのである。そして公休日を定めこの日には一齊に休養して苦樂を共にする。働く時には老幼婦女一人も遊んでゐるものがない様になれば、共同作業は半面より見れば農村の娯樂ともなるのである。
次に移民としての信條を語りたい。
イ、土地に卽した生活をすること。

自分の土地に出來たものを食し、自分で生産したものを着るのである。出來れば食も衣も支那式にしたい。

ロ、生活程度を先住民と同一にすること。

米食でなければならぬといふ觀念では駄目で、陸稻、高粱、粟、玉蜀黍、蕎麥、大麥、稗等を喰つて行くのだ。そして毎朝齒を磨き、大便に紙を使ひ、毎日入浴し、電燈がなければといふことでは經濟的にまづ滿人に負けてしまふ。餘裕の出來るまでは絕對に贅澤しないことが大切である。

ハ、土着人以上に勤勉力行であること。

滿洲へ來たからといふ優越感を起し、日本人なるが故に働くのが恥であるといふ考へは全然取除いて、最も勤勉でなければならぬ。

ニ、勘定負けしてはならぬ。

一概に滿人をさげずんで彼等に接すると、これが昂じて言語の不通、短氣等からして相手に惡感情を與へる。かうなると教へてくれることも教へてくれなくなる。そして農業はうまく行かぬ。三、四年も經過して彼等を理解した頃には失敗するか、成功をあせるかになつてゐる。さうすると彼等に無理をいふ。無理をいへば寄り付かなくなつて、融和が破壞せられ萬事順調に行かなくなる。故に最初から決して彼らを冒さず、また冒されずして、只土地を冒し、生活を土より得、土地を耕すことは彼らの生活を豐かにしてやることだといふ崇高な精神を持つて行かねばならぬ。

ホ、滿人との融和に心掛けよ。

日本農法と滿洲農法は異るのであるから、最初は滿人から學んで成功を期し、後には滿人を指導して、直に滿洲建國の精神を體得せしめる相互扶助が肝腎である。

ヘ、出稼根生を除け。

農業は一年や二年で成績が擧るものではないから、ドッシリ腰を据ゑて、永遠に骨を埋める覺悟が必要である。

ト、日本人の體面を汚すな。

一村一身同體となり、相互扶助、苦樂を共にしながら最後的生活に堪へ、苟も日本人たる破廉恥行爲を愼しまねばならぬ。

チ、成功をあせるな。

日本人は性急で困るが、日本百姓の十倍をも耕作するのであるから、飽くまで漫々的にやることを金科玉條とせねばならぬ。

リ、滿洲語に早く上達すること。

言葉の行違ひから誤解や間違ひを生ずるものである。

作物栽培上の注意

畑作　滿洲は雨量が少いから、所謂乾燥農業である。雨は總て土に吸收せしめ、これを發散させないのであるから、雨の後には直ちに除草し、中耕を行ひ、蒸發防止を行はねばならぬ。三年に一回春は旱魃と見なければならぬので、かういふ時は、發芽率が惡いから種子の選定に注意し、播種量も多量にするのである。土地は淺耕である。深耕すると發芽が惡くなる。また蒔いた種は必ず鎭壓をしないと、發芽が十分でなくなる。由來暖地の農業は害虫との戰爭であるが、寒地の農業は雜草との戰ひである。この草を完全に征服しなければ、十分なる收穫を望むことは出來ない。蔬菜、馬鈴薯、葱、茄子、甘藍等の外は灌漑栽培を必要とするから、これには良い種子を早く選ぶ必要がある。品種は總べて早熟種が有利である。手入れは遲れぬ樣早目にやることである。その他收穫の適時、種、土地の消毒、賣店先の選擇、運搬、荷造等々の研究も必要である。

第二章　各　論

一　營　農

1　第一次計畫

營農は開拓團の生命にして、その成否は開拓團の運命を決する最も重要なものである。故にその實施に當つては諸般の事情を考慮して愼重な計畫指導が行はれなければならぬ。天理村においては、まづ最初、滿洲開拓に十年の經驗を持つ東亞勸業株式會社の指導を仰いだ。すなはち同社の天理村顧問齋藤謙太郎氏は昭和十年度の事業計畫を次の如く樹てた。これは實際には資金の關係で實現を見なかつたが一部は踏襲され、また參考にされて、その後の諸計畫立案の基礎をなした重要なものである。

昭和十年度事業計畫

一、土　地

阿什河右岸天理村移民地現在總面積八一、三四二町五五五

イ、畑　地

畑地八五二町三一四ノ內中央部落ヲ中心トスル四三〇町ヲ移民本年度耕地トシテ自作セシメ、尙苗圃トシテ

九町二一六ヲ施設シ、殘四一三町〇九八ハ先住滿人ニ小作セシム

ロ、荒　地

四五二町九五三ノ荒地ハ本年ハ差當リ家畜ノ放牧場、燃料採取場トシ將來ハ漸進的ニ土地改良ヲ行ヒ有効ニ利用セントス

ハ、宅　地

二六町二〇〇ノ内一〇町四三三ハ現在滿人宅地ナリ、コレハ此ノマヽトス

ニ、墓　地

一一町〇八八アリテ、從來ハ滿人ノ墓トシテ古キ歷史ヲ有スルモノナルヲ以テ今俄カニ移轉セシメザル方針ナリ

然レ共滿人ガ自發的ニ舊墓地ヲ移轉スル傾向ニアルヲ以テ、コノ地點ニ移民墓地ヲ設定スル豫定ナリ

ホ、水　田

移民ノ食料トシテノ水稻栽培ハ望マシキコトナルモ、用水ノ關係上今直ニ實現困難ナリ、然レ共區中ニ湧水スル個所アルヲ以テ專門家ニ調査ヲ依賴シ、水源ヲ確メ將來ノ計畫ニ資セントス

ヘ、苗　圃

地區内ノ傾斜地及ビ薄地ニ植林ヲ行ヒ、將來移民ノ燃料ヲ得ン爲九町二一六ノ苗圃ヲ設定シ、ドロノキ、ヤナギ、ネクンドカヘデ、デウセンモミ、マンシウクルミ、アンズ、ハギ、イタチハギ其他ノ繁殖養成ヲ計ラントス

二、造　營　物

中央部落本年度建築造營物左ノ如シ

一、苦力小屋兼倉庫　四三棟
一、厩　舎　四三棟
一、共同豚舎　一棟
一、共同鷄舎　一棟
一、共同牛舎　一棟
一、共同溫室　一〇棟
一、井　戸　二眼

備考　昭和九年度ニ完成セル造營物ハ左ノ如シ
神殿、事務所、駐在所、診療所、共同浴場ボイラー共他、小學校、職員宿舍、教員宿舍、倉庫、自動車庫（兼厩）砲臺、展望臺（以上各一）大門二、便所五、井戸一四、濠八九二間、鐵條網八九二間、部落道路二三〇四間、箱樋一六五、鹿柴六三

三、土木工事
本移民地ノ低地ハ雨耕ニ際シ高臺地ヨリノ押水ニテ利用困難ナルヲ以テ、適當ナル排水路ヲ掘鑿シテ土地ヲ乾燥セシメタル上開拓ニ着手セントス

四、動　物
一、耕　馬
移民四三戸ガ本年度畑地四三〇町ヲ自作經營スル爲ニ必要ナル耕馬一〇〇頭（五戸共同ニテ一〇頭、九班分九〇頭、他ニ豫備一〇頭）ヲ購入シ、當初ハ滿人雇傭馬夫ニ倣ヒ使役スルモノトス
二、繁殖牛

荒地（濕地）ノ雜草及老人ノ勞力ヲ利用スル爲朝鮮牛ヲ三〇頭購入繁殖シ、勞役ニ使用スルノ外將來鮮人移民ニ供給若クハ肉用牛トシテ賣却セントス

三、肉用豚

老人ノ勞力ヲ利用スル爲、在來種仔豚一〇〇頭ヲ購入、共同飼育ヲ行ヒ、九ケ月乃至十ケ月ヲ以テ哈市賣店ニテ販賣シ、移民ノ利益ヲ擧ゲントス

四、養鷄

前項同樣老人ノ勞力ヲ利用スル爲、初生雛一、〇〇〇羽ヲ購入シ、産卵牝鷄ヲ得、卵鷄ハ哈市賣店ニテ販賣セントス

五、養蜂

移民一戸當一箱ヲ購入、飼養セシメントス

六、養兎

移民一戸當二頭ヲ購入、繁殖シテ防寒服ヲ作製セシメ、次第ニ販賣ヲモ爲サントス

（註）事業ノ進行狀態ニ依リ種馬、種豚、山羊、緬羊、カラークルヲ加フルモノトス

五、機器

本年度ハ計上スベキモノナシ

六、植樹

本年度ハ中央部落ノ神殿、學校、病院、移民住宅等ニ風致ヲ添ヘル爲植樹ヲ行ヒ、又部落周圍ニ防風林ヲ設ケ道路兩側ニハ並木ヲ植栽セントス、尙ホ苗圃ノ完成後ハ前述ノ如ク傾斜地或ハ薄地ヲ利用スル植林ヲ行フ方針ナリ、植林豫定地一〇七町五三ナリ

七、天理村機構及人員ノ配置

天理村事務所

部	係	人員
	庶務會計係	二
農務部	農耕係	一
	苗圃係	一
	園藝係	一
	畜産係	一
	農産加工係	兼
經濟部	購買係	一
	販賣係	兼
	倉庫係	兼
教學部	教化係	兼
	學事係	一
	醫療係	一
警備部	警備隊	警官
	哈市連絡所	二

八、移　民

戸數四三戸　人口 男 一〇六 女 九八　計二〇四名

九、經　營

イ、耕作面積

一戸當耕作面積　畑地九町五段歩、蔬菜地五段歩四三戸　計四三〇町歩

ロ、經營ノ方法

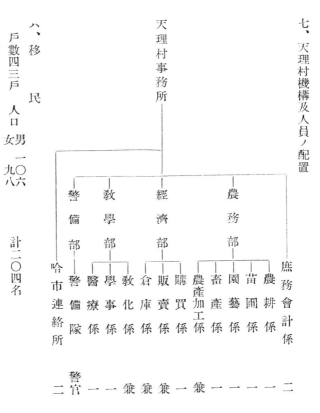

移民一戸ハ畑地一〇町歩ヲ自家勞力及雇傭勞力ニ依リテ自作スルモノトス、但シ本年度ハ勞力ノ五戸共同經營方法ニ依ル、卽チ自家勞力ノ外ニ滿人ヲ雇傭シ、耕馬及荷馬車（共有）其他農耕ニ必要ナル一切ノ農具（各戸毎）ヲ購入シ、移民五戸ヲ以テ一ケ班一團トナリ、相互ニ勞力ヲ交換シツヽ共同耕作ヲ行フ、諸費用ノ負擔ハ特殊ノ事情アル場合ハ其ノ都度班内ニテ協定スルモノトス

註、五戸勞力ノ共同耕作ハ各戸單獨耕作ニ比シ雇傭勞力及農具等諸費用ノ負擔割安トナリ滿洲農業ニ不馴ナル當初ノ移民ニハ最モ經濟的ナルヲ以テ各戸ガ相當ノ根據ヲ得ル迄ノ便法トシテ斯ノ耕作方法ヲ選ビタリ

備考

一、個人別作付面積及收支狀態ハ別表ニ示ス

二、生產物ハ總テ哈市ニ賣店ヲ設ケ、生產者ヨリ消費者ニ直接販賣セントス

右ハ移民ノ家族中ヨリ適當ナモノヲ選ビテ經營セシメ、其ノ經費ハ初年度ハ敎團ニ於テ負擔スルモノトス

三、副業ハ味噌、醬油、濁酒ノ釀造、各種漬物類ノ製造、養牛、養鷄、養豚、養兎、澱粉製造、納豆、豆腐製造、蔬菜ノ乾物類製造等ヲ行ハシメ、大人ハ勿論、老幼婦女子ヲ一樣ニ働カシムル方針ナリ

一〇、社會施設

神殿、事務所、學校、警官駐在所、診療所、短波無線電信、電話、電燈、共同浴場

一一、農事指導

農事ノ指導ハ農村指導員外四名ノ所員ヲシテ行ハシメ、普通作物ノ增收、特用作物、蔬菜栽培ノ指導ヲ爲スト共ニ特ニ農產加工、畜產加工等ニ努力セントス

一二、副業奬勵

滿洲ニ於ケル農家ノ收支狀態ハ現下ノ農家經濟ヨリ見テ副業ニ依ル收支ノ好轉ヲ計ルコト最モ必要ナレドモコノ副業ノ奬勵タルヤ各農家ノ趣味、傾向ヲ見極メ各戸ニ適合スル方策ヲ樹ツルニ非ザレバ實績ヲ擧ゲ難シ本村移民ハ入村三ケ月ヲ經過シ、各人ノ希望性質等ヲ調査シタル結果、前項ニモ述ベタルガ如ク、本年度ハ左記副業ヲ適當ト認メ主トシテ共同ニテ實施セシメントス

養牛、養鷄、養豚、養兎、養蜂、味噌、醬油ノ釀造販賣、各種漬物製造販賣、澱粉、納豆、豆腐ノ製造販賣

野菜促成栽培

昭和十年度移民ノ收支

事業收支

一、收入ノ部

大豆	作付三・〇〇町	二〇二・五〇円
小麥	〃 一・五〇	一二六・〇〇
陸稻	〃 〇・八〇	六二・四〇
蘇子	〃 一・〇〇	一一〇・四〇
粟	〃 二・〇〇	八四・〇〇
高粱	〃 一・〇〇	五六・〇〇
包米	〃 〇・二〇	一〇・〇〇
蔬菜	〃 〇・五〇	三〇〇・〇〇
稈類		五四・一〇

副業	一八七・一八
運搬收入	三一・三六
計	一、二二四・七四
一、支出ノ部	
勞役費	二六四・〇〇円
種苗費	五一・〇〇
肥料費	四三・二五
飼料費	二〇三・三九
農具修繕費	一〇・〇〇
農具銷却費	一四・八〇
耕馬銷却費	一八・六四
稅金公課	七三・〇〇
建物維持費	七・八九
計	六八五・九七
收支差引 利益金	五三八・七七
家計收支	
一、收入ノ部	
事業收入	五三八・七七円
一、支出ノ部	
家族食費	一六八・〇〇円

被服費	五〇・〇〇
醫療費	一八・〇〇
光熱費	三四・〇〇
雜費	三〇・〇〇
豫備費	三〇・〇〇
計	三三〇・〇〇
收支差引　利益金	二〇八・七七

2　第二次計畫

次いで同社の指導員菅原運治氏によつて、次の如き第二次計畫が樹てられた。

造營物	一〇、三二〇・〇〇円
井戸	三、〇〇〇・〇〇
家畜	八、〇〇〇・〇〇
農具	七、九六〇・〇〇
稅金公課	三、一三九・〇〇
肥料費	一、八六〇・〇〇
生計費	一〇、三二〇・〇〇
勞役費	一一、三五二・〇〇
飼料費	八、三〇〇・〇〇

種苗費	二、一九三・〇〇
植樹費	二、六〇〇・〇〇
副業費	四九、三〇〇・〇〇
雜費	八六〇・〇〇
豫備費	二、二九六・〇〇
計	一二五、〇〇〇・〇〇

しかしこれも諸種の事情で實現を見なかつた。

3　營農の基本方針

かくて昭和十三年三月齋藤謙太郎、菅原運治兩氏が辭任するや、實際に滿洲農場を維持經驗して來た蛟河協同農園主馬場義興氏が招かれて農務部長に就任、馬場氏を中心に營農計畫の再檢討を行つた。

馬場氏が營農の根本方針とするところは

『開拓民は滿洲農業は勿論のこと、氣候、風土、言語、風俗等あらゆる事情に全然未經驗である。これを最初から滿洲式にやつて行くことは無理である。村民の中には農業經驗によつて、日本人の得意とする蔬菜作、加工技術に勝れた者もゐるから、これを生かして行かねばならぬ。滿人は滿洲の自然的條件に適應した滿洲農法に通じ、一般作をよくするも、概して資力乏しく、加工するにも財力なく、自分の經驗以外の特殊作物栽培は不得手である。一般作では到底滿人に太刀打ち出來ないのであるから、日本人の開拓農業としては、原住民の眞似の出來ない、彼等と競爭の起らない、新方面の高度農業を開拓して、開拓政策に貢献するところがなければならぬ。それには大消費地哈爾濱を控へてゐる地理的條件上からも蔬菜作、その加工製產が最も天理村の營農に適してゐる』といふのである。かくて村民は蔬菜作を主とした集約農法をとることになり、小麥、粟、高粱、包米等の一般作は滿人の常傭夫、臨時傭夫をもつてする滿洲大農組織をとつた。所謂馬場營農といはれたもので今日なほ天理村の營農法として踏襲されてゐるが、そのために昭和十二、三年に一時資金關係から經營の危機に直面するや、天理村の營農は投機的であつて堅實性がないと、批難されたこともある。現在は出荷割當制が强化されたので、一部從來の方針變更を餘儀なくされてゐるが、矢張り天理村營農の中心は蔬菜作といふことになつてゐる。いま年度別にその推移を見やう。

4　昭和十年度の營農

昭和十年度

天理村が入植した當時は、滿洲開拓團の營農形態といふものはまだ一定してゐなかつた。各團がそれぞれの計畫の下に、營農を進めてゐたのであるが、天理村においても一番最初は、十町步の個人耕作を計畫してゐた。しかるに實際入植して見ると、警備或は輸送に重要な勞力を割かれ、個人耕作は全然不可能となつた。故に農耕直前には班別（五戶單位）による共同耕作を計畫した。しかしこれも色んな事情で不可能となり、結局全村共同耕作の體形をとつた。この時の作付段別は次の通り。

一般作

大豆	一一九・二〇町	豌豆	二・〇〇町
小麥	一〇九・八〇	緑豆	一・五〇
粟	七七・四六	水稻	三・〇〇
高粱	四二・〇八	麻子	一・五〇
陸稻	三七・八五	胡麻	一・〇〇
包米	一三・一五	亞麻	一・〇〇
小豆	五・七六		
		計	四〇九・六〇

蔬菜作

蔬菜、西瓜	六・〇〇町	其他	四三・六〇町
白菜、甘藍	七・二〇	計	五六・八〇
總計	四六六・四〇		

かくの如く四十三家族で、警備その他に勞力をとられながらも一般作、蔬菜作合せて四百六十六町歩の作付を行つた。その中一般作はその殆どを在來農法によつて、雇傭或は小作によつて行つたものである。蔬菜作は移民の手によつてのみ行つたが、その中には小白菜、春菊、玉葱、里芋、甘藷の作付もかなりあり、それらは輸送不便のため、その殆どを腐敗せしめて、完全なる失敗に終つた。そのためこれ以後は保存の可能なもの、加工出來るものに限つて作付を行ふやうになつた。

昭和十年度營農成績收支計算

收入	
一般作	三、一〇三・九一円
蔬菜	六、〇七六・六八
漬物	一四、八一一・二〇
養蜂	一、一一三・三四
雜收	三〇・三〇
計	五二、〇六三・四三
支出	
種子費	四、四六二・二四
肥料費	四、五九六・六三
勞役費	一四、七三〇・二六
飼料費	三、八〇七・七一
耕馬費	一一三・七三
農具費	五〇〇・〇〇
雜費	一、四九〇・七五
漬物費	一五、七六八・四二
溫室費	四一三・一三
計	四五、八八二・八七

差引利益	六、一八〇・五六

5　昭和十一年度の營農

昭和十一年度

滿洲在來の農作法にては、大犂丈一台に耕馬六、七頭を使用して、三十町歩の耕作を行ふので、この方法によれば昭和十年度なみの平年作と販賣價格であれば、優に一戸千二百圓位の純利益を擧げることが出來るのであるが、これには苦力の使用法その他に十分なる習熟を要するので、その準備が整はない本年度は、さらに一般作を自營の意味で全村共同耕作とし、蔬菜作のみ班別（五戸單位）の共同耕作とした。但し昨年入植した西生琉里の方は全部を共同耕作。

昭和十一年度營農成績收支計算

收入	
一般作	二〇、二六一・九六円
蔬菜	八、七〇七・九二
豚羊	六五一・八四
養蜂	二四〇・〇〇
計	二九、八六一・七二
支出	
肥料費	四、六四六・三三

農具費	一、三四七・七九
種苗費	五、二一八・一〇
勞役費	一四、九六四・四二
飼料費	二、六九五・〇〇
雜費	七一一・五〇
計	二九、五八三・一四
差引利益	二七八・五八

本年度にいたり漬物加工を全面的に休止してゐるのは、昨年度の成績が收入一萬四千八百餘圓、支出一萬五千餘圓を出し欠損といふ不成績により、販賣用の蔬菜のみに止めた結果である。なほ利益二百七十八圓といふ少額に止つたことは不作と共同耕作による個人觀念の横溢が最大の原因をなしたやうである。この年の不成績が、實に次の昭和十二年營農資金涸渇、昭和十三年の危機となつて現れた。

6 昭和十二年度の營農

昭和十二年度

共同耕作の不成績が早くも現れて、指導者を當惑せしめたが、なほ一般作を個人耕作とする態勢整はず、依然共同耕作とした。然し蔬菜作の方は個人別耕作とし、自家勞力に應じて分配、各自の自作地としてその收入は各自の所得とした。

昭和十二年度營農成績收支計算

収入

一般農耕收入	四五、七一三・四七円
農耕個人所有地分	二、四一〇・七八
畜産	一、二七〇・九八
副業	一、三九四・六三
雜收入	一六二・六七
計	五〇、九五二・五三

支出

勞役費	一九、六四八・五八
農具費	一、五〇〇・〇〇
飼料費	六、六一六・四八
種苗費	九、五四四・三四
肥料費	一二、一七三・八七
雜費	四四一・五一
計	四九、九二四・七〇
差引利益	一、〇二七・三八

本年度に入り蔬菜加工の再檢討を行ひ、改良に改良を重ねて再出發とした。遂にこの年に入り不作やら各種事情で、營農資金涸渇し、滿拓公社から五萬圓の借入れを行つた。しかも別項の如く營農上の輸

送問題を解決するために、輕便鐵道の起工が行はれ、兩者相俟つて經營難に陷り、次の昭和十三年にいたり、天理村の危機を現出した。

しかして滿拓からは融資に伴つて左の如き申入れがあり蔬菜作主義の變更を餘儀なくされたのであるが、その後村民の努力研究によつて、蔬菜作並にその加工に成功を見せた。同時に健實なる經營の再檢討が行はれ昭和十三年後の計畫、實施となつて現れた。

天理村に對する希望（昭和十三年六月十二日）

滿洲拓殖株式會社理事　木下通敏

一、天理村の計畫を一般の營農形態に比べて見ると、過度な企業的經營で投機的とも見られる。農業經營はその場所の地味氣候に從ふの外交通條件、市場關係等によつて異るのであるから、劃一的形態をとるには當らないが、土地に卽應した適地適應の經營方針をとることは必要であらう。

卽ち天理村が一面企業的に見へる經營方針をとつてゐる事は、哈爾濱といふ大市場を控へてゐる場合、無理からぬとも思はれる。唯其の間無理のないやう、例へば凶作とか、作物の値下りに出逢つても立ち行くやうな最低安全保障の限度を捉へて經營することが必要である。過度に雇傭勞力を多く使用する仕方、或は特殊作物に偏する仕方は決して健實でないから、生活の安全度を何處に置くかの目安を立てゝ勞力の問題及作物の選定を按排するの要がある。

二、天理村の公共施設は中々完備してゐるが村民個人々々の生活は住宅にしても、實生活にしても甚だ見劣りがするやうである。これは過渡的現象で次第に是正されることゝ思ふが、村の健全なる發達は、農民個々の經濟が大切であるから、まづ農家經濟の充實を圖ることが先決問題である。凡て村民本位に村民と相談的に隔意なくやつて、現在の形態に現れた偏體制を出來るだけ速かに改めて行く必要があると思ふ。

三、天理村にして資金の苦痛を訴へられるのは聊か意外である。その事情が奈邊にあるかは知らないが經營の堅實性を缺く點もなしとしない。例へば輕便鐵道計畫の如きも、資金に對する十分なる準備なくて着工、ために工事に隨分無理と無駄を生じてゐるが如きで、この點天理村の經營は質實健全ならずとの批評を受けてゐる所以である。

7　昭和十三年度の營農

昭和十三年度

以上三ヶ年間において村民は滿洲農法の大要、蔬菜作、加工の技術、經濟兩方面に亙つて通曉するところとなつた。故に天理村產業組合を設立しいよ〳〵村民待望の個人耕作を開始することになり、各自の所有地を初めて自由耕作とした。然しなほ耕作者の都合によつて、任意に組を編成、耕作、勞力、耕馬、農具等の共同體形をとつた。この體形は昭和十四年末まで續き、完全なる個人耕作へと移行したのは、昭和十五年からである。

昭和十三年度營農成績收支計算

收　入

農耕收入	五二、六八六・〇三円

副業收入	四五、四四八・八五
畜産收入	六、一一七・〇〇
計	一〇四、二五一・八八
支出	
勞役費	八、七〇六・五〇
建物費	二、六一五・〇〇
農具費	二、〇〇〇・〇〇
飼料費	五、八一一・八五
種子費	七、一五五・一一
肥料費	六、六八五・四〇
加工原料費	三八、八二六・三八
雜費	四五〇・〇〇
計	七二、二九〇・二四
差引利益	三一、五六一・六四

かくて營農上の成績は、俄然本年から昂騰を見せた。それは營農資金の融通もつき、個人作として總べてが個人の收入となつたからであらう。本年の自作面積、植付種類、收量は次の通り。

昭和十三年度自作成績

種類	作付面積	收量
小麥	一五一町・五四	九四七石・一七（以下日本桝）

大豆	一二一・三八	一、〇一一・三六
高粱	四二・一二	四二八。七五
青豌豆	一七・二一	七一・七三
大納言	二一・六七	一三五・四五
大福	六・三六	三九・八二
包米	七・二八	七五・八二
中長鶉豆	一〇・九三	六八・三一
虎豆	三・二六	一四・一三
粟	三九・六〇	二四七・五〇
燕麦	一〇・〇八	八〇・〇〇
馬鈴薯	一〇・八二	一五萬瓩
西瓜	二三・六一	三二、七九萬瓩
南瓜	九・六五	九、三三一萬瓩
大根	三〇・三八	二一、一〇萬瓩
白菜	四・八九	三、四〇五萬瓩
其他	二・八三	
計	五二〇・三一	

（外ニ小作面積二三三町アリ）

なほこれを個人農家一戸について、その収支を見れば次の通り。（但し標準農家）

昭和十三年度個人農家經濟

收入

種類	作付反別	總收量	石單價	金額
小麥	町 一・四四	石 九・〇〇	圓 二〇・〇〇	圓 一八〇・〇〇
大豆	二・八八	二四・〇〇	一五・八三	三八〇・〇〇
高粱	一・四四	一五・〇〇	九・三四	一四〇・〇〇
粟其他	一・四四	九・〇〇	一〇・〇〇	九〇・〇〇
稈收入				一〇〇・八〇
計	七・二〇			八九〇・八〇
西瓜	〇・四〇	七二〇〇キロ	一キロニツキ五錢	三六〇・〇〇
南瓜	〇・一〇	一〇〇〇	四錢	四〇・〇〇
白瓜	〇・二〇	二〇〇〇	三錢	六〇・〇〇
大根其他	〇・三〇	二七〇〇	二錢	五四・〇〇
計	一・〇〇			五一四・〇〇
畜産收入（豚、養蜂、緬羊其他）				三〇〇・〇〇
加工收入（澤庵漬、奈良漬、精米、精粉、味噌、醬油）				二〇〇・〇〇
計				五〇〇・〇〇
總收入				一、九〇四・八〇

支出

一般作(勞役費、種子、耕馬、飼料其他)	三四四・〇〇
蔬菜作(勞役費、種子、肥料、飼料、耕馬其他)	二五一・〇〇
副業(飼料、養蜂、緬羊其他)	二五〇・〇〇
税金公課	二五・〇〇
計	八七〇・〇〇
營農純利益	一、〇三四・八〇
生計費(食費、被服費、醫療費、光熱費其他)	三五〇・〇〇
年賦銷却金	一六〇・〇〇
計	五一〇・〇〇
差引利益	五二四・八〇

8　昭和十四年度の營農

昭和十四年度

個人の自由耕作に變りはなかつたが、昨年に引續き組共同の經營が行はれてゐたので、年末にいたり、產業組合の管理を强化し、各組の共同を解き、完全なる個人耕作へと移行した。

昭和十四年度營農成績收支計算

收入

農耕收入　四四、二八五・九九 圓

副業收入	二七、七二六・六八
畜産收入	九、三八五・一〇
雜收入	八、四〇二・七九
計	八九、八〇〇・五六
支出	
勞役費	六、五三五・九〇
建築費	一、三六三・〇〇
農具費	二、二二五・〇五
飼料費	一五、五三一・九八
種子費	八、〇五九・四五
肥料費	三、二一八・〇〇
加工原料費	二二、二六〇・三六
雜費	二、二八〇・四八
計	六一、四七四・二二
差引利益	二八、三二六・三四

營農と合せてこの年から畜産が本格化し、ために肥料の自給が出來、大豆等は三割以上の増收となつた。一般作、畜産にも力を注いだため、天理村が軌道に乘つたのはこの昭和十四、十五年頃からである。

9　昭和十五年度の營農

昭和十五年度
　產業組合の管理が强化され、完全なる個人耕作となる。故に本年度以後の營農收支は算出することが出來ず資料未整である。

10　昭和十六年度の營農

昭和十六年度
　天理村開拓協同組合が組織されたるも、營農法は從前と變らず、但し時局の要請によつて統制割當が實施され、自由作付が不自由となつた。なほ大きな變化は從來滿洲式農法がとられてゐたが、時代の進步と勞賃の昂騰はそれを許さず、自然プラウ農法へ移行し、全面的にこの改良農法が採用された。所謂日本農法にもよらず、また滿洲農法にもよらず、プラウ農法を主體とした自家勞力經營の農法に變化し、開拓團本來の面目を發揮するやうになつた。しかも村民それ〴〵の經濟狀態が一樣でなくなつたので、その經營は、耕地面積を多くして小作收入によらうとするもの、小作にせず雇傭勞力によらうとするもの、分益小作によらうとするもの等各種各樣に別れ、漸く個人耕作の巧拙が現れるやうになつた。この年の作付成績は次の如くであり、前記昭和十三年の時と比較して見ると、興味深い動きが見られる。

種別	自作ノ部 作付面積（町）	自作ノ部 總收量（キロ）	傍靑ノ部 作付面積（町）	傍靑ノ部 總收量（キロ）
水稲	一〇・〇八	六、七四〇	―	―
小麥	一八・〇〇	一二、五〇〇	四六・八〇	一六、〇〇〇
大麥	七・二〇	四、〇〇〇	―	―
燕麥	七・二〇	八、〇〇〇	七・二〇	四、〇〇〇
高粱	三・七五	三、〇〇〇	三六・〇〇	一五、〇〇〇
包米	八・六四	七、二〇〇	一八・〇〇	七、五〇〇
粟	一四・四〇	八、〇〇〇	四八・九六	二〇、五三三
大豆	一四・四〇	一六、〇〇〇	五〇・四〇	二八、〇〇〇
小豆	二・八八	一、六〇〇	―	―
其他	八・六四	四、八〇〇	―	―
馬鈴薯	六四・八〇	六三、〇〇〇	三〇。九六	一七二、〇〇〇
白大根	二一・六〇	二一、〇〇〇	一〇・八〇	六〇、〇〇〇
赤大根	一〇・〇八	一四、〇〇〇	七・二〇	五〇、〇〇〇
人蔘	一・四四	一〇、〇〇〇	―	―
白瓜	五・六〇	四〇、〇〇〇	二・八八	一二、〇〇〇
西瓜	一四・四〇	四〇、〇〇〇	二・八八	四、〇〇〇

南瓜	一五・一二	一四七、〇〇〇
白菜其他	七・二〇	五〇、〇〇〇
計	二三五・四四	二六二・〇八

（編者註　傍青《パンチン》トハ土地ヲ貸付收量ヲ現物ニテ半分量ダケ受取ル小作制ノコト）

さらにこれを個人農家一戸について、その收支を見れば次の如くなる。（但し自作と傍青の割合が村集計の平均に近い標準農家）

昭和十六年度個人農家經濟

收入

自作ノ部

種類	作付段別	總收量	單價	總金額
小麦	〇・七二町	二〇〇キロ	一〇〇キロ 二二・二五圓	四四・五〇圓
豆類	〇・三六	三六八	一四・〇〇	五一・五二
南瓜	〇・七二	七、五〇〇	〇・〇八	六〇〇・〇〇
青豌豆	〇・七二	四〇〇	二九・五〇	一一八・〇〇
西瓜	〇・七二	二、〇〇〇	〇・〇五	一〇〇・〇〇
馬鈴薯	一・〇八	一七、五〇〇	〇・〇八	一、四〇〇・〇〇

傍青ノ部

高粱	〇・七二	四五六	一〇・〇〇	四五・六〇
包米	〇・七二	六〇九	八・〇〇	四八・七二
粟	一・四四	三七四	九・〇〇	三三・六六
大豆	二・一六	一、〇〇〇	一三・〇〇	一三〇・〇〇
計	九・三六			二、五七二・〇〇
家畜收入				二四九・〇〇
總收入				二、八二一・〇〇
支出				
資材費		二五二・〇〇圓		
賃金		五〇・〇〇		
固定財産維持費		五〇・〇〇		
借用料		三三・〇〇		
販賣費		二〇・〇〇		
税金公課		四四・〇〇		
固定財産購入費		二〇八・〇〇		
返濟金		五〇〇・〇〇		
生計費		九九三・〇〇		
計		二、一五〇・〇〇		
差引利益		六七一・〇〇		

農家財産狀態

固定財産		
宅地	三段六畝	計八〇〇圓
母屋	二一坪	
畑	一〇町	一、二〇〇圓
償還ヲ要セザル財産		
畜舍	一〇坪	一〇〇圓
家具家財		二〇〇圓
馬	二頭	八〇〇圓
豚	三頭	一〇〇圓
農具		三〇〇圓
負債		
償還金		約三・〇〇〇圓
短期借入金		三〇〇圓

11 昭和十七、十八年度の營農

昭和十七年度、昭和十八年度

統制割當制が一層强化され、强制出荷となつたため、従來の蔬菜作主義は、主義變更を迫られる結果となつた。然し漬物用だけは依然確保して兩者とも增産に邁進、責任以上の出荷に務めてゐる。また雇庸勞力が窮屈となつたため、全面的にプラウ農法を强化し、さらに村事務者を專務者と交代せしめて、勞力確保に務めてゐる。

これを概觀するに、天理村營農は、最初から決して健實性のあるものとはいへなかつた。次第に村民の工夫努力によつて、健實性を增しては來たが、なほ哈爾濱といふ大市場を控へた特殊事情は無視することが出來ず、集約的農法をとつて來た。これが天理村の持つ最大の特徴であり、また缺點でもある。ために開拓團に最も要求されてゐる自作中農程度の合理的經營は今日なほ僅少であるが、次第にさうした趨勢をとりつゝある。

12　主要作年度別段別

昭和十年から昭和十六年までの作付種類及び段別は次の通り（但し十町步以上の主要作）

種類／年度	10	11	12	13	14	15	16
大豆	一一九・二町	一一八・〇町	一四〇・〇町	一二一・八町	一八七・〇町	一二〇・〇町	七〇・〇町
小麥	一〇九・八	一二一・〇	一二〇・〇	一五一・〇	一九一・〇	九二・五	六六・二
粟	七七・五	三〇・六	四七・五	三九・六	三一・八	五七・六	四七・四
高粱	四二・一	四三・二	二三・〇	四二・〇	四七・〇	五〇・四	三八・九
包米	一三・二	六・六	三三・二	七・二	三九・〇	三五・四	二五・二

小豆	五・八	四・三	二五・二	二一・三	一三・一	一一・八	—
青豌豆	〇・三	—	三〇・二	二四・二	一四・三	一四・四	—
水稻	一・〇	—	—	—	〇・七	一六・一	一二・六
燕麦	—	—	四七・五	一〇・一	二・一	二二・〇	一一・七
馬鈴薯	七・八	三・〇	二五・二	一一・三	一・八	四三・七	一〇三・六
西瓜	六・〇	一一・四	四〇・三	二三・六	一一・四	二五・〇	一三・五
南瓜	四・〇	三・一	六・五	九・六	一五・二	一二・九	二四・二
大根	一九・〇	三・五	二八・八	三・〇〇	二五・三	二七・六	四三・二
白菜	三・〇	二・八	五・七	四・七	一五・六	一五・五	六・〇

13　畜産

畜産は滿洲營農になくてはならぬ存在である。恐らく畜産を離れての營農は立ち行かぬであらう。開拓初年度から、この畜産に關心を持つたことは當然のことである。然し主力を營農その他にとられて、十分畜産に意を注ぐことは出來なかつた。僅に昭和十年三月、哈市交易場或は阿城交易場等で、滿洲耕馬六十五頭を求めて、耕作上の資にしたのみである。その外は豚四十頭、羊四十一頭、養蜂四十箱であつた。

昭和十一年もかゝる現状のまゝで過ぎ、昭和十二年に入るや、漸く畜産に覺醒するところあり、その改良、奬勵に乘り出した。まづ騾馬を牝馬と交代し、養豚は內地からヨークシャ種を移植するに成功、その他緬羊、役牛、養蜂にも最善の努力を拂つた。

そのために昭和十三年に入るや、繁殖牝馬三十五頭、耕馬九十四頭、役牛三十四頭（鮮牛）豚三百六十五頭、ヨークシャ種豚二頭、緬羊四百頭、蜜蜂二〇群と一大飛躍を遂げた。濱江省或は滿鐵畜產科においても積極的應援を見せ、さらにヨークシャ種豚の斡旋を得ることが出來た。また國立種馬場よりは日本種系種牝馬の貸與をも受けた。かくて同年秋、濱江省主催の畜產品評會に改良豚、優良牝馬、優良牛を出陳し多大の好評を博した。

昭和十四年になると、個人營農の本格化に伴ひ、畜產も各戶の副業的小畜產が盛んになつて來た。騾馬、牡馬もいつか牝馬に代り各種各樣の改良が眞劍に行はれた。然しそれも豫期した程の成績が擧らず、加へて滿洲特有の畜產風土病に罹るものがあり中々の苦心を重ねた。かゝる折り滿州國初代馬政局長遊佐幸平閣下の來村視察があり、特に馬匹改良について懇切なる指示指導を受け、大いに參考とするところがあつた。

かくて昭和十五年春には種牝馬試驗において、生產率二十二パーセントの飛躍を見ることが出來た。その他豚、緬羊も各開拓團から分讓申込みを受けるまでに急速な發展を見せ、農家においても專ら、營農と共に畜產に意を注ぐやうになつた。これがため自給肥料の補給が出來、プラウ農法への移行を容易ならしめる結果となり、天理村營農が軌道に乘つたのもこの頃からであつた。この時の各農家の養畜のみでも日本馬十一頭、滿洲馬百二十六頭、牛二十頭、緬羊二百六頭、豚二百五頭、鷄六百六十三頭、蜜蜂二十五群に上つた。

昭和十六年春には、種牝馬の生産率三十六パーセントに昇り、標準點を越へる好成績となつた。これが認められて、國立種馬場より育成種牡馬の買上げさへ行はれ、入植以來の苦心は漸くこゝにその一端を報はれた感であつた。ヨークシャ種豚も愈よ繁殖、この頃から北滿開拓團の殆ど全部へ分讓するやうになつた。本格的プラウ農法へ移行出來るやうになつたのもこの頃からである。

昭和十七年に入ると、關係當局でも、改良馬の奬勵に本格的に乘り出して來た。しかるに天理村では、入植當時から苦心研究を重ねて來たところであるから、早くもその春濱江省、滿鐵畜產科、哈市公署、滿拓等の應援を得て、第一回天理村改良馬品評會を開催した。七十餘戶の小村であるが、出陳されたもの三十六頭に及び、その中入賞馬十二頭を出し、大好評であつた。續いて建國十周年記念濱江省主催畜產改良增產共進會に馬三頭、豚三頭を出陳し、何れも全部入賞といふ好成績を收めた。ために引續いて新京で開催された記念博覽會へ、省代表として出陳、ヨークシャ豚一頭優賞、馬一頭入賞を出し、天理村畜產史に輝く一頁を添へることが出來た。これらを拍車として、層一層の畜產改良、增產が行はれた。

かくて昭和十八年春には、二回改良馬四頭、一回改良馬四十八頭といふ生產を見ることが出來た。そして滿洲馬事公會が第一回馬匹聯合共進會を哈爾濱に開催するや、省豫選に優勝した優秀馬四頭を出陳、二等賞二頭、三等賞一頭の成績を擧げ、全滿に畜産天理村の名を打ち樹てたのである。日系開拓團で、かゝる改良馬を出陳し得るものは、たゞ天理村のみであつた。

14 副業

天理村の副業としては養豚、養蜂、緬羊、養鷄等の畜産關係と、蔬菜加工たる漬物類と、精米、精粉等がその主なるものである。その中畜産關係は前記の通りであり、精米は多く自家用に限られ、精粉と漬物類が最も見るべきものである。しかも精粉は最近の出荷統制により、雜穀の加工に統制が加へられ、現在は自家用の範圍に止まる程度である。嘗ては精粉工場に精粉機一式を備へ、昭和十一年頃から出荷に務め、かなりの成績を擧げることが出來た。

漬物類は最初の營農方針を蔬菜作とした當時から、重要な蔬菜加工品として今日に及んでゐる。最初蔬菜の販賣は哈爾濱における個別訪問から初まつた。大市場哈爾濱を控へた地理的條件から、蔬菜作主義をとつたとはいふものゝ、別に販路があつてのことではなかつたから、哈爾濱に哈市販賣所を設け、そこを中心に販路の開拓を行つた。しかし當時は開拓團といふ名前を物珍しがられただけで、誰も相手にしてくれるものはなかつた。一人々々が荷車を牽き、籠をかついで、個別に戸を叩き廻つたのである。次いで露天販賣も初めたが、こんなことではとても村で生産される大量の蔬菜をさばくことは出來ない。それに加へて交通不便のため村へ滯貨することがあれば腐敗の恐れがあり、どうでも加工を必要とした。かくて現在の澤庵漬、奈良漬の基礎が生れたのである。それも昭和十三年までは澤庵漬が二千樽から三千樽（四斗詰）奈良漬が五百樽（一斗詰）程度であつた。一部軍關係への販路もあつたが、多くは哈爾濱へ出荷されてゐた。しかるに昭和十四年から蔬菜、漬物ともに全面的に軍との販路が開かれた。そこには關係者の並々ならぬ苦心があつた。と同時に發展する天理村の信用が認められた結果でもある。この年漬物は軍關係から一萬樽の大量註文を受けた。しかしその一部は納入後腐敗するといふ不成績であつた。かくてはと初めて漬物の指導者を招いてその指導を受け、本格的漬物加工に乘り出し、年々好評を博しながら發達の一路を辿り、天理村西瓜と共に天理村澤庵の名を全滿に擧げて、唯一最大の加工副業として今日に及んでゐる。

15 土地の取得

分譲された天理村地區の土地取得は、次の如き經過を辿つた。すなはち東亞勸業買收地の分譲を受け、その區域、境界も決定しながら、第二次入植者を迎へてもなほ土地價格が決定せず、未精算のまゝであつた。故に關東軍に對してその督促が行はれた。

天理村建設事務所長　深　谷　德　郎

庶發第九四號　昭和十年十一月十日

關東軍參謀長　西　尾　壽　造殿

阿什河右岸天理村地區買收費精算ニ關スル件

首題ノ件兼テ東亞勸業株式會社ニ依賴致居候處買收完了後滿一ケ年半ヲ經過シタル今日未ダニ精算未了ニ御座候ニ就テハ既ニ第二次移民モ入植シタル昨今一日モ早ク精算相濟マセ度何卒特別ノ御詮議ヲ以テ右至急取計ヒ方御手配被成下度此段及御願候也

これに對し次の如く關東軍から指令された。

關參平經第七七四號

阿什河右岸天理村地區買收費精算ニ關スル件

昭和十年十二月十二日

關東軍參謀部第三課高級參謀　永　津　佐　比　重

天理村建設事務所長　深　谷　德　郎　殿

去ル十一日付庶發第九四號ヲ以テ申越アリタル首題土地一五六九晌七八（註一一三〇町二四二）ハ總額金一四五、〇〇〇圓也ヲ以テ東亞勸業株式會社ヨリ貴方ニ讓渡スルコトニ決定シタルニ付キ右ニ依リ至急殘金精算相成度

すなはち總額十四萬五千圓と決定したが、このうち八萬餘圓は既に支拂濟となつてゐたので後の殘金だけ精算すればよかつた。しかるに同年十二月末、東亞勸業は解散、その一切は新たな滿洲拓殖株式會社に引繼がれることになつたので、殘金の整理が急がれた。

機密第九八號ノ三四　　昭和十年十二月十八日

東亞勸業株式會社長　向　坊　盛　一　郎

天理村建設事務所長　深　谷　德　郎　殿

天理教農村分讓土地代精算方ニ關スル件

謹啓時下嚴冬之候愈御清榮ニ被爲涉奉慶賀候
陳者曩ニ關東軍ノ御承認ヲ得テ貴所ヘ御分讓申上候阿什河右岸地區土地一千五百六十九晌七八ニ對シテハ其ノ分讓價格ニ就キ關東軍ヘ御伺仰中ノ處今回別紙ノ通金十四萬五千圓ヲ分讓價額トシテ至急精算御通知ニ接申候ニ付本通知ニ基キ左記計算ニ依ル弊社ノ受領スベキ金六萬一千四百五十六圓九錢也ハ來ル本月二十二日迄ニ（滿洲拓殖株式會社ヘノ引繼ハ本月二十三日ト決定致居候）是非共御支拂相成度此段御通知旁々奉得貴意候　敬具

記

一、分讓土地代總額　一四五、〇〇〇圓
但天理村分讓土地一、五六九晌七八ニ對スル商租料及買收諸掛ヲ含ミタルモノニシテ今回ノ關東軍ノ示達ニ基ク金額

二、既收入金額　八三、五四三圓九一
但現金受領ノモノ金八〇、〇〇〇圓及昭和九年度ニ於ケル當該分讓地小作料實收益額金三、五四三圓九一（小作料總收入額金四、六七一圓二四ヨリ管理費金一、一二七圓三三控除殘額）トノ合計額

三、今回ノ請求額　六一、四五六圓〇九
但前記一、二ノ差引殘額

しかるに當時本部における事情は直ちにこれが精算に立ちいたらず、延々のまゝ滿拓に引繼がれ、昭和十一年七月新たに滿拓との間に貸借關係を成立せしめた。然して昭和十二年にいたりこれを年賦償還とすることにし同一月一日付を以て左の證書に調印した。

借用金證書

一、國幣六萬四千六百四圓六角五分整
右金額正ニ借用致候ニ付テハ左記條項確約致候
第一條　借用金六萬四千六百四圓六角五分整ノ內三萬二千五百圓ハ無利息トシ三萬二千一百四圓六角五分ニ對シテハ年五分ノ割合ヲ以テ利息ヲ支拂可申候事
第二條　借用金ノ償還ハ別紙償還表ニ基キ前條無利息元金三萬二千五百圓ニ付テハ康德二十三年十二月三十一日迄向フ二十ヶ年間ニ均等年賦金ヲ以テ又利息附元金三萬二千一百四圓六角五分ニ付テハ康德十八年十二月三十一日迄ノ向フ十五ヶ年間ニ元利均等年賦金ヲ以テ每年十二月二十五日ニ拂込可申候事
（編者註　以下省略）
右爲後日借用證書並村員決議證明書相添ヘ差入候也
康德四年一月一日
天理教青年會代表天理村長　橋　本　正　治
滿洲拓殖株式會社總裁坪上貞二殿

16　土地分譲規定

入植者にとつて土地の取得は最も重要な問題である。昭和十年七月には早くも抽籤で土地の分譲を行ひ、各々の所有地を明かにした。然し共同耕作時代はこれを全員が共同耕作し、個人耕作となつて初めて各自が各自の耕地を耕作するやうになつた。土地分譲に當つては次の如き土地建物分譲規定が設けられた。

土地建物分讓規定

第一條　移住者ハ本規定並ニ別ニ定ムル所ノ移住地管理規定ニ從フ可キモノトス

第二條　本移住地ヨリ土地建物ノ分讓ヲ受クルモノハ天理教靑年會本部ニ於テ銓衡入植セシメ或ハ其ノ認可ヲ得タル移住者ニ限ル

第三條　移住地ニ於ケル一家族ニ分讓スベキ土地建物ハ左記ヲ限リトス

一、耕地……八町步　一、宅地……三百坪

一、住宅……三間房子一棟附便所一棟

第四條　移住者ハ管理者ニ對シ前記土地建物ニツイテ年賦償還借用證書ヲ差入ルモノトス

第五條　第三條ニ定ムル土地建物ノ代金ハ年賦償還完了ト同時ニ所有權ヲ讓渡スルモノトス

但一時拂ヒノ方法ニ應ゼズ

第六條　土地建物ノ代金支拂ヒハ天理村事務所又ハ同事務所ノ指定シタル場所ニ於テ之ヲ行フベキモノトス

第七條　分讓スベキ土地建物ノ決定ハ管理者ニ於テ爲スモノニシテ移住者ニ其ノ選擇ノ自由ヲ許サズ

第八條　土地建物ノ分讓ニ要スル登記料認證料契稅其他ノ諸費用ハ分讓ヲ受クルモノノ負擔トス

第九條　移住者ハ分讓ヲ受ケタル土地建物ヲ他ニ轉貸又ハ轉賣シ或ハ本來ノ使命ニ反シテ之ヲ使用スル事ヲ許サズ、若シ本條ニ違背スル行爲アリタル場合管理者ハ强制執行ニヨリ管理者ノ認定スル價格ヲ以テ之ヲ收容スルモノトス

第十條　管理者ハ必要アル場合分讓セル土地建物ヲ入植當時ノ價格ヲ以テ之ヲ收容スル事ヲ得、但シ移住者ガ其土地建物ニ對シテ爲シタル設備其他ニ對シテハ管理者ノ裁量ニ於テ相當ノ賠償ヲナスモノトシ之ニ對シ移住者ニハ損害賠償其他一切ノ要求ヲ爲スヲ得ズ

二、資　　金

1 本部出資金

今日天理村の資金、經濟關係等を明かにすることは資料不備のため容易でない。故にいまはその概觀を述べることにする。

天理村の資金は、入植計畫を樹てた昭和八年から、昭和十三年末天理教廳に移管するまでの六ヶ年間は天理教青年會の出資であり、その後今日までは天理教廳の出資によつて運營されて來た。これを年度別に見ると大略次の通り。

昭和八年度	九、三五七圓
昭和九年度	三六五、二二七
昭和十年度	二一七、七五〇
昭和十一年度	八〇、〇五五
昭和十二年度	二六九、一三〇
昭和十三年度	三〇、三二四
昭和十四年度	一七四、七八七
昭和十五年度	一〇九、五五二

昭和十六年度	六二、〇五三
昭和十七年度	六〇、〇〇〇
昭和十八年度	八三、一六〇
計	一、四六一、三九五

すなはち今日まで天理教本部から約百五十萬圓の出資が行はれてゐることになる。そのうち昭和九年、昭和十年は生琉里、西生琉里兩部落の建設があり、昭和十二年には天理鐵道の敷設等によつて特に多額に上つてゐる。また昭和十四年、昭和十五年の多額に上つてゐるのは、青年會本部から引繼いだ後始末によるものである。然し昭和十四年以降の補助は、單に事務所費、鐵道費の補助のみで、後の經費は村自體によつて行はれてゐる。さらにこの内譯を大略すると、兩部落の建設費が約六十萬圓、鐵道敷設が二十萬圓となる。これは入植の方針が家族を落着けることを第一とし、落着きさへすれば移民事業は成功するものとの觀點から、公共施設その他の設備に萬全を期して、それらに多額の經費を計上した結果である。その外に村民に對する貸付金約二十萬圓、昭和十年以降の補助五十萬圓といふことになる。個人貸付の内譯は一戸當り大略次の通り。

固定資金	土地代	一、二〇〇圓
	家屋敷地代	八〇〇
	農具及耕馬	四〇〇
經營資金	（入植一ヶ年ノ生計費）	四〇〇

營農資金　　　　（種子、肥料、飼料等）　四〇〇

計　　　　　　　　　　　　　　　　三、二〇〇

但し三年据置、二十ヶ年無利子ノ年賦償還

2　負債の整理

しかるにこれをもつてしても、なほ營農に鐵道敷設に資金難に陷入つたことは再三でない。すなはち前記の如く昭和十二年には營農資金五萬圓の借入れを行ひ、土地代殘額六萬餘圓は年賦償還にするといふ非常措置をとり、特に鐵道敷設に當つては全額借入れの方法をとつたため、昭和十三年には村の負債實に二十五萬圓に上るといふことになつた。この時の負債内譯を見ると次の通りである。（昭和三年三月末現在）

鐵道關係

金額	支拂先	摘要
二萬圓	毛原盛造	工事費出資金及鐵道賣渡手付金
一萬四千圓	鐵路總局	レール代殘金
九千二百圓	親和貿易	加藤式ガソリン機關車代
七千圓	吉川組	工事費
四千三百圓	鳥羽公司	クロス代外

三千四百三十七圓	満洲モータース	ガソリンカー代金殘
二千五百圓	萬國農具公司	機關車代殘金
七百圓	成　生　詳	路線用金具、橋梁代
六百十五圓八十四錢	電々公司	電話架設費
六十八圓	杉浦電氣	電話器具代
五十圓	瑞康商行	鐵道用金具
二十二圓九十錢	出光商會	路線費
四十圓	大和商會	ガソリン代殘
百五十圓	満洲モータース	車修理費
二百八十一圓三十五錢	東北鐵工所	〃
一千八百圓	鐵道關係	謝禮金
九萬五千圓		中央銀行借入金
計十五萬八千八百九十五圓九錢		末拂金及借入金合計

村關係

一萬八千圓	興業銀行	哈爾濱遼陽街事務所建築借入金殘
五萬圓	満拓公社	營農資金借入
一萬四千八百三十圓七十九錢	關東軍外	種子代其他
五千圓	阿城縣廳	四ヶ年間ノ地租代
四千七百二十圓	満拓公社	土地代年賦金

二千圓		石炭代、鐵道運賃等
一千三百圓	教廳印刷所	地圖、傳票等印刷費
一千百四十六圓	地畝管理局	哈爾濱事務所土地代年賦金殘
一千四十一圓九十九錢	天理村産業組合	天理票發行
六百二十圓八十六錢	村苦力	勞役費
一千二百六十八圓四十一錢	電業電々	電燈電話料
五百八十九圓九錢	青年書局嚴生堂	小學校圖書館書籍代
百五十圓	秋林洋行	トラック修理費
五十圓	奉天毎日	廣告料
五千百圓		天理票發行
計 八萬九千五百九十圓十四錢		右合計金額

總負債高合計　二十四萬八千四百八十五圓二十三錢

かくの如く僅かな廣告費にいたるまでこと缺く程の資金難に當面して、村の信用は落ち、村の經營は危殆に瀕し、加へて營農方面の成績も芳しくなく、囂々たる非難の下に村は一時危機に直面した。かくてはならじと、まづ青年會本部によつて鐵道の負債が整理され、續いて村關係の負債整理が、この年の秋までには完了した。かくて同十月二十六日橋本村長は辭職、山田淸治郎氏が村長、魁生哲二氏が村長事務取扱に就任し、その經營も負債整理を機に青年會から天理教廳に移管、天理村財政の再出發とした。

3　組合の收支勘定

この後は健全なる財政の下に順調な歩みを續けて來たが、これを産業組合を主體にして村の發展振りを見ると、年度別に次の通り。（但し昭和十四年度は資料なく不明）

昭和十五年度

損益勘定

支出

種子費	九・六三円
備品	一一・〇一
給料	五、六二二・八六
手當	一、三九八・〇〇
雜給料	二、五二七・八五
出張旅費	九五六・二三
修繕費	一、九九三・八三
消耗品費	四九八・八七
通信費	六〇・五五
雜費	一、九六二・九二
支拂利息	三〇・七六
奬勵金	三五七・六七円
警備費	三六二・一六
材料費	九、七六八・六二
設備費	八三・九〇
麻袋費	三九六・二〇
粉袋費	八五九・二〇
販賣諸掛	一三一・八六
光熱費	七四四・七五
動力費	九五七・七一
飼料費	一、五三三・二二
藥品費	四六二・八二

原料費	三一、六一五・〇九
仕入諸掛	一、四九八・六五
運搬費	二、四八三・六四
銷却費	六、八〇二・〇二
燃料刈取費	三九六・〇〇
本年度剰餘金	三六七・一五
十五年利益配當金	四、一六〇・〇〇
計	七八、〇四九・二六

收入

前年度繰越金	一、四四五・三六円
副製品收入	一、五九六・一〇円
補助金	一一、二一八・八二
賃搗收入	三、九〇八・七一
收入利息	二、七三〇・九四
畜產收入	二、五八一・七四
雜收入	二九〇・八三
販賣手數料	四、一二三・九七
製品收入	五〇、一五二・七九
計	七八、〇四九・二六

貸借勘定

支出

滿拓預託金	一、〇〇〇・〇〇円
備品	一、〇六九・四五円
村民貸付金	三四、四七六・八五
家畜	三、六二五・〇〇
建物	二、一三三・三四
繰越品	二三、三七二・五三
設備	三、五二一・一四
繰越現金	三三三三・三六

計	六九、五三一・六七

収入

本部借入金	五五、五一三・〇三円
雑借入金	五、六六四・三六
未拂金	二、四七四・〇〇
預金部	五、四一一・一三
缺損補塡準備金	三六〇・〇〇円
畜産積立金	一二〇・〇〇
本年度剰餘金	三六七・一五
計	六九、五三一・六七
總計	一四七、五八〇・九三

昭和十六年度損益勘定

支出

土地改良	八、四四二・七〇円
醤油部原料	一、〇二七・八八
同經費	三七四・八七
豆粕部原料	五、一六七・二七
同經費	三、七八三・九二
事務所費	一四、一七二・六五
迎賓舍費	六五九・八五
診療所費	二、八七九・二四
購買費	四六、三七九・一七
畜産部費	四、一七二・〇七円
精米部原料	一三、四七九・五三
同經費	四、一一三・〇七
漬物部原料	二四、八八五・〇七
同經費	九、四六四・六五
本年度剰餘金	四、四一一・八七
建物銷却費	三、四六六・三七
防備施設銷却費	一、三三〇・〇〇
機械器具銷却費	一、〇〇七・八五

收入	
計	一五一、五七三・八三
醤油部收入	一、〇一〇・七四円
豆粕部收入	一一、〇三二・九六
補助金	八、四一七・六六
事務所收入	一三、六一六・九七
販賣部收入	五、二五四・一九
迎賓舍收入	一、二八五・六五
診療所收入	一、三四〇・五三円
購買部收入	五〇、四六五・〇八
畜産部收入	一、四〇五・〇〇
精米部收入	一八、八一三・〇四
漬物部收入	三八、九三二・〇一
計	一五一、五七三・八三

貸借勘定

支出	
現金	七、四三一・一五円
預金	五〇八・八七
未收金	五、五八一・五〇
積立金	五〇〇・〇〇
繰越金	一四、九三四・二九
未着品	七、八七一・八〇
貸付金	九六、一四二・五五円
建物	三一、一九七・四一
防備施設	一一、九七〇・〇〇
機械器具	九、〇七〇・四五
家畜	七、二〇〇・〇〇
計	一九二、四〇八・〇二

収入

預金	二三、七〇二・九一円
積立金	七三七・〇五
買掛金	七、四〇七・六七
計	一九二、四〇八・〇二
總計	三四三、九三一・八五

昭和十七年度

損益勘定

支出

總務部

人件費	八、七七五・九九円
事務費	五、一〇六・八八
設備費	一、〇四三・一二
雜支出	一、一九二・五七
警備費	四七四・一二
公租公課	一〇、九三〇・九六
借入金利息	二三六・八七
預金利息	一、一七九・〇二

借入金（滿拓）	六五、二八二・四九円
〃（本部）	八五、一三五・〇三
基本財產	一、〇〇〇・〇〇
預金拂戾準備金	三、四一一・八七

畜產費	五、四八六・七七円
林產費	一一六・五三
共濟費	九九・九六

事業部

人件費	一四、一一九・五四
販賣費	三九八・五〇
講買費	七九、四五二・三五
精穀費	九、五一八・五八

郵政辦事所費	五二・〇〇
指導部	
人件費	二、〇八五・九五
勸農費	七、七五一・三六
計	二〇七、二〇一・六一

收入

總務部	
經費補助金	一六、六五〇・九六円
乙種組合費	五、六六六・〇〇
貸付金利息	五、一七三・三一
郵政辦事所	八五六・二八
雜收入	四、七一四・九八
指導部	
勸農收入	一〇、〇五二・〇三
畜產收入	一、八二五・〇〇
計	二〇七、二〇一・六一

貸借勘定

支出

釀造費	三六九・〇三
搾油費	五、七六七・五六
漬物加工費	五三、〇四三・九五
事業部	
販賣部收入	一、〇〇六・〇五円
購買部收入	八三、一六七・一〇
精穀收入	一一、四七五・〇七
釀造收入	七二六・〇五
搾油收入	七、〇三一・五七
漬物加工	五六、七〇〇・八五
本年度缺損金	二、一五六・三六

基本財産	四、五〇〇・〇〇円
土地	三五、〇〇〇・〇〇
建物	三二、四五二・九一
設備	一九、二八七・〇九
備品	一〇、二〇九・五六
基礎貸付金	四〇、一二二・七二
短期貸付金	五二、四〇二・一〇
本年度缺損金	八、一五三・三六
外部出資金	五〇〇・〇〇円
加工生産	八、七八〇・〇〇
販賣品	一、〇五二・四〇
購買品	八、七一六・三一
預金	二、九九一・三三
現金	一四、〇四四・四八
假拂金	二、七四四・八五
計	二四〇、九五七・一一

収入

基本財産積立金	一、〇〇〇・〇〇円
缺損補填積立金	七二七・一五
預金拂戻積立金	三、四一一・八七
基礎共同借入金	四〇、一二二・七二
基礎個別借入金	一〇、〇〇〇・〇〇円
其他借入金	一二三、六七四・一八
預金	五五、〇二八・六九
買掛金	一一五・五〇
假受金	八八〇・〇〇
計	二四〇、九五七・一一
總計	四四八、一五八・七二

昭和十八年度

損益勘定

支出

總務部	
人件費	一二、六三五・六二円
事務費	六、九六九・五四
設備費	一、〇七一・七〇
雜支出	五、五九一・〇四
公租公課	七、二〇一・一四
支拂利息	二、三八八・七七
指導部	
人件費	二、四五五・〇〇
勸農費	六、一九二・一〇
畜産費	五、〇〇四・八四
林産費	一六一・八〇
計	三三一、一二三・五〇
共濟費	一八一・〇〇円
事業部	
人件費	一四、八八八・七七
販賣部	八三、一三〇・三五
購買部	一三四、一三七・四七
精米部	五三三・七八
釀造部	三〇七・三五
搾油部	二四・〇〇
漬物部	一三、七五四・一六
雜費	四、〇〇六・三四
銷却費	六、二四〇・九一
十七年度缺損金	二、一五六・三六

收入

總務部	
經費補助	六、二四〇・〇〇円
乙種組合費	一〇、二〇〇・〇〇
貸付金利息	七、三五七・八〇
郵政辦事所	四六七・四五円
雜收入	九、一八〇・四五
指導部	
勸農收入	一六、九四六・三〇

畜産收入　三、二八三・八三
事業部
販賣部收入　七九、六六四・九五
購買部收入　一四七、九六六・一七
計　三三一、一二三・五〇

貸借勘定

支出
基本財産　四、五〇〇・〇〇円
土地　三五、〇〇〇・〇〇
建物　五〇、六六五・二五
防備施設　一〇、八一〇・〇〇
家畜　三、一四〇・〇〇
機械器具　一四、九四六・四四
短期貸付金　五二、一八〇・五五
外部出資金　一、一〇〇・〇〇
加工勘定　二九、〇一〇・二二
計　三一五、〇二七・六〇

收入

精米收入　六、四八一・八一
釀造收入　二、五六六・九四
漬物收入　四〇、七六七・八〇

購買品　一七、〇四五・五二円
販賣品　七、六〇〇・九五
預金　四三、六四八・八九
現金　二三、三七七・〇五
假拂金　四、七八二・四八
立替金　八一五・〇〇
未收金　二、五〇〇・〇〇
賣掛金　一二、七五三・六七
保證金　一、一五一・六〇

基本財産積立金	二、〇〇〇・〇〇
欠損補塡積立金	二、七二七・一五
預金拂戻準備金	一〇、一一二・七六
國債購入準備金	一、五〇〇・〇〇
借入金	一二七、六四七・六四
特別預託金	八〇、九三四・六九
當座預金	四七、七九六・九一
分會預金	六九一・〇〇
國防貯金	六、七二〇・九二
職員身元保證金	三一・六四
定期預金	三、〇〇〇・〇〇
買掛金	一、三五〇・〇〇
假受金	二六、七三九・四四
鐵道勘定	三、七七五・六五
計	三一五、〇二七・六〇
總計	六四六、一五一・一一

本部借入金　四〇、一二二・七二ハ除外

かくの如く勘定項目は年によつて相違はあるが、總勘定に於て昭和十五年が十四萬七千五百八十圓、昭和十六年が三十四萬三千九百三十一圓、昭和十七年が四十四萬八千百五十八圓、昭和十八年が六十四萬六千百五十一圓と累增の一路を辿り村の發展經濟を如實に示してゐる。

4　組合の財産目録

最後に昭和十八年十二月末現在に於ける組合の財産を見れば、次の如くなつてゐる。

財産目録

借方

基本財産（熟地四〇〇〇町歩 山林五〇〇〇町歩）	四、五〇〇・〇〇円
土地（荒地）	三五、〇〇〇・〇〇
建物	五〇、六六五・二五
内譯	
事務所	二、八一九・五〇
迎賓舍	三、二七六・〇〇
診療所	三、四一四・〇〇
元職員宿舍	一、二三二・五六
村公所	一、六四九・〇七
共同宿舍	二〇、三三六・五三
羊舍	二四〇・〇〇
蹄鐵工場	九二六・〇〇
豚舍	六八四・〇〇
厩舍	六八四・〇〇
購買部	三、三九〇・四〇
精米部	三、一六三・五〇
漬物加工部	六二〇・〇〇
搾油部	七七六・六九
共同倉庫	八、〇三七・〇〇

防備施設		一〇、八一〇・〇〇円
內譯		
展望臺	三〇八・〇〇	
中央鐵條網	六、五二〇・〇〇	
西鐵條鋼	三、九八二・〇〇	
家畜		三、一四〇・〇〇
內譯		
種牡馬	五〇〇・〇〇	
種牡牛	一、八〇〇・〇〇	
種牡豚	一〇〇・〇〇	
乳牛	三〇〇・〇〇	
牝馬	三〇〇・〇〇	
緬羊	一四〇・〇〇	
機械器具		一四、九四六・四四
內譯		
事務所	五、四八二・八一	
診療所	八四四・一〇	
迎賓舍	四六・八〇	
畜産部	二五六・九三	

購買部	六五五・一〇円
精米部	二、九一四・一五
漬物部	三、四八六・八七
釀造部	二一九・七一
搾油部	一、〇三九・九七
短期貸付金（營農資金）	五二、一八〇・五五
外部出資金	一、一〇〇・〇〇
內譯	
煙草小賣組合	五〇〇・〇〇
專賣品販賣人出資	六〇〇・〇〇
加工原料（農產物）	二、九五〇・二二
加工材料（購買品）	五、一一〇・〇〇
加工製品（漬物）	一、七五〇・〇〇
加工半製品	一九、二〇〇・〇〇
內譯	
漬物	一八、五〇〇・〇〇
醤油	七〇〇・〇〇
食料品	四、〇三八・五七
生活資材	一〇、〇〇九・四五

產業資材	八九一・五〇円
雜資材	二、一〇六・〇〇
販賣品（大豆）	七、六〇〇・九五
預金	四三、六四八・八七
內譯	
滿拓公社（乙種預金）	二七、〇二一・五一
滿洲興農銀行（特別當座）	一六、六二二・〇〇
郵政局（振替貯金）	五・三六
現金	二三、三七七・〇五
假拂金	四、七八二・四八
立替金	八一五・〇〇
未收金（阿城縣公署）	二、五〇〇・〇〇
賣掛金	一二、七五三・六七
保證金	一、一五一・六〇
內譯	
興農合作社	九一・六〇
石炭會社	一、〇〇〇・〇〇
阿城消費組合	六〇・〇〇
計	三一五、〇二七・六〇

貸方

積立金	一六、三三九・九一円
内譯	
基本財産積立金	二、〇〇〇・〇〇
缺損補塡積立金	二、七二七・一五
預金拂戻積立金	一〇、一一二・七六
國債購入積立金	一、五〇〇・〇〇
借入金	一二七、六四七・六四
内譯	
固定資金(教廳)	八五、〇〇〇・〇〇
流通資金(教廳)	三一、一四二・六四
國立種馬所	五〇〇・〇〇
東亞緬羊協會	七〇五・〇〇
中山正善氏	三〇〇・〇〇
濱口氏	一〇、〇〇〇・〇〇
預金	一三九、一七四・九六
内譯	
特別預託金	八〇、九三四・六九
當座預金	四七、七九六・九一

分會貯金	六九一・〇〇
國防貯金	六、七二〇・七二
職員身元保證金	三一・六四
定期預金	三、〇〇〇・〇〇
買掛金	一、三五〇・〇〇
假受金	二六、七三九・四四
鐵道勘定	三、七七五・六五
計	三一五、〇二七・六〇

三　機　構

天理村の運營機構は、建設當時から今日まで四回に亙つて改編された。すなはち最初は天理村建設時代、次は青年會本部經營時代、次は天理教廳經營時代、最後は天理村開拓協同組合時代である。各時代別にその機構を示せば次の如し。

1　建　設　時　代

天理村建設時代

昭和七年四月より第一次の入植した昭和九年十一月まで

天理教青年會本部
天理村建設事務所

- 教務
- 庶務
- 會計
- 工務
- 農務

建設事務所長は深谷德郎氏で、同主任は橋本正治氏であつた。東亞勸業株式會社から顧問として齋藤謙太郎氏、指導員として菅原運治氏を招聘、建設、營農等の指導を仰いだ。建設事務所は實際には第二次入植の完了した昭和十年末まで存續した。

2 青年會本部經營時代

青年會本部經營時代
昭和九年十一月から、本部經營に移管した昭和十三年十月まで

- 生琉里區長—班長
- 西生琉里區長—班長
- 農耕
- 苗圃園藝
  - 溫室
  - 苗圃
  - 菊圃

- 天理教青年會本部
  - 天理村事務所
    - 農務部
      - 畜産係
        - 羊舍
        - 豚舍
        - 廐舍
        - 蹄鐵
      - 農産加工係
        - 精粉工場
        - 精米工場
        - 豆腐工場
        - 味噌工場
        - 漬物工場
        - 養蜂場
      - 連絡係
    - 經濟部
      - 販賣部
        - 配給所
      - 購買部
        - 哈爾濱販賣所
      - 倉庫部
    - 教化部
      - 天理教生琉里教會
      - 私立天理村尋常高等小學校
      - 天理村診療所
    - 警備部
      - 警備隊
        - 生琉里
        - 西生琉里
        - 滿人部落自警團
      - 在鄉軍人會天理村分會

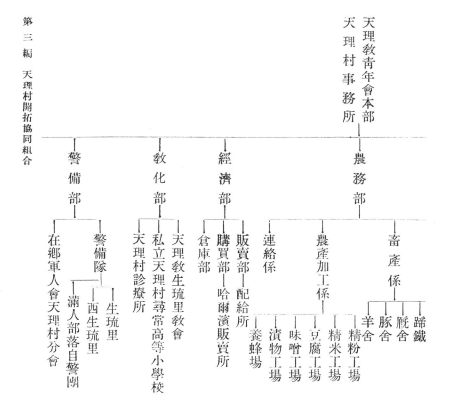

- 庶務會計部
  - 哈市連絡所
  - 庶務會計係
  - 輸送係
  - 電氣電話係
  - 天理村電報通話取扱所

在哈總領事館警察署天理村派遣所（昭和十一年末まで）

入植後の運營には、引續いて青年會本部が當つたが、現地に於ては建設事務所を廢止して天理村事務所を置き、村長に橋本正治氏が就任した。この期間は昭和九年十一月から昭和十三年十月までゝあるが、實際には昭和十三年から個人營農となり、同三月天理村產業組合が組織されてからは、產業組合が主體となつたので、それ以前の共同耕作時代の機構である。この時代は事務所が中心となつて諸般の指導に當り、特に營農は馬場義興氏の指導を受け、所謂馬場營農を確立した時代である。

3　天理教教廳經營時代

天理教教廳經營時代
昭和十三年十月から昭和十六年三月まで

- 天理村事務所
  - 天理鐵道
  - 庶務

- 天理教廳
- 天理教生琉里教會
  - 天理村産業組合
    - 農務
    - 會計
    - 配給所
    - 哈爾濱販賣所
    - 畜産組合
    - 産馬實行組合
    - 各種實行組合
      - 工場
      - 精米
      - 製粉
      - 釀造
      - 農耕
  - 天理村診療所
  - 天理村尋常高等小學校
  - あらき會
  - 本部詰所

従來青年會本部で經營してゐた天理村は、昭和十三年十月、橋本村長病のため辭任するや、天理教廳に移管され、村長に山田清治郎氏、村長事務取扱に魁生哲二氏が任ぜられた。この時代は前記の如く昭和十三年二月天理村産業組合が設立され、全面的に組合の統制下に入つたので、産業組合時代ともいふことが出來、事務所は側面機關となり、組合と平行しながら殘務整理を行ひ、側面援助をなす程度に止

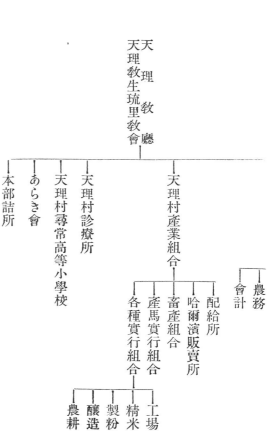

まつた。なほ教廳移管に際しては、管長名儀をもつて次の如き屆が關係各方面へ屆けられた。

昭和十三年十一月十一日　　天理教管長　中　山　正　善

天理村ニ關スル件御屆

天理村移民事業ニ關シテハ多年一方ナラザル御支援御指導ヲ辱ウシ奉深謝候

陳者從來天理教青年會ニ於テ建設經營致シ來リ候天理村移民事業及ビ之ニ附帶スル事業一切ヲ今般教務上ノ都合ニ依リ天理教教廳ニ移管經營セシムル事ニ致シ天理村長ニハ山田清治郎、同村長事務取扱ニハ魁生哲二ヲ任命仕候間何卒御諒承被成下今後共御指導御援助相仰度願上候

右御屆申上候也

4　開拓協同組合時代

天理村開拓協同組合時代

天理村開拓協同組合の設立登記を見た昭和十六年四月から現在まで

- 總務係
  - 庶務班
  - 經理班
  - 產業各班
  - 指導班
  - 勸農班

天理村開拓協同組合
- 指導係
  - 農地班
  - 畜産班
- 業務班
  - 信用班
  - 配給班
  - 販賣班
  - 倉庫班
  - 利用加工班
  - 共濟會

協議會—實行會長
- 八雲實行會—三隣組
- 常盤實行會—三隣組
- 一列實行會—三隣組
- 陽氣實行會—三隣組
- 眞明實行會—三隣組

天理鐵道株式會社　昭和十七年度より組合に於て委託經營

天理村在滿國民學校

協同組合設立によつて從來の事務所、産業組合は解散、天理鐵道、國民學校を除いて他は總べて、協同組合の運營統合するところとなつた。

滿洲國の發展、滿洲開拓の順調な進行に伴ひ、日滿兩國政府は昭和十四年滿洲開拓政策基本要綱を決定し、この要綱に基いて昭和十五年六月には、開拓協同組合法が制定された。そしてこの時既に入植五ヶ年を經過してゐるものは漸次開拓協同組合法に移行することになり、天理村開拓團もその有資格者として準備を進め、昭和十五年十一月十日組合定款の認可を受け昭和十六年四月三十日には設立登記を完了した。これ以後天理村開拓團は開拓協同組合となり今日に及んでゐる。協同組合長は最初から今日まで魁生哲二氏である。

四　組　　合

1　天理村信用販賣購買利用組合

農家經濟を合理的に運營、維持するためには、組合組織の運行によらねばならぬ。天理村では入植一年後の昭和十年十一月一日、最初の保證責任天理村信用販賣購買利用組合を結成した。第一回の拂込金は一口五圓で、組合業務は定款に從ひ販賣部（配給所、哈市販賣所）購買部（生活用品仕入、農耕材料仕入）信用部（貯金、貸金）利用部（精米、製粉、倉庫、漬物、溫室、運送、浴場、食堂、宿泊所）であつた。組合役員は次の通り。

昭和十年十一月一日より

組合長　橋本正治
專務理事　江口滿龜夫
理事　藤田秀正　丹德太郎　勝呂久治　內藤助治郎
　　　馬場義興　只野整助　齋梧純二
監事　宮谷修　石井國八　田島多藏　上野半市

昭和十一年十月三十日より
組合長　橋本正治
專務理事　馬場義興
理事　丹德太郎　勝呂久治　只野整助　齋梧純二
監事　須見光夫　田中千秋　田島多藏　石井國八

保證責任天理村信用販賣購買利用組合定款

第一章　總則

第一條　本組合ハ左ノ事業ヲ行フヲ以テ目的トス
一、組合員ニ産業ニ必要ナル資金ヲ貸付シ及貯金ノ便宜ヲ得セシムルコト
二、組合員ニ經濟ノ發達ニ必要ナル資金ヲ貸付シ及組合員ト同一ノ家ニ在ル者ノ貯金ヲ取扱フコト
三、組合員ノ委託ヲ受ケ其ノ生産シタル物ヲ販賣スルコト
四、組合員ノ産業又ハ經濟ニ必要ナル物ヲ買入シ之ニ加工シ若クハ加工セズシテ又ハ之ヲ生産シテ組合員ニ賣却スルコト

五、組合員ヲシテ產業又ハ經濟ニ必要ナル設備ヲ利用セシムルコト
六、農業倉庫ノ經營ヲ爲スコト
第二條　本組合ハ天理村信用販賣購買利用組合ト稱ス
第三條　本組合ノ組織ハ保證責任トス　保證金額ハ出資一口ニ付金二十圓トス
第四條　本組合ノ區域ハ滿洲國哈爾濱天理村一圓トス
第五條　本組合ノ事務所ハ之ヲ滿洲國濱江省阿城縣第三區天理村生琉里ニ置ク
第六條　組合員ハ本組合ノ區域內ニ住居シ且獨立ノ生計ヲ營ム者
第七條　組合員ハ本組合ト同一ノ目的ヲ有スル他ノ產業組合ニ加入スルコトヲ得ズ
第八條　組合原簿ニ記載シタル事項ノ變更ノ屆出及組合原簿ノ提出ハ每事業年度末ニ取纏メテ其ノ後二週間內ニ之ヲ爲スモノトス　組合員ノ脫退又ハ保證金額ノ減少ニ付テモ又同ジ
第九條　組合員住居ヲ變更シタルトキハ遲滯無ク其ノ旨ヲ本組合ニ屆出ヅルコトヲ要ス
第十條　產業組合ニ依ル公告ハ本組合ノ揭示場ニ揭示シ且哈爾濱日々新聞ニ揭載シテ之ヲ爲ス
第十一條　本組合ノ財產ニ對スル組合員ノ持分ハ左ノ標準ニ依リ之ヲ定ム
一、出資金ニ對シテハ出資額ニ應ジ算定ス
二、準備金ニ對シテハ拂込濟出資累計額ニ應ジ年度每ニ之ヲ算定加算ス
三、特別積立金ニ對シテハ本組合解散當時ノ組合員ニ限リ持分ヲ有シ其ノ割合ハ拂込濟出資額ニ應ズルモノトス
四、其他ノ財產ニ對シテハ拂込濟出資累計額ニ應ジテ之ヲ算定ス
五、本組合ニ損失アリ其ノ未ダ補塡ヲ爲サザル持前分ヲ取戾ストキハ特別積立金ニ對スル持分ニ按

分シテ控除シ其ノ特別積立金ヲ以テ足ラザルトキハ準備金ニ對スル持分ニ按分シテ控除シ持分ヲ算定ス

本組合ニ損失アリタルトキハ之ヲ塡補シタル財産科目ニ對スル持分ニ按分シテ控除シ持分ヲ算定ス

第十九條ノ規定ニ依リ特別積立金ヲ臨時ノ支出ニ處分シタル場合モ又同ジ

本組合財産ガ出資額ヨリ減少シタルトキハ出資額ニ應ジ持分ヲ算定ス

第二章　出資及積立金

第十二條　出資一口ノ金額ハ金二十圓トス

第十三條　出資第一回ノ拂込金額ハ一口ニ付金五圓トス

第十四條　第一回後ノ出資拂込ハ配當スベキ剰餘金ヨリ拂込ニ充ツルモノノ外出資一口毎ニ毎年六月末及十二月末ニ金二圓宛拂込ムモノトス

第十五條　出資ノ拂込ヲ怠リタルトキハ期日後一日ニ付其拂込ムベキ金額ノ二百分ノ一ニ當ル過怠金ヲ徵收ス

第十六條　本組合ハ出資總額ト同額ニ達スル迄毎事業年度ノ剰餘金ノ四分ノ一以上ヲ準備金トシテ積立ツルモノトス

第十七條　加入金、增口金、過怠金及第八十四條ノ規定ニ依リ拂戻シタル持分ノ殘額並ニ拂戻ヲ爲サザル持分ハ之ヲ準備金ニ組入ルルモノトス

第十八條　本組合ハ剰餘金ヨリ特別積立金ヲ積立ツルコトヲ得

第十九條　準備金及特別積立金ハ損失ノ塡補ニ充ツルモノトス

但シ特別積立金ハ總會ノ決議ニ依リ之ヲ臨時ノ支出ニ處分スルコトヲ得

第二十條　準備金及特別積立金ハ總會ノ承認ヲ經タル銀行ニ預ケ入レ總會ノ承認ヲ經テ事業資金ニ融通スルコ

トヲ得

第三章　機　關

第二十一條　本組合ニ理事五名、監事三名ヲ置ク
理事ハ組合長一名、專務理事一名ヲ互選ス
組合長ハ事務ヲ總理シ組合ヲ代表ス　組合長事故アルトキハ專務理事之ニ代リ組合長、專務理事共ニ事故アルトキハ理事ノ互選ニ依リ其ノ代理者一名ヲ定ム
專務理事ハ組合長ヲ補佐シ組合事務ヲ掌理ス

第二十二條　理事ノ任期ハ四ケ年トシ監事ノ任期ハ二ケ年トス
但シ再選ヲ妨ゲズ
組合長及專務理事ノ任期ハ理事ノ任期ニ從フ　補缺選擧ニ依リ就任シタル理事又ハ監事ハ前任者ノ任期ヲ繼承ス

第二十三條　理事又ハ監事ハ任期滿了後ト雖モ後任者ノ就職スル迄仍其ノ職務ヲ行フモノトス
辭任其他ノ事由ニ依リ理事又ハ監事ニ缺員ヲ生ジタルトキハ通常總會ノ時期迄猶豫スルコト能ハザル場合ニ限リ臨時總會ヲ招集シ補缺選擧ヲ行フモノトス
總會ガ理事又ハ監事ノ解任ヲ決議シタルトキハ同時ニ其ノ補缺選擧ヲ爲スコトヲ要ス

第二十四條　理事及監事ハ名譽職トス　但シ專務理事ハ有給トス
理事及監事ニハ總會ノ決議ニヨリ報酬手當又ハ賞與ヲ支給スルコトヲ得
理事及監事ハ正當ノ事由無クシテ辭任スルコトヲ得ズ

第二十五條　總會ハ通常總會及臨時總會ノ二種トス

通常總會ハ毎年一回二月之ヲ開ク

臨時總會ハ左ノ場合ニ於テ之ヲ開ク

一、理事ガ必要ト認メタルトキ

二、監事ガ産業組合法第三十四條ニ依リ必要ト認メタルトキ

三、理事ノ缺ケタルトキ

四、産業組合法第二十三條ニヨリ組合員ヨリ總會招集ノ請求アリタルトキ

第二十六條　總會ノ招集ハ少クトモ五日以前ニ書面ヲ以テ組合員ニ之ヲ通知スルコトヲ要ス

前項ノ通知書ニハ其ノ會議ノ目的タル事項ヲ記載シ招集者之ニ記名スルコトヲ要ス

第二十七條　總會ハ總組合員ノ半數以上出席スルニアラザレバ開會スルコトヲ得ズ　若シ半數ニ滿タザルトキハ更ニ十日以內ニ招集シ出席シタル組合員ヲ以テ開會ス

前項ノ決議ハ出席シタル組合員ノ過半數ヲ以テス

理事若クハ監事ノ選任又ハ解任、定款ノ變更、組合員ノ除名、解散及合併ノ決議ハ總組合員ノ半數以上出席シ其ノ四分ノ三以下ノ同意アルコトヲ要ス

但シ合併ニ依リテ組織變更ト同一ノ結果ヲ生ズベキ場合ハ總組合員ノ同意アルコトヲ要ス

第二十八條　總會ノ議長ハ組合長之ニ當ル　組合長事故アルトキハ專務理事之ニ當リ組合長及專務理事共ニ事故アルトキハ理事ノ互選ニ依ル

監事ノ招集シタル總會ノ議長ハ總會ヲ招集シタル監事之ニ當ル　其ノ多數ナル場合ニ於テハ其ノ互選ニ依ル

總會ニ於テ必要ト認メタルトキハ出席者ノ互選ニ依リ議長ヲ定ムルコトヲ得

第二十九條　組合員ハ五人以上ヲ代理シテ議決權ヲ行フコトヲ得ズ
第三十條　總會ニ於テハ決議錄ヲ作リ開會ノ時期、場所、組合員總數及出席者數並會議ノ顚末ヲ記載スルコトヲ要ス
決議錄ニハ議長及議長ノ指名シタル出席者二名以上之ニ記名捺印スルコトヲ要ス
第三十一條　總會ノ議事ニ關スル細則ハ總會ニ於テ之ヲ定ム
第三十二條　本組合ニ信用評定委員十五名ヲ置キ總會ニ於テ組合員中ヨリ之ヲ選任ス
信用組合評定委員ノ任期ハ二ケ年トス　但シ再選ヲ妨ゲズ
第三十三條　信用評定委員ハ總會ノ決議ニ依リ何時ニテモ解任スルコトヲ得
信用評定委員ノ選任及解任ニ關シテハ理事及監事ノ例ニ依ル
第三十四條　信用評定委員ハ毎年三月及九月ニ定會ヲ開キ組合員各自ノ信用ヲ評定シ信用程度表ヲ作成ス
信用程度表ハ理事之ヲ保管ス
第三十五條　第二十四條ノ規定ハ信用評定委員ニ準用ス
第三十六條　本組合ニ世話係十名ヲ置キ組合員中ヨリ組合長之ヲ囑託ス
世話係ハ理事ノ指揮ヲ承ケ事業執行上ノ補佐ヲ爲スモノトス
第三十七條　本組合ニ事務員若干名ヲ置キ組合長之ヲ任免ス
事務員ハ理事及監事ノ指揮ヲ承ケ庶務ニ從事ス

第四章　事業執行

第一節　通則

第三十八條　本組合ノ事業年度ハ毎月一月一日ニ始マリ十二月三十一日ニ終ル

第三十九條　本組合ニ餘裕金アルトキハ總會ノ承認ヲ經タル銀行ニ預ケ入レ若クハ之ヲ以テ第二十條ニ規定セル有價證券ヲ買入ルルノ外他ニ之ヲ運用スルコトヲ得ズ

第四十條　事業執行ニ關スル細則ハ理事之ヲ定ム

第二節　信用

第四十一條　組合員ヨリ貸付ノ請求アリタルトキハ理事ハ信用程度表及貸付金ノ用途ヲ調査シテ其ノ金額及貸付方法ヲ定ムルモノトス

第四十二條　理事貸付ニ當リ必要アリト認ムルトキハ組合員ヲシテ保證人ヲ立タシメ又ハ擔保ヲ提供セシムルコトヲ要ス

第四十三條　貸付金ノ辨濟期限ハ一ケ年以內ニ於テ之ヲ定ム
但シ特別ノ事情アルトキハ二ケ年以內ニ延長スルコトヲ得　土地、倉庫、機械、器具、工場、家屋其他ノ設備ニ要スル固定資金及舊債償還資金ニ限リ特別ノ事由アルトキハ十ケ年內ノ割賦償還ノ方法ニ依リ貸付スルコトヲ得

第四十四條　倉庫部ニ於テ發行シタル農業倉庫證券ニ對スル貸付ハ保管物品ニ對スル時價ノ十分ノ八以內トス
前項ノ貸付期間ハ受寄物ノ保管期限ヲ超過スルコトヲ得ズ

第四十五條　組合員ガ貸付金ノ辨濟ヲ怠リタルトキ遲延利息ハ貸付金利率ノ一倍半トス

第四十六條　理事ハ貸付金使用ノ實況ヲ調査シ貸付ノ目的ニ反スルモノアリト認メタルトキハ期限前ト雖モ辨濟ヲ爲サシムルコトヲ得

第四十七條　貯金ノ取扱ハ一回金十錢以上トス貯金ノ利息ハ別ニ定メタルモノヲ除クノ外每年十一月末ニ之ヲ元金ニ組入ルルモノトス

第四十八條　貸付金及貯金ノ利率ハ左ノ制限內ニ於テ理事之ヲ定ム
一、貸付金ニ付テハ　年一割二分以下
二、貯金ニ付テハ　年八分以下

第三節　販賣

第四十九條　本組合ニ於テ販賣スル物ノ種類左ノ如シ
一、米、麥、高粱、粟、豆類
二、鷄卵、藁工品
三、其他總會ノ決議ヲ經タルモノ

第五十條　組合員ハ理事ノ承認ヲ經ルニ非ザレバ本組合ニ於テ取扱フ物ヲ他ニ販買スルコトヲ得ズ

第五十一條　組合ガ組合員ヨリ生產物ヲ受取リタルトキハ其ノ品等及數量ヲ査定シ理事之ヲ組合員ニ通知スルモノトス
品等査定ノ方法及標準ハ總會ニ於テ之ヲ定ム　品質不良ナル物品ハ之ヲ組合員ニ返付スルコトヲ得

第五十二條　組合員ハ販賣セントスル物品ニ付代價又ハ販賣ノ時期ヲ指定スルコトヲ得ズ

第五十三條　組合員ハ組合ニ生產物ヲ引渡シタル後ハ何時ニテモ代金ノ假渡ヲ請求スルコトヲ得　但シ其ノ金額ハ時價ノ十分ノ八以內ニ於テ理事之ヲ定ム
前項ノ假渡金ニ對シテハ理事ノ定メタル利息ヲ支拂フコトヲ要ス

第五十四條　組合員ニ配分スベキ販賣代金ノ計算期ハ毎年總會ニ於テ之ヲ定ム
毎計算期內ニ販賣シタル物ノ代金ハ當該計算期毎ニ各品等ニ付之ヲ計算シ組合員ガ委託シタル物ノ數量ニ應ジテ之ヲ配分スルモノトス

假渡シヲ受ケタル組合員ニ付テハ前項ノ場合ニ於テ差引計算ヲ爲スモノトス

第五十五條　一計算期内ニ受取リタル物ニシテ當該計算期内ニ賣却スルコト能ハザリシ物ニ付テハ其後ニ賣却シタル同品等物ノ代金中ヨリ先ヅ其ノ代金ヲ配分スルモノトス

第五十六條　本組合ハ組合員ニ拂渡スベキ代金又ハ取扱ヒタル數量ニ應ジ總會ノ定メタル歩合金ヲ徴シ代金分配ノ際之ヲ差引クモノトス

第五十七條　受託物中組合ニ於テ調製、俵装其他特殊ノ勞力ヲ要シタルモノニ就テハ別ニ手數料ヲ徴シ代金分配ノ時之ヲ差引クモノトス

前項手數料ノ率ハ總會ノ決議シタル範圍内ニ於テ理事之ヲ定ム

第四節　購　買

第五十八條　本組合ニ於テ賣却スル物ノ種類左ノ如シ

一、產業用機械、器具、農業用地

二、肥料、家畜、家禽、種苗、飼料

三、米、麥、雜穀、小間物類、荒物類、履物類、石油、石炭、魚類、菓子類

四、其他總會ノ決議ヲ經タルモノ

第五十九條　本組合ニ於テ爲ス加工又ハ生產左ノ如シ

一、肥料ノ配合、精穀、味噌又ハ醬油ノ釀造

二、家畜又ハ家禽ノ飼育、種苗ノ生產

三、其他總會ノ決議ヲ經タルモノ

第六十條　理事ハ組合員ノ需用ヲ調査シ又ハ其ノ注文ニ應ジ賣却スベキ物及其ノ材料ヲ便宜買入又ハ生產スル

モノトス

第六十一條　組合員ハ理事ノ承諾ヲ經ルニ非ザレバ本組合ニ於テ取扱フモノヲ本組合外ヨリ購買スルコトヲ得ズ

第六十二條　購買申込多數ノ場合ニ於ケル賣却ノ順位又ハ數量ハ申込人ノ購買必要ノ程度ヲ參酌シテ理事之ヲ定ム

第六十三條　組合員ニ賣却スル物品ノ代價ハ市價ヲ標準トシテ理事之ヲ定ム

第六十四條　理事必要アリト認ムルトキハ時期ヲ指定シテ組合員ニ注文シタル物ノ見積代金ノ全部ヲ前納セシムルコトヲ得

第六十五條　組合員ハ組合ヨリ購買物品引渡ノ通知ヲ受ケタルトキハ遲滯ナク引取ルコトヲ要ス

前項ノ通知ヲ受ケタル日ヨリ一週間内ニ引取ヲ爲サザルトキハ購買物品代價ノ千分ノ一ニ當ル過怠金ヲ徵收ス

尙期日內ニ引取ヲ爲サザル節ハ本組合ニ於テ賣買契約ノ解除ヲ爲スコトヲ得

第六十六條　組合員ハ肥料以外ノ購買物品ハ取引ト同時ニ其ノ代金ヲ支拂フコトヲ要ス

但シ肥料代ハ引取後一ケ月以內ニ代金ノ支拂ヲ爲スコトヲ要ス　一ケ月ヲ經過シタル場合ハ理事ノ定メタル利息ヲ徵收スルモノトス

組合員前項ノ期間內ニ代金ヲ支拂フコトヲ得ザルトキハ理事ハ六ケ月ヲ超エザル期間代金支拂ノ延期ヲ承諾スルコトヲ得　但シ利息ノ徵收ハ之ヲ猶豫セズ

理事代金支拂ノ延期ヲ承諾スル場合ニ於テ必要ト認ムルトキハ組合員ヲシテ保證人ヲ立テシメ又ハ擔保ヲ供セシムルモノトス

第五節　利用

第六十七條　本組合ニテ設備スルモノ左ノ如シ
一、農業用地、倉庫
二、産業用器具機械、種畜、種禽
三、其他總會ノ決議ヲ經タルモノ

第六十八條　組合員前條ノ設備ヲ利用セムトスルトキハ設備名稱、所在地及數量、利用期間ヲ記載シタル申込書ヲ理事ニ差出スコトヲ要ス
理事前項ノ申込ヲ受ケタルトキハ申込人利用必要ノ程度等ヲ考査シ利用セシムベキ條件及方法ヲ定メ之ヲ申込人ニ通知スルモノトス

第六十九條　利用申込多數ノ場合ニ於ケル利用ノ順位又ハ數量ハ申込人利用必要ノ程度等ヲ參酌シテ理事之ヲ定ム

第七十條　設備ヲ利用セシムル場合ニ於テ理事必要ト認ムルトキハ組合員ヲシテ保證人ヲ立テシメ又ハ擔保ヲ提供セシムルモノトス

第七十一條　組合員ハ設備ノ利用ニ對シテ利用料ヲ支拂フコトヲ要ス
利用料ハ毎年總會ニ於テ決議シタル範圍内ニ於テ理事之ヲ定ム
利用中設備ヲ損傷シ又ハ之ヲ喪失シタルトキハ理事ノ定ムル辨償金ヲ支拂フコトヲ要ス

第七十二條　前條ノ利用料ハ一ケ月毎ニ計算シ其ノ月末迄ニ辨償金ハ理事ガ辨償ノ請求ヲ爲シタル日ヨリ一週間内ニ之ヲ支拂フコトヲ要ス
前項ノ支拂ヲ怠リタルトキハ期日後一日ニ付其ノ支拂フべキ金額ノ千分ノ一ニ當ル過怠金ヲ徵收ス

第七十三條　理事ハ設備利用ノ實況ヲ調査シ利用ノ條件ニ反スルモノアリト認ムルトキハ組合員ヲシテ其ノ設備

ヲ返還セシムルコトヲ得

第六節　農業倉庫

第七十四條　第一條第六號ノ業務ハ別ニ定ムル所ノ農業倉庫業務規定ニ依リ之ヲ行フ
前項ノ規定ハ總會ニ於テ之ヲ定ム

第五章　剰餘金處分並ニ損失金ノ塡補及分擔

第七十五條　剰餘金ヨリ準備金ニ積立ツベキ金額ヲ控除シ尙殘餘アルトキハ配當金、特別積立金、特別配當金、役員報酬手當又ハ賞與金ト爲スモノトス

第七十六條　剰餘金ノ配當ハ其ノ剰餘金ヲ生ジタル年度ノ終リニ於ケル組合員ノ拂込濟出資額ニ應ジ其ノ率ハ年六分以下トス
剰餘金ノ特別配當ハ其ノ剰餘金ヲ生ジタル年度内ニ於テ組合員ガ組合ニ對シ支拂ヒタル貸付金利息賣步合金、利用料若クハ保管料、購買價格又ハ組合ヨリ受取リタル貯金利息ヲ參照シテ之ヲ組合員ニ配販當スルモノトス
但シ其ノ配當率ハ販賣シタル物若クハ購買シタル物又ハ貸付金、利用設備、保管物若クハ貯金ノ種類ヲ參酌シテ之ヲ異ニスルコトヲ得
前二項ノ配當ハ圓位未滿ノ金額ニ對シテハ之ヲ爲サザルモノトス

第七十七條　損失金ノ塡補ハ先ヅ特別積立金ヲ以テシ次ニ準備金ヲ以テス

第七十八條　本組合ノ財產ヲ以テ其ノ債務ヲ完濟スルコト能ハザル場合ニ於テ各組合員間ニ於ケル損失負擔ノ割合ハ其ノ保證金額ノ割合ニ應ズルモノトス
脫退シタル組合員ノ損失分擔ノ割合モ又同ジ

第六章　加入増口及脱退

第七十九條　新ニ組合員タラムトスル者又ハ出資口數ヲ増加セムトスル者ハ申込書ニ加入金五十錢又ハ増口金五十錢ヲ添ヘ理事ニ差出スコトヲ要ス
理事前項ノ申込ヲ承諾シタルトキハ其ノ旨申込人ニ通知シ出資第一回ノ拂込ヲ爲サシメタル後組合員名簿ニ記載スルコトヲ要ス
加入又ハ増口ノ効力ハ第八十條及第八十二條ヲ除クノ外出資第一回ノ拂込ト同時ニ發生スルモノトス

第八十條　組合員持分ヲ讓渡セムトスル場合ニ於テハ理事ノ承諾ヲ經ルコトヲ要ス　持分ヲ讓リ受ケムトスル者ガ組合員ニ非ザルトキハ加入金出資ノ拂込ヲ爲サシメタルノ外前條ノ規定ヲ準用ス

第八十一條　組合員脱退セムトスルトキハ其ノ事業年度末六ケ月前ニ其ノ旨ヲ理事ニ豫告スルコトヲ要ス

第八十二條　死亡ニヨリ脱退シタル組合員ノ相續人ガ直ニ加入セルトキハ組合ハ被相續人ニ對スル持分ノ拂戻計算ヲ爲サズ被相續人ト同一ノ權利ヲ有シ義務ヲ負フモノト見做ス　但シ此ノ場合ニ於テハ加入金ヲ徴セズ

第八十三條　組合員ガ左ノ事由ノ一ニ該當スルトキハ總會ノ決議ニヨリ之ヲ除名ス
一、出資ノ拂込過怠金ノ納付、貸付金ノ辨濟又ハ購買代金、利用料、辨償金若クハ利息ノ支拂ヲ怠リ一ケ月内ニ其ノ義務ヲ履行セザルトキ
二、自己ノ生産物ニ非ザル物ノ販賣ヲ委託シタルトキ
三、理事ノ承諾ヲ經ズシテ本組合ニ於テ取扱フ物ヲ本組合ヲ通ゼズシテ販賣又ハ購買シタルトキ
四、本組合ニ於テ供給サルル購買品ヲ供給ノ目的ニ反シテ處分シタルトキ

五、本組合ノ設備ヲ利用ノ條件ニ反シテ利用シタルトキ
六、組合ノ事業ヲ妨グル行爲アリタルトキ
七、犯罪其他信用ヲ失フベキ行爲アリタルトキ

第八十四條　組合員脱退ノ場合ニ於ケル持分ノ拂戻ハ拂込濟出資額ニ止ムルモノトス
但シ除名ニ依ル場合ニ在リテハ其ノ拂込濟出資額ノ半額ヲ死亡組合員タル資格ノ喪失其他總會ニ於テ止ムコトヲ得ザルモノト認メタル事由ニ依ル場合ニ於テハ前年度末ニ於ケル當該組合員ノ持分金額ヲ拂戻スモノトス

第七章　解散

第八十五條　本組合解散シタルトキハ理事ヲ清算人ト爲ス　但シ總會ノ決議ニ依リ組合員中ヨリ之ヲ選任スルコトヲ得

第八章　附則

第八十六條　本組合設立當時ノ理事及監事ヲ定ムルコト左ノ如シ
但シ第一回通常總會ニ於テ之ヲ改選ス（名簿略）

2　天理村産業組合

しかるに昭和十三年にいたり、全面的個人耕作へ移行したので、この組合を改正強化する必要があり、昭和十三年二月一日、前者を解散して新たに保證責任天理村産業組合を設立した。出資は一口五十圓で、事業執行は信用、販賣、購買及生産、利用、倉庫の五部に分れた。組合役員は次の通り。

昭和十三年二月一日より
組合長　江口満龜夫
專務理事　只野整助
理事　佐野貞行　相野田龜代美　新堂福治郎　松田貢
監事　勝呂久治　福島勝春　上野半一

昭和十四年二月一日より
組合長　魁生哲二
專務理事　佐野貞行
理事　相野田龜代美　新堂福治郎　松田貢　田島多藏
監事　勝呂久治　上野半一　福島勝春

保證責任天理村産業組合定款

第一章　總則

第一條　本組合ハ左ノ事業ヲ行フヲ以テ目的トス
一、組合員ニ産業ニ必要ナル資金ヲ貸付シ及貯金ノ便宜ヲ得セシムルコト
二、組合員ニ經濟ノ發達ニ必要ナル資金ヲ貸付シ及組合員ト同一ノ家ニ在ル者、公共團體又ハ營利ヲ目的トセザル法人若クハ團體ノ貯金ヲ取扱フコト
三、組合員ノ生産シタル物ヲ買取リ若クハ其ノ委託ヲ受ケ之ニ加工シ又ハ加工セズシテ販賣スルコト
四、組合員ノ産業又ハ經濟ニ必要ナル物ヲ買入レ之ニ加工シ若クハ加工セズシテ又ハ之ヲ生産シテ

組合員ニ賣却スルコト
五、組合員ヲシテ産業又ハ經濟ニ必要ナル設備ヲ利用セシムルコト
六、農業倉庫ノ經營ヲ爲スコト

第二條　本組合ハ保證責任天理村産業組合ト稱ス
第三條　本組合ノ組織ハ保證責任トス保證金額ハ出資一口ニ付國幣五拾圓トス
第四條　本組合ノ區域ハ滿洲國哈爾濱郊外天理農村一圓トス
第五條　本組合ノ事務所ハ之ヲ滿洲國濱江省阿城縣第三區天理村ニ置ク
第六條　組合員ハ本組合ノ區域内ニ住居シ又ハ居留籍ヲ有スル者ニシテ且獨立ノ生計ヲ營ム者ニ限ル
第七條　組合員ハ本組合ト同一ノ目的ヲ有スル他ノ産業組合ニ加入シ又ハ加入豫約ヲ爲スコトヲ得ズ
第八條　組合原簿ニ記載シタル事項ノ變更ノ屆出及組合原簿ノ提出ハ毎事業年度末ニ取纏メテ其ノ後二週間内ニ之ヲ爲スモノトス　組合員ノ脫退又ハ保證金額ノ減少ニ付テモ亦同ジ
第九條　組合員住居ヲ變更シタルトキハ遲滯ナク其ノ旨ヲ本組合ニ屆出ヅルコトヲ要ス
第十條　産業組合法ニ依ル公告ハ本組合ノ掲示場ニ掲示スルモノトス
第十一條　本組合ノ財産ニ對スル組合員ノ持分ハ其ノ拂込濟出資額ニ應ズルモノトス　役職員並ニ雇傭者退職給與基金ニ對シテハ本組合解散當時ノ組合員ニ限リ持分ヲ有シ其ノ割合ハ平等トス

第二章　出資及積立金

第十二條　出資一口ノ金額ハ國幣五拾圓トス
第十三條　出資第一回ノ拂込金額ハ一口ニ付國幣五圓以上トス　出資口數增加ニ依ルモノノ出資ノ拂込ハ一時ニ出資金額ヲ拂込ムモノトス

第十四條　第一回後ノ出資拂込ハ配當スベキ剩餘金ヨリ拂込ニ充ツルモノノ外出資一口每ニ每年一月末ニ國幣五圓以上宛拂込ムモノトス

第十五條　出資ノ拂込ヲ怠リタルトキハ期日後日步二錢ノ過怠金ヲ徵收ス

第十六條　本組合ハ出資總額ト同額ニ達スル迄每事業年度ノ剩餘金ノ四分ノ一以上ヲ準備金トシテ積立ツルモノトス

第十七條　本組合ハ剩餘金ヨリ特別積立金及役職員並ニ雇傭者退職給與基金ヲ積立ツルコトヲ得

第十八條　準備金及特別積立金ハ損失ノ塡補ニ充ツルモノトス　但シ特別積立金ハ總會ノ決議ニ依リ之ヲ臨時ノ支出ニ處分スルコトヲ得

第十九條　役職員並ニ雇傭者退職給與基金ハ役職員並ニ雇傭者退職ノ際給與金トシテ支給スルモノトス　但シ共ノ處分方法ハ總會ノ決議ヲ經テ別ニ之ヲ定ム

第二十條　準備金及特別積立金及役職員並ニ雇傭者退職給與基金ハ每年總會ノ承認ヲ經タル銀行ニ預ケ入レ又ハ之ヲ以テ總會ノ承認シタル債券ヲ買入ルルノ外他ニ之ヲ利用スル事ヲ得ズ　但シ總會ノ承認ヲ經テ事業資金ニ融通スルコトヲ得

第三章　機　關

第二十一條　本組合ニ理事五名以上、監事三名以上ヲ置ク　理事ハ組合長一名ヲ互選ス
組合長ハ組合ヲ代表シ理事ハ合議制ニ依リ事務ヲ總理ス　但シ必要ニ依リ專務理事ヲ選任シ事務ヲ掌理セシムルコトヲ得

第二十二條　理事ノ任期ハ三ケ年トシ監事ノ任期ハ二ケ年トス　但シ再選ヲ妨ゲズ
補缺選擧ニ依リ就任シタル理事又ハ監事ハ前任者ノ殘任期ヲ繼承ス

理事又ハ監事ハ任期滿了後ト雖モ後任者ノ就職スル迄仍共ノ職務ヲ行フモノトス

第二十三條　辭任其他ノ事由ニ依リ理事又ハ監事ニ缺員ヲ生ジタルトキハ通常總會ノ時期迄猶豫スルコト能ハザル場合ニ限リ臨時總會ヲ招集シ補缺選擧ヲ行フモノトス

總會ガ理事又ハ監事ノ解任ヲ決議シタルトキハ同時ニ共ノ補缺選擧ヲ爲スコトヲ要ス

第二十四條　理事及監事ハ名譽職トス　但シ專務理事ハ有給トス　理事及監事ニハ總會ノ決議ニ依リ報酬手當又ハ賞與ヲ支給スルコトヲ得

理事及監事ハ正當ノ事由無クシテ辭任スルコトヲ得ズ

第二十五條　總會ハ通常總會及臨時總會ノ二種トス

通常總會ハ毎年一回一月之ヲ開ク

臨時總會ハ左ノ場合ニ於テ之ヲ開ク

一、理事ガ必要ト認メタルトキ

二、監事ガ産業組合法第三十四條ニ依リ必要ト認メタルトキ

三、理事ノ缺ケタルトキ

四、産業組合法第二十三條ニ依リ組合員ヨリ總會招集ノ請求アリタルトキ

第二十六條　總會ノ招集ハ少クトモ五日以前ニ書面ヲ以テ組合員ニ之ヲ通知スルコトヲ要ス

前項ノ通知書ニハ其ノ會議ノ目的タル事項ヲ記載シ招集者之ニ記名スルコトヲ要ス

第二十七條　總會ハ總組合員ノ半數以上出席スルニアラザレバ開會スルコトヲ得ズ　若シ半數ニ滿タザルトキハ更ニ十日以內ニ招集シ出席シタル組合員ヲ以テ開會ス

前項ノ場合ニ於ケル決議ハ出席シタル組合員ノ過半數ヲ以テ之ヲ爲ス

理事若クハ監事ノ選任又ハ解任、定款ノ變更、組合員ノ除名、解散及合併ノ決議ハ總組合員ノ半數以上出席シ其ノ四分ノ三以上ノ同意アルコトヲ要ス

但シ合併ニ依リテ組織變更ト同一ノ結果ヲ生ズベキ場合ハ總組合員ノ同意アルコトヲ要ス

總會ニ於テハ急速輕微ノ事項ニ限リ豫メ通知ナキモノト雖モ其ノ決議ヲ爲スコトヲ得

第二十八條　總會ノ議長ハ組合長之ニ當ル　組合長事故アル時ハ理事ノ互選ニ依ル　監事ノ招集シタル總會ノ議長ハ總會ヲ招集シタル監事之ニ當ル　其ノ多數ナル場合ニ於テハ其ノ互選ニ依ル　總會ニ於テ必要ト認メタルトキハ出席者ノ互選ニ依リ議長ヲ定ムルコトヲ得

第二十九條　組合員ハ五人以上ヲ代理シテ議決權ヲ行フコトヲ得ズ

第三十條　總會ニ於テハ決議錄ヲ作リ開會ノ時期、場所、組合員總數及出席者數並ニ會議顚末ヲ記載スルコトヲ要ス

決議錄ニハ議長及議長ノ指名シタル出席者二名以上之ニ記名捺印スルコトヲ要ス

第三十一條　總會ノ議事ニ關スル細則ハ總會ニ於テ之ヲ定ム

第三十二條　理事ハ毎年一月定會ヲ開キ組合員各自ノ信用ヲ評定シ信用程度表ヲ作成ス

信用程度表ハ理事之ヲ保管シ役員ノ外閲覽スルコトヲ得ザルモノトス

第三十三條　本組合ニ顧問及書記若干名ヲ置ク　書記ハ組合長之ヲ任免ス　書記ハ理事及監事ノ指揮ヲ承ケ庶務會計ニ從事ス

第四章　事業ノ執行

第三十四條　本組合ノ事業年度ハ毎年一月一日ニ始マリ十二月三十一日ニ終ル

第三十五條　事業執行ニ關スル細則ハ理事之ヲ定ム

第三十六條　組合員ヨリ貸付ノ請求アリタルトキハ理事ハ信用程度表及貸付金ノ用途ヲ調査シテ其ノ金額及貸付方法ヲ定ムルモノトス

第三十七條　理事貸付ニ當リ必要アリト認ムルトキハ組合員ヲシテ保證人ヲ立テシメ又ハ擔保ヲ提供セシムルコトヲ要ス

第三十八條　貸付金ノ辨濟期限ハ一ケ年以内ニ於テ之ヲ定ム

但シ特別ノ事情アルトキハ二ケ年以内ニ延長スルコトヲ得　土地、倉庫、機械器具、工場、家屋、其他ノ設備ニ要スル固定資金及舊債償還資金ニ限リ特別ノ事由アルトキハ十ケ年内ノ割賦償還ノ方法ニ依リ貸付スルコトヲ得

第三十九條　倉庫部ニ於テ發行シタル農業倉庫證券ニ對スル貸付ハ保管物品ニ對スル時價ノ十分ノ八以内トス

前項ノ貸付期間ハ受寄物ノ保管期限ヲ超過スルコトヲ得ズ

第四十條　組合員ガ貸付ノ辨濟ヲ怠リタルトキ遲延利息ハ貸付金ノ利率ニ依ル

第四十一條　理事ハ貸付金使用ノ實況ヲ調査シ貸付ノ目的ニ反スルモノアリト認メタルトキハ期限前ト雖モ辨濟ヲ爲サシムルコトヲ得

第四十二條　貯金ノ取扱ハ一回金拾錢以上トス　但シ定期貯金及當座貯金ノ取扱ハ一回金拾圓以上トス

貯金ノ利息ハ別ニ定メタルモノヲ除クノ外毎年十一月ニ之ヲ元金ニ組入ルルモノトス

第四十三條　義務貯金ハ組合員毎日金壹錢宛積立テ置キ之ヲ毎月末ニ組合ニ預ケ入ルルコトヲ要ス

但シ昭和十四年度ヨリ實行ス

第四十四條　義務貯金ハ左ノ各項ノ一ニヨルノ外ハ拂戻ヲ爲スコトヲ得ズ

一、出資拂込ニ充當スルトキ
二、脫退ノ場合
三、其他總會ニ於テ止ムコトヲ得ザルモノト認メタルトキ　組合員ガ死亡ニヨリ其ノ相續人ガ直ニ組合員トナリタルトキ　又ハ隱居ニ依リ其ノ持分ノ全部ヲ相續人ニ讓渡シタルトキハ其ノ權利義務ヲ繼承スルコトヲ要ス

第四十五條　貸付金及貯金ノ利率ハ左ノ制限內ニ於テ理事之ヲ定ム
一、貸付金ニ付テハ　年一割二分以下
二、貯金ニ付テハ　年八步以下

販賣ノ部

第四十六條　本組合ニ於テ販賣スルモノノ種類左ノ如シ
一、米、麥、高粱、靑果、粟、豆類
二、鷄卵、藁工品
三、其他理事會ノ決議ヲ經タルモノ

第四十七條　組合員ハ理事ノ承諾ヲ經ルニ非ザレバ本組合ニ於テ取扱フ物ヲ他ニ販賣スルコトヲ得ズ

第四十八條　組合ガ組合員ヨリ委託物品ヲ受取リタルトキハ其ノ品等及數量ヲ査定シ理事之ヲ組合員ニ通知スルモノトス
品等査定ノ方法及標準ハ總會ニ於テ之ヲ定ム
品質不良ナル物品ハ之ヲ組合員ニ返付スルコトヲ得

第四十九條　組合員ハ其ノ販賣ヲ委託シタル物品ニ付代價又ハ販賣ノ時期ヲ指定スルコトヲ得ズ

第五十條　組合員ハ組合ニ生產物ヲ引渡シタル後ハ何時ニテモ代金ノ假渡シヲ請求スルコトヲ得　但シ其ノ金額ハ時價ノ十分ノ八以內ニ於テ理事之ヲ定ム

前項ノ假渡金ニ對シテハ百圓ニ付日步參錢以內ニ於テ理事ノ定メタル利息ヲ支拂フコトヲ要ス

第五十一條　組合員ニ配分スベキ販賣代金ノ計算期ハ每年總會ニ於テ之ヲ定ム

每計算期內ニ販賣シタル物ノ代金ハ當該計算期每ニ各品等ニ付之ヲ計算シ組合員ガ委託シタル物ノ數量ニ應ジテ之ヲ配分スルモノトス

假渡シヲ受ケタル組合員ニ付テハ前項ノ場合ニ於テ差引計算ヲ爲スモノトス

第五十二條　一計算期內ニ受取リタル物ニシテ當該計算期內ニ賣却スルコト能ハザリシ物ニ付テハ其後ニ賣却シタル同等物品ノ代金中ヨリ先ヅ其ノ代金ヲ配分スルモノトス

第五十三條　本組合ハ組合員ニ拂渡スベキ委託物品代金又ハ取扱ヒタル數量ニ應ジ總會ノ定メタル步合金ヲ徵シ代金配分ノ際之ヲ差引クモノトス

第五十四條　受託物中組合ニ於テ調製、俵裝其他特殊ノ勞力ヲ要シタルモノニ就テハ別ニ手數料ヲ徵シ代金分配ノ時之ヲ差引クモノトス

前項ノ手數料ハ總會ノ承認ヲ經テ理事之ヲ定ム

購買及生產部

第五十五條　本組合ニ於テ購買スルモノノ種類左ノ如シ

一、產業用機械器具

二、肥料、家畜、家禽、種苗、飼料

三、鹽、砂糖、酒類、醬油、小間物類、荒物類、履物類、石油、薪炭、魚類、菓子類、自轉車、紙

類、文房具
四、其他理事ノ必要ト認メタルモノ
第五十六條　本組合ニ於テ爲ス加工又ハ生産左ノ如シ
一、肥料ノ配合、精穀、酒、味噌又ハ醤油ノ釀造、漬物、澱粉、豆粕ノ製造
二、家畜又ハ家禽ノ飼育、種苗ノ生産
三、其他理事ノ必要ト認メタルモノ
但シ組合ハ組合員中其ノ生産ヲ擔當希望スルモノニ其ノ部門毎ニ委任經營スルコトヲ得　此ノ場合ノ委任料ハ純利益ノ五分以内トス
第五十七條　理事ハ組合員ノ需要ヲ調査シ又ハ其ノ注文ニ應ジ賣却スベキ物及其ノ材料ヲ便宜買入レ又ハ生産スルモノトス
第五十八條　組合員ハ理事ノ承諾ヲ經ルニ非ザレバ本組合ニ於テ取扱フモノヲ本組合外ヨリ購買スルコトヲ得ズ
第五十九條　購買及生産申込多數ノ場合ニ於ケル賣却及生産委任ノ順位又ハ數量ハ申込人ノ購買必要ノ程度ヲ參酌シテ理事之ヲ定ム
第六十條　組合員ニ賣却スル物品ノ代價ハ市價ヲ標準トシテ理事之ヲ定ム
第六十一條　理事必要アリト認ムルトキハ時期ヲ指定シテ組合員ニ注文物品ノ見積代金ノ全部又ハ一部ヲ前納セシムルコトヲ得
第六十二條　組合員ハ組合ヨリ購買物品引渡シノ通知ヲ受ケタルトキハ遲滯ナク引取ルコトヲ要ス
前項ノ通知ヲ受ケタル日ヨリ一週間内ニ引取リヲ爲サザルトキハ購買物品代價ノ十分ノ一ニ當ル過怠金ヲ徴收ス　此ノ場合ニ於テハ本組合ニ於テ賣買契約ノ解除ヲナスコトヲ得

第六十三條　組合員ハ購買物品取引ト同時ニ其ノ代金ヲ支拂フコトヲ要ス
但シ理事ニ於テ止ムヲ得ザル事由アリト認ムルトキハ六ケ月内ノ延納ヲ承諾スルコトヲ得　前項但書ノ場合百圓ニ付日歩三錢以內ニ於テ理事ノ定メタル利息ヲ徵收ス
理事代金支拂ノ延期ヲ承諾スル場合ニ於テ必要ト認ムルトキハ組合員ヲシテ保證人ヲ立テシメ又ハ擔保ヲ供セシムルモノトナス

利用ノ部

第六十四條　本組合ニテ設備スルコト左ノ如シ
一、精穀機、選穀機、平麥機、製粉機、肥料粉碎機
二、農業用器具機械
三、其他總會ノ決議ヲ經タルモノ

第六十五條　組合員前條ノ設備ヲ利用セムトスルトキハ設備ノ名稱、所在地及數量、利用期間ヲ記載シタル申込書ヲ理事ニ差出ス事ヲ要ス
理事前項ノ申込ヲ受ケタルトキハ申込人利用必要ノ程度等ヲ考査シ利用セシムベキ條件及方法ヲ定メ之ヲ申込人ニ通知スルモノトス

第六十六條　第五十九條ノ規定ハ設備利用申込多數ノ場合ニ之ヲ準用ス

第六十七條　設備ヲ利用セシムル場合ニ於テ理事必要ト認ムルトキハ組合員ヲシテ保證人ヲ立テシメ又ハ擔保ヲ提供セシムルモノトス

第六十八條　組合員ハ設備ノ利用ニ對シテ利用料ヲ支拂フコトヲ要ス　但シ精穀機ニ限リ糠又ハ俵ヲ以テ利用料ノ一部又ハ全部ノ代償トスルコトヲ得

利用料ハ毎年總會ニ於テ決議シタル範圍內ニ於テ理事之ヲ定ム

第六十九條　利用中設備ヲ損傷シ又ハ之ヲ喪失シタルトキハ理事ノ定ムル辨償金ヲ支拂フコトヲ要ス

前條ノ利用料ハ一ケ月每ニ計算シ其ノ月末日迄ニ辨償金ハ理事ガ辨償ノ請求ヲ爲シタル日ヨリ二週間內ニ之ヲ支拂フコトヲ要ス

第七十條　前項ノ支拂ヲ怠リタルトキハ期日後一日ニ付其ノ支拂フベキ金額ノ千分ノ三ニ當ル過怠金ヲ徵收ス

理事ハ設備利用ノ實況ヲ調査シ利用ノ條件ニ反スルモノアリト認ムルトキハ組合員ヲシテ其ノ設備ヲ返還セシムルコトヲ得

倉庫ノ部

第七十一條　第一條第六號ノ業務ハ別ニ定ムル所ノ農業倉庫業務規定ニ依リ之ヲ行フ

前項ノ規程ハ總會ニ於テ之ヲ定ム

第五章　剩餘金處分並ニ損失金ノ塡補及分擔

第七十二條　剩餘金ヨリ準備金ニ積立ツベキ金額ヲ控除シ尙殘餘アルトキハ配當金、特別積立金、役職員並雇傭者退職給與基金、役員償與金又ハ繰越金トナスモノトス

第七十三條　剩餘金ノ配當ハ其ノ剩餘金ヲ生ジタル年度ノ終リニ於ケル組合員ノ拂込濟出資額ニ應ジ其ノ率ハ年六分以下トス

剩餘金ノ特別配當ハ其ノ剩餘金ヲ生ジタル年度內ニ於テ組合員ガ組合ニ對シ支拂ヒタル貸付金、利息販賣步合金、利用料若クハ保管料、購買價格又ハ組合ヨリ受取ル貯金利息ヲ參照シテ之ヲ組合員ニ配當スルモノトス

但シ其ノ配當率ハ販賣シタル物若クハ購買シタルモノ又ハ貸付金、利用設備、保管物若クハ貯金ノ

種類ヲ參酌シテ之ヲ異ニスルコトヲ得
前二項ノ配當ハ圓位未滿ノ金額ニ對シテハ之ヲナサザルモノトス
第七十四條　損失金ノ擔保ハ先ヅ特別積立金ヲ以テシ次ニ準備金ヲ以テス
第七十五條　本組合ノ財産ヲ以テ其ノ債務ヲ完濟スルコト能ハザル場合ニ於テ各組合員間ニ於ケル損失負擔ノ割合ハ其ノ保證金額ノ割合ニ應ズルモノトス
脫退シタル組合員ノ損失分擔ノ割合モ又同ジ

第六章　加入增口及脫退

第七十六條　新ニ組合員タラントスル者又ハ出資口數ヲ增加セムトスルモノハ申込書ニ加入金ヲ添ヘ理事ニ差出スコトヲ要ス
理事前項ノ申込ヲ承諾シタルトキハ其ノ旨申込人ニ通知シ出資第一回ノ拂込ヲ爲サシメタル後組合員名簿ニ記載スルコトヲ要ス
加入又ハ增口ノ効力ハ第七十七條及第七十九條ヲ除クノ外出資第一回ノ拂込ト同時ニ發生スルモノトス
第七十七條　組合員ノ持分ヲ讓リ渡サントスル場合ニ於テハ理事ノ承諾ヲ經ルコトヲ要ス持分ヲ讓リ受ケムトスル者ガ組合員ニ非ザルトキハ加入金及出資ノ拂込ヲ爲サシメザルノ外前條規定ヲ準用ス
第七十八條　組合員脫退セムトスルトキハ其ノ事業年度末六ケ月前ニ其ノ旨ヲ理事ニ豫告スルコトヲ要ス
第七十九條　死亡ニ依リ脫退シタル組合員ノ相續人ガ直ニ加入セルキハ組合ハ被相續人ニ對スル持分ノ拂戾計算ヲ爲サズ被相續人ト同一ノ權利ヲ有シ義務ヲ負フモノト見做ス　但シ此ノ場合ニハ加入金ヲ徵セズ
第八十條　組合員左ノ事由ノ一ニ該當スルトキハ總會ノ決議ニ依リ之ヲ除名ス

一、出資ノ拂込過怠金ノ納付、貸付金ノ辨濟、購買代金、利用料、辨償金若クハ利息ノ支拂ヒヲ怠リ一ケ月内ニ其ノ義務ヲ履行セザルトキ
二、自己ノ生産物ニ非ザル物品ヲ組合ヘ賣却シ又ハ販賣ヲ委託シタルトキ
三、理事ノ承諾ヲ經ズシテ組合ヨリ購買シタル物品ヲ販賣シタルトキ
四、本組合ニ於テ供給サル購買品ヲ供給ノ目的ニ反シテ處分シタルトキ
五、組合ノ設備ヲ他人ニ利用セシメタルトキ
六、組合ノ事業ヲ妨グル行爲アリタルトキ
七、犯罪其他信用ヲ失フベキ行爲アリタルトキ

第八十一條　組合員脱退ノ場合ニ於ケル持分ノ拂戻ハ拂込濟出資額ニ止ムルモノトス　但シ死亡、禁治産、除名ニ依ル場合ニ在リテハ其ノ拂込濟出資額ノ半額ヲ死亡組合員タル資格ノ喪失其他總會ニ於テ止ムコトヲ得ザルモノト認メタル事由ニ依リ脱退シタル組合員ニハ持分ノ全部ヲ拂戻スモノトス

第七章　解　散

第八十二條　本組合解散シタルトキハ理事清算人トナル　但シ總會ノ決議ニ依リ組合員中ヨリ之ヲ選任スルコトヲ得

3　天理村開拓協同組合

次に昭和十五年六月、滿洲開拓に劃期的一線を畫いた開拓協同組合法が公布施行されるや、天理村は既に入植五ケ年を經過し、直に開拓協同組合法に移行し得る十五開拓團の中に含まれてゐたので、直にその設立準備にかゝつた。昭和十五年十月一日次の如く設立委員が興農部大臣から任命された。

委　員　長　天理村開拓團長　魁　生　哲　二
委　　　員　阿城縣產業科長　中　山　猛　彥
〃　阿城縣開拓股長　八　幡　原　眞　功
〃　阿城縣司計　劉　萬　良
〃　協和會地區本部指導科長　海　路　昌　臣
〃　滿拓哈爾濱地方事務所助成科長　淸　松　勇　三
〃　天理村開拓組合員　利　光　誠
〃　〃　只　野　整　助
〃　〃　坂　本　淸
〃　〃　佐　野　貞　行
〃　〃　相　野　田　龜　代　美

これらによつて設立準備が進められ、昭和十五年十一月十日には組合法に基く天理村開拓協同組合定款が認可された。

興農部指令康德七年第六九二號（七開拓第二八六六號）

天理村開拓協同組合
設立委員長　魁　生　哲　二　ニ令ス

天理村開拓協同組合定款認可ニ關スル件

康德七年十月十五日附ヲ以テ申請ニ係ル首題ノ件ハ之ヲ認可ス

康徳七年十一月十日

興農部大臣　干　靜　遠

次いで昭和十六年三月二十日付を以て

天理村開拓協同組合長　魁　生　哲　二

〃　副組合長　佐　野　貞　行

〃　監　事　相　野　田　龜　代　美

〃　福　島　勝　春

がそれ〴〵任命された。

さらに昭和十六年四月二十八日には開拓協同組合の設立登記申請が行はれ、同四月三十日認可されだ。かくて天理村開拓團は、新しい息吹きをもつて天理村開拓協同組合と更新し、從來規定されてゐた一切の權利義務等總べては組合定款の定むるところに準據することになり、今日に及んでゐる。

開拓協同組合設立登記申請書

一、名　稱　天理村開拓協同組合

一、組合事務所　濱江省阿城縣天理村生琉里

一、登記ノ目的　開拓協同組合設立ノ登記

一、登記ノ事由　開拓協同組合設立ノ爲興農部大臣ノ定款ニ對スル認可ヲ得康徳八年三月二十日開拓協同組合長以下役員ノ任命終リタルニ因リ左記事項ノ登記ヲ求ム

目　的　組合員ノ協同精神ヲ基調トシ開拓地ノ産業經濟ノ發達ヲ圖リ組合員ノ福利ヲ增進シ國家經濟ノ發展ニ資スルヲ以テ目的トス

名　稱　天理村開拓協同組合

區　域　濱江省阿城縣天理村

事務所　濱江省阿城縣天理村生琉里

定款認可年月日　康德七年十一月十日

組合長、副組合長及監事ノ氏名住所

濱江省阿城縣天理村生琉里
組合長　魁生哲二

濱江省阿城縣天理村生琉里
副組合長　佐野貞行

濱江省阿城縣天理村生琉里
監　事　相野田龜代美

濱江省阿城縣天理村生琉里
監　事　福島勝春

一、添附書類

定　款　一通

開拓協同組合法第十六條所定ノ認可書　一通

開拓協同組合法附則第三項所定ノ書面　一通

任命狀　四通
委任狀　一通

右申請候也

康德八年四月二十八日

申請人

濱江省阿城縣天理村生琉里天理村開拓協同組合

設立委員長　天理村開拓團長　魁生哲二
設立委員　阿城縣產業科長　中山猛彥
同　阿城縣開拓股長　八幡原眞功
同　阿城縣司計　劉萬良
同　協和會地區本部指導科長　海路昌臣
同　滿拓公社哈爾濱地方事務所助成科長　椿松勇三
同　天理村開拓組合　利光誠
同　同　只野整助
同　同　坂木淸
同　同　佐野貞行
同　同　相野田龜代美

右拾名代理人　濱江省阿城縣天理村生琉里
利光誠

（編者註　添附書類省略）

天理村開拓協同組合役員は次の通り。

昭和十六年三月二十日より現在まで

組　合　長　魁生哲二
副組合長　佐野貞行
監　　事　相野田龜代美　福島勝春
參　　與　利光誠　只野整助
指導部長　新堂福治郎
事業部長　松田貢
一列實行會長　松澤一次（現、重任）
陽氣實行會長　松田貢（前任）　前田俊治（現、重任）
常盤實行會長　加川丑太郎（前任）　村上義武（現、重任）
八雲實行會長　昭井長太郎（前任）　風間宗三郎（前任）　矢吹貢（現）
神明實行會長　小關定雄（前任）　下山久三郎（前任）　高橋藤太郎（現）

然して協同組合の設立によつて、天理教廳から組合へ讓受けられた土地、建物は次の通りであるがこれらは組合の基本財産として讓り受けられたものである。

年賦償還トスベキ種目

種目	金額	据置及期間	償還開始	年賦償還金額
共同施設建物	五〇、〇〇〇円	据置三年 二十ヶ年間	昭和十九年	二、五〇〇円
荒地	三五、〇〇〇	据置五年 二十五ヶ年間	昭和二十一年	一、四〇〇
熟地	無償(約五十町歩)			
計	八五、〇〇〇			三、九〇〇

共同施設內譯

事務所	一棟	三二・〇六坪
診療所	一棟	三七・七〇
配給所	一棟	三八・七〇
種畜舍	一棟	三四・六七
倉庫	一棟	三五・〇〇
迎賓舍	一棟	四四・二九
倉庫	一棟	六六・一五坪
精米精粉工場	一棟	七〇・〇〇
煙草乾燥室	一棟	一〇・〇〇
精米精粉機	一式	
西生琉里倉庫	一棟	一二〇・〇〇
讓受金額		五〇・〇〇〇円

土地調書

總面積　一、二六三・四二一町　(地券面積總計)

內譯

分讓面積　六三五・九〇四町　(六七戸分集計)

道路　二八・一八一

敷　　地（生琉里、西生琉里）　二二・三九二
未ダ分譲セザル熟地　七六・三二〇　（コノ中基本財産五十町歩ヲ含ム）
荒　　地　五〇〇・六二五

天理村開拓協同組合定款

第一章　總　　則

第一條　本開拓協同組合（以下本組合ト稱ス）ハ組合員ノ協同精神ヲ基調トシ開拓地ノ産業經濟ノ發達ヲ圖リ組合員ノ福利ヲ增進シ國家經濟ノ發展ニ資スルヲ以テ目的トス

第二條　本組合ハ其ノ目的達成上組合員ノ爲ニ左ニ關スル業務ヲ行フ

一、農事ノ改良發達及指導奬勵
二、産業及經濟ニ必要ナル資金ノ貸付及貯金ノ受入
三、生産及加工
四、生産物及加工品ノ販賣
五、産業及經濟ニ必要ナル物ノ購入及配給
六、産業及經濟ニ必要ナル施設ノ共同利用
七、土地ノ管理及改良
八、共　濟
九、前各號ノ外興農部大臣ノ認可ヲ受ケタル業務
本組合ハ興農部大臣ノ認可ヲ受ケ組合員ニ非ザル者ノ爲ニ資金ノ貸付及貯金ノ受入ヲ爲スコトヲ得
本組合ハ組合員ノ利用ニ支障ナキ場合ニ限リ組合員ニ非ザル者ヲシテ其ノ施設ヲ利用セシムルコトヲ得

第三條　本組合ハ天理村開拓協同組合ト稱ス

第四條　本組合ノ區域ハ濱江省阿城縣天理村トス

第五條　本組合ノ事務所ハ濱江省阿城縣天理村生琉里ニ置ク

第六條　本組合ノ公告ハ事務所ニ於ケル掲示場ニ之ヲ爲ス

第二章　組　合　員

第七條　組合員ハ本組合ノ區域内ニ於テ獨立ノ生計ヲ營ム日本内地人開拓民ニシテ天理教ノ教信徒トス

第八條　本組合ハ前條ニ規程スルモノノ外本組合ノ區域内ニ居住シ獨立ノ生計ヲ營ム農民ニシテ加入ノ申込

ヲ爲シタル者ハ協議會ノ協議ヲ經テ之ヲ組合員ト爲スコトヲ得

第九條　第七條ニ規程スル組合員ハ左ノ事由ニ依リ脱退ス

一、組合員タル資格ノ喪失

二、死亡

第十條　第八條ノ規程ニヨル組合員脱退セントスルトキハ少クトモ三日以前ニ書面ヲ以テ其ノ旨ヲ組合長ニ豫告スルモノトス

第十一條　第八條ノ規定ニ依ル組合員ハ第九條ニ掲グル事由ノ外左ノ事由ニ依リテ脱退ス

一、破産

二、禁治産

三、除名

第十二條　第八條規定ニ依ル組合員ハ左ノ各號ノ一ニ該當スルトキハ協議會ノ協議ニ依リ之ヲ除名ス

一、本組合ノ業務ヲ妨グル所爲アリタルトキ

二、犯罪其ノ他信用ヲ失フベキ所爲アリタルトキ

第十三條　本組合ガ組合員ニ對シテ爲ス通知又ハ催告ハ組合ニ屆出タル住所ニ之ヲ爲ス

第十四條　本組合ハ組合財産ヲ以テ債務ヲ完濟スルコト能ハザルトキハ組合員ハ平等ノ割合ヲ以テ其ノ辨濟ノ責ニ任ズ

第十五條　組合員ハ本組合ト同種ノ業務ヲ目的トスル他ノ組合ニ加入シ又ハ之ヲ利用スルコトヲ得ズ

第十六條　組合員ハ組合長ノ承認ヲ得タル場合ノ外農業以外ノ職業ニ從事スルコトヲ得ズ

第十七條　組合員ハ法令及本定款並ニ其ノ他ノ規定ノ定ムル所ニ依リ組合ノ統制ニ從フ義務ヲ有ス

第十八條　本組合ハ組合員ガ左ノ行爲ヲ爲シタルトキハ協議會ノ協議ヲ經テ過怠金ヲ課スルコトヲ得
一、組合ニ關スル法令又ハ定款及其ノ他ノ規定ニ違反シタルトキ
二、其ノ他組合員ノ本分ニ悖ルガ如キ行爲アリタルトキ
三、過怠金ノ額及徴收ニ關スル規定ハ協議會ノ協議ヲ經テ別ニ之ヲ定ム

第三章　實行會

第十九條　本組合ハ處務便宜ノ爲部落其ノ他適當ナル地域內ノ組合員ヲシテ實行會ヲ組織セシム
實行會ハ會員ノ相扶協同ヲ强化シ組合ト會員トノ聯關ヲ緊密ナラシムルヲ以テ目的トス
實行會ヲ五個置キ生琉里ニ四個、西生琉里ニ一個トス
一個ノ實行會ハ三個ノ組ニ之ヲ分ツモノトス

第二十條　實行會ノ名稱ハ左ノ如シ
八雲
常盤
陽氣
一列
眞明

第二十一條　實行會規約ヲ設定セントスルトキハ組合長ノ承認ヲ受クベシ
前項ノ規約ヲ變更セントスルトキ又同ジ

第二十二條　實行會ニ實行會長一人實行副會長一人ヲ置ク
會長及副會長ハ實行會總會ニ於テ之ヲ推擧ス

組ニ組長一人ヲ置キ實行會長之ヲ委囑ス

第二十三條　實行會長、實行副會長及組長ノ任期ハ一年トス　但シ重任ヲ妨ゲス

實行會長ハ實行會ヲ代表シ組合長ノ指揮ヲ受ケ組合業務執行上ノ輔佐ヲ爲スモノトス

實行會副會長ハ會長ヲ輔佐シ會長事故アルトキ之ヲ代理ス

會長及副會長共ニ事故アルトキハ組長ノ互選ニ依リ其ノ一人實行會ヲ代表ス

組長ハ會長ノ指揮ヲ受ケ會務ヲ分擔シ組ヲ代表ス

第二十四條　實行會ニ常會及組長會議ヲ置ク

常會及組長會議ニ付テハ別ニ之ヲ定ム

第四章　機關

第二十五條　本組合ニ組合長一人、副組合長一人、監事二人以内ヲ置ク

組合長ハ興農部大臣ノ任命スル所ニ依ル

副組合長ハ組合員中ヨリ協議會ノ推薦ニ基キ組合長之ヲ選任ス

監事ハ組合員中ヨリ實行會代表協議シテ之ヲ定ム

組合長及副組合長ニ對スル給料及手當ハ興農部大臣ノ定ムル所ニ依リ之ヲ支給ス

組合長、副組合長及監事ハ正當ノ事由ナクシテ辭任スルコトヲ得ズ

第二十六條　組合長及副組合長ノ任期ハ三年　監事ノ任期ハ二年トス

但シ任期滿了後ト雖モ後任者ノ就任スル迄ハ其ノ任期ヲ伸長スルモノトス

第二十七條　組合長、副組合長及監事ハ誠實ニ且道義ニ從ヒ其ノ職務ヲ行フモノトス

組合長ハ本組合ヲ代表シ其ノ業務ヲ綜理ス

副組合長ハ組合長ヲ輔佐シ組合ノ業務ヲ掌理シ且組合長事故アルトキ之ヲ代理ス
監事ハ本組合ノ財産及業務遂行ノ狀況ヲ監査ス
監査ニ關スル規程ハ監事之ヲ定ム

第二十八條　本組合ハ組合業務ノ運營ヲ圓滑ナラシムル爲參與參名以內ヲ置キ重要事項ニ付組合長ノ諮問ニ應ゼシム
參與ハ協議會ノ推擧ニ基キ組合長之ヲ委囑ス
參與ハ實行會ノ會長ヲ兼ヌルコトヲ得ズ
參與ハ名譽職トス

第二十九條　本組合ニ協議會ヲ置キ實行會代表ヲ以テ組織ス

第三十條　協議會ハ通常協議會及臨時協議會トス
通常協議會ハ毎年二回六月、十二月之ヲ開催ス
臨時協議會ハ左ノ場合ニ於テ之ヲ開催ス
一、組合長必要アリト認メタルトキ
二、監事其ノ職務上協議會ニ報告スルノ必要アリト認メタルトキ
三、實行會ノ會長參名以上ノ同意ヲ得テ協議會ノ目的及其ノ招集ノ理由ヲ記載シタル書面ヲ組合長ニ提出シテ協議會ノ招集ヲ請求シタルトキ

第三十一條　協議會ノ招集ハ組合長之ヲ行フ
組合長又ハ副組合長通常協議會ヲ招集セザルトキハ監事之ヲ招集ス
通常協議會ノ招集ハ協議事項ヲ記載シタル書面ヲ以テ少クトモ會日ヨリ五日前ニ通知スベシ　但シ

臨時協議會ヲ開催セントスルトキハ此ノ限リニ在ラズ

第三十二條　協議會ハ實行會代表ノ四分ノ三以上出席スルニ非ザレバ之ヲ開クコトヲ得ズ　但シ同一協議事項ニ付再度協議スル場合ニ於テハ半數以上ノ出席アリタルトキハ之ヲ開クコトヲ得

協議會ノ協議ハ衆議統裁ニ依ル

協議會ノ議長ハ組合長ヲ以テ之ニ充ツ

但シ監事ノ招集シタル協議會ノ議長ハ監事之ニ當ル

第三十三條　協議會ハ法令、定款其ノ他別ニ規定スルモノノ外左ノ事項ヲ協議ス

一、定款變更並ニ業務規程ノ設定及變更

二、他ノ組合トノ合併及一部業務ノ共同執行

三、臨時借入金

四、其ノ他組合長ノ必要ト認メタル事由

第三十四條　組合長ハ協議錄ヲ作成シ開會ノ時期、場所及其ノ出席者名並ニ協議ノ經過ノ要領及結果ヲ記載シ組合長ノ外出席シタル實行會ノ會長二名以上之ニ署名捺印スベシ

第三十五條　本組合ハ業務ノ概要ヲ報告スル爲毎年一回九月組合大會ヲ開クモノトス

第三十六條　本組合ニ主事、事務員ヲ置キ組合長之ヲ任免ス

本組合ノ職制並ニ職員ノ俸給、旅費、身元保證、職務、分限、懲戒其他職員ニ關スル規程ハ協議會ノ協議ヲ經テ省長ノ認可ヲ受ケ之ヲ定ム

第五章　財　務

第三十七條　本組合ハ業務運營ノ必要ニ依リ協議會ノ協議ヲ經テ組合費ヲ賦課スルコトヲ得

組合費ハ協議會ノ協議ヲ經テ定メタル現物ヲ以テ納付スルコトヲ得

本組合ハ一部ノ組合員ノ爲ニ特ニ事業ヲ執行シタルトキハ協議會ノ協議ヲ經テ利益ヲ受ケタル者ニ負擔金ヲ課スルコトヲ得

第三十八條　本組合ハ組合經營ノ基礎確立ノ爲基本財產ヲ設ク

基本財產ノ總額ハ國幣壹萬圓トシ土地、興農部大臣ノ認可ヲ得タル有價證券又ハ現金トス

前項ノ土地ノ面積ハ熟地四拾陌（四千圓）山林用地拾陌（五百圓）トシ有價證券ハ額面金額國幣壹千五百圓トス（殘餘ノ四千圓ヲ每年度組合剩餘金ヨリ積立ツルモノ）

第三十九條　前條土地ノ價格ハ取得價格ニ依リ有價證券ノ價格ハ額面金額ニ依ル

第四十條　基本財產ハ組合長之ヲ管理シ其ノ管理方法ハ別ニ之ヲ定ム

第四十一條　本組合ハ基本財產ノ額ニ達スル迄ハ每事業年度ノ剩餘金ヲ基本財產トシテ積立ツルモノトス

第四十二條　組合長ハ每事業年度終了後二日以內ニ於テ決算書、事業報告書及剩餘金處分案ヲ作成シ監事ノ意見書ヲ添附シテ通常協議會ノ承認ヲ經タル後興農部大臣ノ認可ヲ受クルモノトス

第四十三條　本組合ハ貯金總額ノ五分ノ一以上ノ金額ヲ拂戾準備金トシテ保管スルモノトス

前項ノ金額ハ每年四月末日、十月末日現在ノ貯金總額ニ依リ之ヲ定ム

第四十四條　本組合ハ基本財產ノ金額ヲ積立テタル後ニ於テ基本財產ノ額ニ達スル迄ハ每事業年度ノ剩餘金ノ四分ノ一以上ヲ準備金トシテ積立ツルモノトス

第四十五條　本組合ハ剩餘金ヨリ前條ノ準備金、負債償還積立金、建物設備減價銷却積立金、共濟積立金ヲ積立テ尙剩餘アルトキハ事業利用分量ニ對スル配當金又ハ繰越金ト爲スモノトス

第四十六條　事業利用分量ニ對スル配當ハ年度內ニ於テ組合員ガ本組合ニ對シ支拂ヒタル貸付金利息、販賣手數

料利用料若クハ保管料、購買價額又ハ本組合ヨリ受取リタル貯金利息等ヲ參照シテ組合員ニ配當スルモノトス

前項ノ配當金ノ計算ニ付テハ圓位未滿ノ基礎金額ハ之ヲ切捨ツルモノトス

第六章　業務執行

第一節　通則

第四十七條　本組合ノ事業年度ハ毎年一月一日ニ始マリ十二月三十一日ニ終ル

第四十八條　組合長ハ毎事業年度開始一月前ニ於テ協議會ノ協議ヲ經テ翌年度業務計畫、業務豫算及資金計畫ヲ定ムルモノトス

前項業務計畫ニ付テハ興農部大臣ノ認可ヲ受ケ業務豫算及資金計畫ニ付テハ滿洲拓殖公社哈爾濱地方事務所ノ承認ヲ受クルモノトス

第四十九條　本組合ハ業務執行上組合員ノ實態ヲ明瞭ナラシムル爲組合員名簿及組合員調書ヲ備ヘ置クモノトス

組合員名簿ハ毎事業年度作成シ組合員ノ氏名、住所、原籍、生年月日、入植年月日、續柄、學歷、前職、特技等ニ亙リ記載スルモノトス

組合員調書ハ毎事業年度開始一月前別ニ定ムル樣式ニ依リ之ヲ作製ス

第五十條　本組合ハ協議會ノ協議ヲ經テ一部業務ノ經營ヲ組合員ニ委託スルコトヲ得

第五十一條　組合員ハ本組合ヲ通ズルニ非ザレバ資金ノ借入、生産物及加工品ノ販賣並ニ産業用及經濟用必需品ノ購入ヲ爲スコトヲ得ザルモノトス　但シ組合長ノ承認ヲ得タルトキ又ハ本組合ニ於テ取扱ハザルモノニアリテハ此ノ限リニ在ラズ

第五十二條　本組合ハ組合員ニ對シ販賣代金又ハ組合員ノ現金收入ヲ交附セントスルトキハソノ八割ヲ特別預託

金ニ振替フルモノトス　但シ生産資金、基礎建設資金其ノ他負債ノ償還ニ充ツル場合ハコノ限リニアラズ

前項ノ特別預託金ニ關スル必要ナル事項ハ協議會ノ協議ヲ經テ別ニ之ヲ定ム

第五十三條　本組合ノ餘裕金ハ左記以外ニ之ヲ運用スルコトヲ得ズ

一、聯合會ヘノ預入　二、滿洲拓殖公社ヘノ預入　三、郵政儲金　四、滿洲興業銀行ヘノ預金　五、國債又ハ指定有價證券ノ購入

第五十四條　業務執行ニ關スル規程ハ組合長協議會ノ協議ヲ經テ別ニ之ヲ定ム

第二節　勸農

第五十五條　本組合ニ於ケル勸農左ノ如シ

一、農業經營及農家經濟ノ指導並調査

二、農業技術ノ改善向上

三、共同作業

四、農業生産物ノ改良增産

五、農產、林產、畜產及水產ニ關スル指導及奬勵

六、副業ノ指導奬勵

七、講習會及品評會ノ開催

八、其ノ他農事ノ改良發達及農業經營ノ改善ニ必要ナル事項

第三節　信用

第五十六條　本組合ノ組合員一人ニ對スル貸付金總額ノ最高限度及貸付金利率ハ興農部大臣ノ定ムル所ニ依ル

第五十七條　貸付ノ金額ハ組合員調書ニ記載セラレタル信用程度ニ基キ且ツ資金ノ用途ヲ斟酌シテ之ヲ決定スルモノトス

第五十八條　本組合ニ對スル借入ノ申込ハ組構成員ノ連帶保證ニ依リ實行會ヲ通ジテ之ヲ爲スモノトス　但シ第八條ノ規程ニ依ル組合員ニシテ組ヲ構成セザルトキハ第七條ニ規定スル組合員ノ連帶保證又ハ物的擔保ヲ提供スルモノトス　員外利用者ニ付又同ジ

第五十九條　貸付ノ期間ハ一年以内トス　但シ機械器具其ノ他設備ニ要スル固定資金及特別ノ事由アリト認ムルモノニ對シテハ三年以内ニ於テ之ヲ定ムルコトヲ得

滿洲拓殖公社又ハ天理教本部ヨリ借入又ハ借入轉貸セル基礎建設資金ニ付テハ公社又ハ天理教本部ノ定ムル條件ニ據ルモノトス

第六十條　貸付金ノ辨濟又ハ利息ノ支拂ヒヲ怠リタルトキハ貸付金利率ト同率ノ延滯利息ヲ徵スルコトヲ得

第六十一條　組合長ハ貸付金使用ノ實況ヲ調査シ貸付ノ目的ニ反スルモノアリト認ムルトキ又ハ正當ノ理由ナクシテ分割辨濟ヲ怠リタルトキハ期限前ト雖モ辨濟セシムルコトヲ得

第六十二條　貯金ノ利息ハ別ニ定メタルモノヲ除クノ外毎年十一月末日ニ之ヲ計算シ翌月一日元本ニ繰入ルルモノトス

第六十三條　貯金ノ利率ハ興農部大臣ノ定ムル範圍内ニ於テ組合長之ヲ定ム

第四節　生産及加工

第六十四條　本組合ニ於テ生産及加工スルモノ左ノ如シ

一、農産物、畜産物及林産物ノ生産並加工

二、水産物ノ加工

三、其ノ他協議會ノ協議ヲ經タルモノ

第六十五條　本組合ガ組合員ノ自家用物ニ加工シタル場合ノ手數料及物納ノ場合ニ於ケル生産物ノ種類並換算標準ハ協議會ノ協議ヲ經テ別ニ之ヲ定ム

第五節　販賣

第六十六條　本組合ニ於テ販賣スルモノ左ノ如シ

一、組合員ノ生産シタルモノ

二、加工品

三、其ノ他協議會ノ協議ヲ經タルモノ

第六十七條　組合長ハ各組合員ノ生産物ニ付キ報告ヲ徴シ又ハ必要ナル事項ニ付調査ヲ爲スコトヲ得

第六十八條　組合員ハ販賣物ノ出荷ニ付組合長ノ指示アリタルトキハ之ニ從フコトヲ要ス

第六十九條　組合員ハ其ノ販賣委託物ニ付キ代價又ハ販賣ノ時期ヲ指定スルコトヲ得ズ

第七十條　本組合ガ組合員ヨリソノ販賣委託物ヲ受取リタルトキハ其ノ品等及數量ヲ檢査スルモノトス品等査定ノ方法標準ニ關スル規程ハ協議會ノ協議ヲ經テ別ニ之ヲ定ム

第七十一條　本組合ハ販賣委託物ニ付キ平均賣ヲ行ヒ代金ノ配分ニ付テハ共同計算ヲ行フモノトス

第七十二條　組合員ハ組合販賣委託物ヲ引渡シタル後ハ何時ニテモ代金ノ假渡シヲ請求スルコトヲ得　其ノ金額ハ時價ノ十分ノ八以内ニ於テ組合長之ヲ定ム

前項ノ販賣假渡金ニ對シテハ金百圓ニ付日歩二錢以内ニ於テ組合長ノ定メタル利息ヲ支拂フコトヲ要ス

第七十三條　組合員ニ配分スベキ販賣代金ノ配分時期及品等査定方法並各品等間ノ格差決定方法ハ協議會ノ協議

ヲ經テ組合長之ヲ定ム
販賣代金ハ其ノ配分期間ニ編入セラレタル販賣委託物ニ對シ前項ニ依リ定メタル格套ヲ計算シ其ノ數量ニ應ジテ之ヲ配分スルモノトス
毎配分期間ノ配分ハ其ノ配分期間ニ編入セラレタル販賣委託物ヲ全部賣了シタルトキ之ヲ行フ　但シ組合長必要ト認メタルトキハ適宜配分期日ヲ定メ其ノ期日迄ニ賣了シタルモノヲ以テ締切リ配分ヲナシ賣了シ能ハザリシモノアリタルトキハ之ヲ次期配分期間ニ編入スルコトヲ得

第七十四條　前條第二項ニ據ルコト能ハザル販賣委託代金ハ代金受入ノ都度其ノ荷口毎ニ之ヲ精算ス

第七十五條　本組合ガ受託物ノ販賣ヲ爲シタルトキハ組合長ノ定メタル販賣手數料ヲ徴收スルモノトス

第七十六條　販賣假渡金並ニ其ノ利息販賣手數料ハ代金配分ノトキ之ヲ控除スルモノトス

第七十七條　本組合ニ於テ賣却スルモノ左ノ如シ

一、産業用品
二、生活必需品
三、其ノ他協議會ノ協議ヲ經タルモノ

第七十八條　本組合ハ組合員ノ註文ニ應ジ賣却スベキモノ及其ノ材料ヲ買入レ又ハ加工若クハ生産スルモノトス
但シ取扱物件ノ種類ニ依リ便宜買入レ又ハ加工若クハ生産スルコトヲ得

第七十九條　購買ノ申込多數ノ場合ニ於ケル賣却ノ順位又ハ數量ハ申込者ノ購買必要ノ程度等ヲ參酌シテ組合長之ヲ定ム

第八十條　組合員ニ賣却スル物ノ代價ハ市價ヲ標準トシテ協議會ノ協議ヲ經テ組合長之ヲ定ム

第八十一條　組合員ハ豫約註文物件引渡シノ通知ヲ受ケタルトキハ直ニ之ヲ引取ルコトヲ要ス

引渡シノ通知ヲ受ケシ後故ナクシテ一週間以内ニ引取リヲ爲サザルトキハ過怠金ヲ徴收スルモノトス

第八十二條　本組合員ニ購買物件ヲ引渡シタルトキハ特別預託金ヨリ其ノ代金ヲ控除スルモノトス
前項ノ特別預託金ナキトキハ現金ヲ以テ支拂フモノトス　但シ產業用品ニ限リ協議會ノ協議ヲ經テ貸付トナスコトヲ得

第七節　利用

第八十三條　本組合ニ於テ設備スルモノ左ノ如シ
一、營農設備
二、倉庫及貯藏設備
三、共同作業設備
四、生產加工設備
五、運輸設備
六、福祉施設
七、其ノ他協議會ノ協議ヲ經タル設備

第八十四條　第七十九條ノ規程ハ設備利用ノ場合ニ之ヲ準用ス

第八十五條　本組合ハ設備ノ利用ニ對シ利用料ヲ徴收スルコトヲ得
前項ノ利用料ハ省長ノ認可ヲ經テ組合長之ヲ定ム
利用設備ヲ損傷シ又ハ之ヲ喪失シタルトキハ組合長ノ定ムル辨償金ヲ支拂フモノトス
辨償金ハ組合長ガ辨濟ノ請求ヲ爲シタル日ヨリ二週間以內ニ支拂フモノトス

利用料及辨償金ノ支拂ヒヲ怠リタルトキノ處置ニ關シテハ協議會ノ協議ヲ經テ組合長之ヲ定ム

第八十六條　組合長ハ設備利用ノ實況ヲ調査シ利用ノ條件ニ反スルモノアリト認ムルトキハ其ノ利用ヲ停止又ハ廢止セシムルコトヲ得

第八十七條　第二條第三項ノ規定ニ依ル設備ヲ利用セシムル者ハ左ノ各號ノ一ニ該當スル者ニ限ル

一、本組合區域内ニ居住スル者ニシテ法令ニ依リ組合員タルコトヲ得ザル者

二、本組合ノ區域内ニ於テ家屋物件ヲ所有シ使用シ又ハ占有シ之ガ爲設備ヲ利用スル必要アル者

三、本組合ノ區域内ニ居住セザル者ト雖モ其ノ産業又ハ經濟ニ之ヲ利用スル事ヲ必要トスル者

第八十八條　第七十九條第八十五條及第八十六條ノ規定ハ第二條第三項ノ規定ニ依リ設備ヲ利用セシムル場合ニ於テ之ヲ準用ス　但シ此ノ場合ニ於ケル利用料ハ實費ノ範圍内ニ於テ組合長之ヲ定ム

第八節　土地ノ管理及改良

第八十九條　本組合ハ別ニ定ムル所ニ依リ土地ノ管理及改良ニ關スル業務ヲ行フ

第九節　共　濟

第九十條　本組合ハ別ニ定ムル所ニ依リ保健共濟竝ニ農作物、家畜其ノ他農事ノ災害ニ對スル共濟施設ヲ爲スコトヲ得

第七章　解　散

第九十一條　本組合ハ左ノ事由ニ依ルノ外解散スルコトヲ得ズ

一、合　併

二、破　産

三、組合員ノ缺亡

第九十二條　本組合ハ前條第一項第三號ニ依リ解散シタルトキハ興農部大臣ノ任命シタル者其ノ精算人トナル

第九十三條　本組合精算後ノ殘餘財産ハ之ヲ國庫ニ引渡スモノトス

本定款ハ康德七年十月十五日左記設立委員之ヲ作製ス

設立委員長　天理村開拓團長　魁生哲二
設立委員　阿城縣産業科長　中山猛彦
設立委員　阿城縣開拓股長　八幡原眞功
設立委員　阿城縣司計　劉萬良
設立委員　協和會地區本部指導科長　海路昌臣
設立委員　滿拓公社地方事務所助成科長　精松勇三
設立委員　天理村開拓組合員　利光誠
設立委員　天理村開拓組合員　只野整助
設立委員　天理村開拓組合員　坂本清
設立委員　天理村開拓組合員　佐野貞行
設立委員　天理村開拓組合員　相野田龜代美

五　交　通

1　天理鐵道の敷設許可と工事

天理村の交通としては、三棵樹から賓縣國道を經、さらに大和店、偏臉子を通じて生琉里にいたる村道があるが、最も重要なるものは三棵樹から生琉里まで延長十六粁に及ぶ輕便鐵道である。これが初めて計畫されたのは、第二次移民が入植して間もない昭和十年十月のことであつた。その理由とするところは大體次の通りであつた。

一、村の資材、生活必需品を入れるにも、村の生產物を出すにも總べては天理村、哈爾濱間の輸送に待たねばならぬが、その中間には阿什河があり、これが雨期には氾濫して唯一の交通路賓縣國道も屢々通行杜絕となる。その結果出荷が出來ず村生產の蔬菜を腐敗せしめたり、又入荷不能のため食糧缺乏を來したりその迷惑するところ甚だしい。

二、天理村、哈爾濱間をトラックによる輸送とすれば、惡路泥濘のため輸送不能を生じたり、トラックの損耗を見るのみならず、尨大なる輸送費を要して採算がとれなくなる。これを昭和十年の營農成績から見ると一ヶ月に要した輸送費はガソリン三百圓、人件費百圓、修繕費五十圓、銷却費三百七十五圓計八百二十五圓、外に馬車輸送費百圓、合計九百二十五圓を要して、蔬菜作は輸送費の關係で缺損さへ生ずる結果になつてゐる。さらにこれを現在の輸送費から見ても次の如くなる。

現在馬車一台一噸積んで八十圓、村の出荷物年四千噸として馬車のみによる輸送費十六萬圓、これを鐵道のみによつて輸送すれば、一噸で八圓、總輸送費三萬圓で濟む。馬車鐵道の半々輸送にしても七、八萬圓で濟む。

かうした交通杜絕及び輸送費の兩關係からどうでも鐵道を敷設せねば村の發展は望まれないといふ現

地側の意見が、遂に入植早々、未だ村の安定を見ない初期にこの輕便鐵道敷設を計畫さしたのである。

まづ最初に關係方面と連絡の上輕鐵の架設と賓縣國道乘入れの申請が軍の意見書を添付して行はれた。

天理村建設事務所長　深谷德郎

庶發第八七號　昭和十年十月十五日

國道局哈爾濱建設處長　相馬龍雄殿

輕便鐵道架設並ニ國道乘入方許可ニ關スル御願

首題ノ件左記ニ依リ至急輕便鐵道架設致度候ニ就テハ特別ノ御詮議ヲ以テ御認可被成下度尚三棵樹黄山咀子間賓縣國道乘入方モ御承認相仰度此段及御願候也

記

一、目　的　阿什河左右兩岸日本人移民地區ノ貨客運輸ノ圓滑ヲ期シ同地方開發ノ動脈タラシメン爲

一、經路粁程　三棵樹拉濱線路踏切東側ヨリ賓縣國道上ヲ黄山咀子ニ至リ大和店、偏瞼子、西生琉里ヲ經テ生琉里ニ至ル約十六粁

一、軌　幅　二呎六吋

一、軌　條　十八磅單線

一、使用機關車　自重三噸乃至四噸ディーゼル機關車

一、備　考　國道乘入レノ上ハ特ニ砂ヲ十分路盤ニ入ル、モノトス

意　見

本輕鐵ハ治安維持關係ノ交通特ニ軍警ノ移動ノ爲メ移民並ニ哈市近郊ノ發展ノ爲メ是非共必要ニ付至急架設ヲ許可シ國道ノ一部ヲ利用セシムル意見

昭和十年十月三十日

哈爾濱陸軍特務機關長　安　藤　麟　三

右意見ニ同意ス

但シ國道ノ利用ニ關シテハ制限ヲ付シ鐵道乘入ノ爲國道路面ヲ不良ナラシメザル如クスルヲ要ス

東地區防衛司令官　岩　越　恒　一

これは後に（同十月三十日付）一部を訂正、駐哈師團長の添書をも附して關東軍參謀長、在哈總領事交通部大臣、濱江省長、哈爾濱市長宛にそれぞれ願書を願出した。その中在哈總領事からは同十一月十二日付認可になつた。

昭和十年十月廿六日には、早くも南組が路線測量に入り、同十一月二日に完了した。しかしこの南組は測量のみで着工はしなかつた。

昭和十一年三月二十六日にいたつて哈爾濱鐵路局長宛輕鐵資材の拂下願を行ひ、同十月五日その契約を行つた。譲渡物件は三十二封度軌條、繼目板、ボールト、犬釘各十六粁分、轉轍器十組、轉車台二組でその代金は二萬四千八百四十六圓であつた。

同四月二十四日には新たに島川組の手によつて路線測量が行はれ同三十日完了した。そして同六月七日島川組との間に、工事請負契約が行はれた。その時の契約書によれば

工事請負金額　八　萬　圓
工　事　名　稱　三棵樹天理村間一五粁一〇七米輕便鐵道敷設其他工事
工　事　期　間　自昭和十一年六月十日　至昭和十一年八月十五日

（編者註　以下省略）

といふのであつた。次いで同六月二十六日には午前十時から、生琉里西門外において輕鐵敷設起工式を擧行した。しかしこれは工事半ばにして、同九月二日にいたり契約を解約するの止むなきにいたつた。一方先に提出した交通部大臣宛の願書は却下になつたので、改めて昭和十一年六月一日付をもつて、本願書に國道乘入理由書、軍の添書を附して再申請を行つた。

天理村長　橋　本　正　治

軌庶發第一號　昭和十一年六月一日

交通部大臣　李　紹　庚殿

輕便鐵道敷設ニ關スル件御願

首題ノ件私設鐵道法施行規則第三條ニ依ル書類及圖面別紙ノ通リ添付致候間特別ノ御詮議ヲ以テ御認可被成下度此段及申請候也

一、目　　的　起點タル濱江省阿城縣第三區天理村ハ日本人集團移民地ニシテ昭和九年第一次家族入植以來既ニ三年ヲ經着々其ノ實績ヲ收メツ、アルモ交通不便殊ニ夏季降雨時ニハ交通全ク杜絶シ事業ノ遂行ニモ甚シキ支障ヲ來スコトシバシナル現狀ニ鑑ミ交通ノ便ヲ計リ經濟活動ヲ敏活ナラシメ以テ移民地ノ圓滑ナル發展ヲ計ルト共ニ治安維持關係ノ交通路トモナリ軍警

ノ移動ヲ便ナラシメテ疲弊セル阿什河左右兩岸地區ノ產業開發セシメン爲

二、名　稱　天理村輕便鐵道

三、資金ノ總額及出資方法　金十五萬圓也

天理敎靑年會本部移民地ノ補助的事業トシテ之ヲ出資ス

四、線路ノ起點及其ノ經過地　起點――濱江省阿城縣第三區天理村生琉里　終點――哈爾濱特別市外三棵樹經過地――韓家窪子、黃山咀子、大和店、偏臉子、西生琉里

五、道路上軌道敷設區間　道路ノ種類――國道　敷設延長――約二、八粁　起點十一粁ノ地點ヨリ五百米　間　區間――起點一一、七粁ノ地點ヨリ三百米間　起點一三、一粁ノ地點ヨリ二粁　間　一般幅員八呎　計畫幅員四呎

六、軌道及車輛ノ最大幅員　軌間――二、六呎　車輛――四呎

七、線路ノ延長及單線複線ノ別　延長一五、一粁　單線

八、動　力　自重七、五〇〇瓩　ガソリン機關車

（編者註　以下省略）

これに對し同九月九日付を以て許可された。

交通部指令第三七二號

令　ス　　天理村長　橋　本　正　治

私設鐵道敷設ノ件

濱江省阿城縣第三區天理村生琉里ヨリ哈爾濱特別市外三棵樹ニ至ル區間ニ鐵道ヲ敷設シ一般運輸營業ヲ營ム件左

記條件ヲ附シ特許ス

記

第一條　特許ヲ受ケタル日ヨリ六ケ月以内ニ工事施行認可ヲ申請スベシ

第二條　本鐵道特許ノ期限ハ特許ノ日ヨリ二十年トス

康德三年九月九日

交通部大臣　李　紹　庚

この條件第一條に基いて同七月十五日付工事施行の認可申請が行はれた。

軌庶發第二號　昭和十一年七月十五日

天理村長　橋　本　正　治

交通部大臣　李　紹　庚殿

天理村輕便軌道工事施行申請ノ件

題記ニ關シ申請致置候輕便軌道敷設ノ件別紙添付書類及圖面ノ通リ施工致度候條右特別ノ御詮議ヲ以テ御認可被成下度此段及申請候也

工　事　方　法

一、動　力　ガソリン始動石油機關車

二、軌　間　二呎六吋

三、單線複線ノ別　車輛定規　全線單線

四、軌道ノ中心間隔　別紙

五、建設定規及車輛定規　別紙

六、最少曲線半經　百米
七、最急勾配　二百分ノ一
八、土工定規　別紙
九、橋梁　木造　別紙
一〇、軌條ノ重量　九瓩　全線
一一、枕木　長一三二糎　幅一三二粍　厚九九粍　敷設間隔一米ニ二本
一二、停車場、停留所　三ヶ所　別紙
一三、軌道ト乗降場トノ關係　別紙
一四、車輛　インターナショナル八輪ガソリン機關車一輛　自重五〇〇〇瓩
客車四輪車一輛二十人乗　貨車五輛荷重四〇〇〇瓩

（編者註　以下省略）

工事の方は島川組と契約を破棄したので改めて日高組と契約したが、その最初は昭和十一年九月二十一日で、請負金額三萬二千圓であつた。しかるにその後十二月十九日まで六回に亙り工事見積りの變更を行ひ、三回に亙つて契約書を交換、結局最後の十二月十九日第三回契約では四萬一千六百九圓九錢となつた。然るにこの日高組とも昭和十二年三月二十三日にいたり、また工事半ばにして契約を解約しなければならなかつた。これらのゴタ〳〵は一に資金難が齎した結果である。その後の工事は資金の關係で讓渡を圖つた毛原盛造氏の申入れによつて吉川組が請負つたが、これも毛原氏が手を引いたのち昭和

十二年七月十九日にいたり工事打切りを申込んで、苦力全部の引揚げを行つた。しかし毛原盛造氏との打合せによつて再び工事の續行を行ひ、同八月二十日起工式を行つて漸く一年二ヶ月振りに全線の開通を見ることが出來た。

僅かこれだけのものが何故かくも紛糾したかといへばこの輕鐵敷設には最初から隨分無理があつたやうである。すなはち

一、資金の準備も見通しもないのに着工した。故に總べてが借入金によつて行はれたため、支拂ひ不如意となり、村の悪評を招いて、村の經營を危殆に頻せしめる結果となつた。

二、村民の總意が決定していなかつた。敷設による利は出荷の容易、土地代の昂騰、近隣部落の繁榮等であるが、總額十五萬圓は要ると見ねばならぬのに、その資金は如何にして捻出するか。採算が樹たぬのは自明であるのに何故敷設するか。青年會本部からの融資は望めず、村民の負擔には勿論出來ない等々利害相半ばしてゐたので賛否兩論に別れ、どちらかといへば村民の關心は多く消極的であつた。

三、青年會本部の態度また消極的であつた。天理村生みの親たる青年會が何故輕鐵敷設に消極的であつたかといふと、入植二年、北滿初の移民が成功するや否も不明で、むしろ今まで二ヶ年間の成績は良好といへないのに、さらに新たな事業を起すことは時期尚早、村建設に既に八十餘萬圓を要してゐるとき、さらに採算なき輕鐵を敷設することは、資金の關係で不可、宗教團體が營利を

目的する鐵道に投資することは、採算の有無に拘らず不適當。等々の理由で現地側の動きには頗る無關心であつた。

かくの如く村自體も、周圍の情勢も、決して輕鐵敷設に好條件であつたとはいへぬ。それは當然のことであつたかも判らぬ。しかるに村の首腦者は何故これを强行したか、今日なほ村經營の癌となつてゐる事實に思ひ當れば、その利害得失と共に容易に想像の許されないものがある。次にこれが如何なる難行を續けたか、その經過を辿つて見やう。

2 哈爾濱產業鐵道股份有限公司設立準備

最初の出發は天理村長橋本正治氏を主體としてゐたが、それではどうしても資金不足のため完成困難となつたので、會社組織にすることになり、哈爾濱セメント株式會社を中心に準備を進め、昭和十二年一月二十一日付をもつて、資本金二十萬圓の哈爾濱產業鐵道股份有限公司設立申請を行つた。

本鐵道ハ阿什河左右兩岸國營移民地一萬町步及ビ老山頭以西松花江南ニ散在スル日本人移民適地ノ發展ニ應ズル爲關東軍駐哈軍官公衙ノ慫慂ニヨリ天理敎移民團當事者ノ手ニヨリ計畫セラレタルモノニシテ康德三年九月九日滿洲國政府ノ特許ヲ得來年四月中ニ竣工開通ノ豫定ヲ以テ目下工事進行中ノモノナリ

然ルニ本鐵道ハ關係當局ニ於テ地方產業開發ノ見地ヨリ蜚克圖賓縣ニ至ル六十餘粁ノ延長ヲ期待セラルヽトコロナルモ天理敎移民團トシテハ其本來ノ使命ニ鑑ミカヽル公益機關ヲ私スベキモノニアラズトナシ同志ニ圖リ滿洲國法人新會社ニ右鐵道ニ關スル一切ノ權利ヲ讓渡シ以テ獨立セル事業タラシメントスルモノナリ仍テ當會社創立

認可相成度此段及申請候也
康徳四年一月二十一日

哈爾濱産業鐵道股份有限公司
創立委員長　橋　本　正　治

實業部大臣　丁　鑑　修　閣　下

（編者註　以下省略）

3　賓縣輕便鐵道株式會社設立準備

かくて關係者の間において設立準備が進められてゐたが、同二月十八日にいたり、突如奉天の資本家毛原盛造氏に對して一切を讓渡することになり、その覺書が調印された。

覺　書

濱江省阿城縣第三區天理村代表江口滿龜夫ヲ甲トシ奉天春日町八番地毛原盛造ヲ乙トシ左記ノ條項ヲ契約シ覺書ヲ作製各一通ヲ所持スルモノトス

記

一、甲ハ乙ニ對シ甲ノ所有スル天理鐵道ノ一切ノ權利及ビ經營ヲ讓渡シ乙ハ右ニ對シ金三萬圓也ヲ融通ス
一、甲乙ハ天理鐵道ノ調査及評價ヲ奉天藤浪町四十五番地大橋正次ニ依賴シ右完了ノ上ハ本鐵道ヲ主體トシテ賓縣ニ至ル鐵道會社ヲ創立ス
一、天理村ハ會社創立ト同時ニ金十萬圓也ヲ出資ス

昭和十二年二月十八日

天理村代表　江口滿龜夫
毛原盛造
立會人　小倉克己
立會人　杉本茂治

覺書補足

昭和十二年二月十八日締結セル覺書中左ノ通リ補足ス
一、第一項中讓渡ノ時期ハ監督官廳ノ許可アリタル直後トシ其ノ代價ハ第二項ノ全額ヲ限度トス
二、第二項中ノ評價ハ建設ニ要シタル實費トシ權利等ノ對價ハ含マザルモノトス
三、第一項ノ三萬圓也ハ代價ノ內金トス

昭和十二年二月二十七日

天理村代表　橋本正治
毛原盛造
立會人　小倉克己
立會人　杉本茂治

この覺書に基いて同三月十二日には十一萬五千圓をもつて毛原氏に讓渡、資本金二十萬圓の中、天理村の出資は九萬九千圓、毛原氏の出資は十萬一千圓と各項目を決定、その契約書を交換、新たに賓縣輕便鐵道株式會社の設立を圖つた。

しかるに同六月二十二日にいたり、毛原盛造氏は立會人を介して、賓縣輕鐵會社は設立不可能なるむねを申入れて來た。ために再び計畫變更を餘儀なくされるにいたつた。既に三月讓渡契約が出來てからは、毛原氏側から請負はされた吉川組が工事を進めてゐたので、その解決に當つては資金、工事關係等が相錯綜して容易に解決せず、同年九月十一日にいたり交通部において漸く次の如く最後的覺書を交換して解決とした。しかもなほ事實上の解決とならず、結局昭和十三年五月、青年會本部理事山澤爲次氏と、毛原盛造氏と交通部において圓滿解決を圖るまで紛糾した。

覺　　書

天理村鐵道ノ處理ニ關シ橋本正治ヲ甲トシ毛原盛造ヲ乙トシ左ノ事項ヲ協議決定セルニ付本覺書ヲ締結シ當事者各一通ヲ保有スルモノトス

記

一、天理鐵道ノ事業ヲ乙ニ於テ引受ケル爲ノ甲乙間ニ締結セル契約ハ之ヲ解除ス
二、乙ヲ發起人トセザル株式會社ノ設立ニ付テハ甲乙相方異議ナキモノトス
三、從來乙ニ於テ出資セル金額ハ會社ノ借入金トシ該債務ノ償還期ハ左ノ通リトス
（一）　金九千圓也　　會社設立ト同時ニ支拂フコト
（二）　金五千圓也　　會社設立後三ケ月後ニ支拂フコト
（三）　金一萬圓也　　（一）支拂ノ時ヨリ一ケ年後ニ支拂フコト
右金額ニ對シテ本契約締結後（會社成立後）ノ時ヨリ支拂日迄五分ノ割ヲ以テ利息ヲ附スルモノトス
四、賓縣鐵道計畫ノ爲要シタル費用ハ之ヲ天理鐵道ニ對スル借款金ヨリ除外ス

五、吉川組ノ工事契約ハ乙ニ於テ之ヲ解除スルコト
但シ乙ヨリ吉川組ニ交付セル金一萬圓ヲ超ユル支拂ハ甲ニ於テ負擔ス
昭和十二年九月十一日

甲　橋本正治
乙　毛原盛造
立會人　村田義次

4　天理村鐵道股份有限公司設立

かくて一切を白紙に返して、三度新會社の設立準備にかゝつた。同八月三十一日にいたり資本金二十萬圓の天理村鐵道股份有限公司の設立許可申請が經濟部宛に行はれた。そして天理鐵道を十二萬五千圓で買收することにした。

（編者註　申請書ハ既述ノ哈爾濱産業鐵道股份有限公司設立許可申請ト同様ニ付省畧）

その設立は同九月二十三日付で許可された。

經濟部指令第五五六號

天理村鐵道股份有限公司
發起人代表　橋本正治

股份有限公司設立認可申請ノ件

各種書類ハ公司法施行法第二十三條ノ規定ニ依ツテ不合理ノ點無之依ツテ茲ニ公司設立ヲ認可ス

康德四年九月二十三日

經濟部大臣　韓　雲　階

難行を續けた會社はこゝに初めてその設立を認可された。次いで同十月十三日には交通部宛營業許可申請が行はれ、同十二月十四日それが許可され、漸く運輸開始の運びとなつた。昭和十一年六月の起工から實に一年半振りである。その間の經緯、一重に資金難に基く結果といふ外はない。

この時の鐵道現狀は次の通り

會社幹部

取締役社長	上田孝吉
取締役	橋本正治
取締役	加藤明
取締役	辻光
取締役	谷口益太郎
取締役	江口滿龜夫
監査役	石橋茂
監査役	北林惣吉
支配人	岡江秀忠
主任技師	三谷吉之助

鐵道施設

營業粁程	一五粁四〇〇	軌道三二ポンド
停車場	三ケ所	
停留所	三ケ所	
機關車	一輛	七瓩ガソリン機關車
汽動車	一輛	
客車	一輛	
貨車	一二輛	

營業收入（一日平均）

一月十五圓　四月四十圓　六月五十圓

5 その後の經過

運輸開始後においても決して好調とはいへなかつたがその經過は大體次の通りである。

昭和十三年二月十八日、哈爾濱產業鐵道株式會社へ十八萬九千六百六十圓を以て讓渡し、その讓渡許可申請を行つた。然しこれは交通部で承認するところとならなかつた。故にそのまゝ放任、同六月にいたり遂に青年會本部は鐵道關係の負債整理と、株劵回收を行ひ、事實上天理教本部で運營することになつた。故に本會社を解散、申請書の取下げを行つた。併し社名のみは天理村鐵道股份有限公司を哈爾濱產業鐵道株式會社と改名した。かゝる時村長橋本正治氏が病に倒れ、鐵道木橋は洪水のため損害を受けるなど事情續出、遂に上田孝吉社長以下全重役幹部が辭職するにいたつた。八月にはさらに洪水のため多大の損害を被り、その修理には技術的、經濟的に非常な困難を極めた。同十月にいたり橋本村長は辭職、天理村の經營は青年會から天理教教廳へ移管され、全面的の刷新整備が行はれた。村長も山田清治郎氏、村長事務取扱魁生哲二氏と變更され、これを機に新首腦者を中心に天理鐵道の存廢を議さなければならないまでにいたつたが、結局存續と決定、昭和十四年八月十六日重役變更を行つた。

取締役社長　山田清治郎
取締役　上原義彥
取締役　土佐忠敏

取締役　魁生哲二
取締役　和田吉太郎
取締役兼支配人　利光誠
監査役　山本利正
監査役　中山慶太郎

さらに同十二月二十八日には再び重役變更が行はれ今日に及んでゐる。

社長　山田清治郎
專務取締役　魁生哲二
取締役　土佐忠敏
取締役兼支配人　利光誠
監査役　和田吉太郎
監査役　波田傳次郎

なほ昭和十五年十二月二十四日には豫て申請中の橋本正治氏より哈爾濱産業鐵道株式會社に讓渡の件が交通部より認可されたので、同時に社名も天理鐵道株式會社と變更して今日にいたり、名實ともに天理鐵道は本部の經營下に置かれた。但し現在は組合の委託經營になつてゐる。

この間雨期毎に阿什河架設の木橋は洪水のため、或は流氷のため故障を起し、毎年その修理には多大の資材、經費を要して今日にいたつてゐるが、時局柄資材は入手困難で、保線工事にすら支障を來してゐる程である。天理村經營の癌と目されてゐるのもこゝにある譯である。しかしこの鐵道があることによつて村民及び近隣のものは出荷に、交通に、どの位の恩惠を受けてゐるか計り知れないものがある。その設立當時における是非の論はともかくとして、今日にいたつては天理村發展のために、多大の犧牲を拂つた鐵道といふことが出來る。今後も恐らくさうであらう。

昭和十八年にいたりこの地域には新たに大和、一宇、岡山の三開拓團が入植した。それらの便をも圖り、また勾配、曲線の減少による鐵道の利からも、路線變更が計畫され、さらに將來は哈爾濱市所有石山、老山頭までこれを延長して貨物輸送を重點とした鐵道自體の經營合理化をも計畫してゐるので將來は愈よ有望といひ得やう。最後に運輸が軌道に乘つた昭和十四年から四ヶ年間の營業成績を見れば次の通り。

項目＼年度	昭和十四年	昭和十五年	昭和十六年	昭和十七年
營業日數	三三〇日	二六七日	二七〇日	一九三日
旅客數	三四、三〇四人	六三、二六一人	六三、二九〇人	二五、一三二人
貨物量	四五三六瓩	一四〇三瓩	二一一〇瓩	三六五二瓩
總收入	二二、一二四圓	二四、六三六圓	二七、二〇二圓	一八、七二四圓
營業費	二〇、〇四九圓	五五、五六〇圓	七七、九七六圓	三八、三八〇圓

五　通　信

1　一　般　概　説

電話は既に早く建設當初の昭和九年八月十日に哈爾濱、天理村間に架設し警備と連絡の迅速を期し今日に及んでゐる。さらに同年九月十四日には短波無線の受發を開始して匪襲や交通不便に備へた。なほ短波無線は昭和十一年末限りで休止した。

開拓民入植後においては、まづ郵便物の遞送であるが、これは天理村事務所と哈市連絡所が中心となり兩者の間で郵便物を取纒めトラックによつて投函または配達を行つた。一方昭和十年一月十二日には天理村切手代售處が設置され、翌十三日には電略が『ハルピンテンリ』と決定し、電報の受發は同年七月十二日より天理電報通話取扱所の營業が許可されて、電話電報ともに日滿各地と連絡することが出來るやうになり、大いに便利となつた。

しかるに郵便物のみは、その後天理鐵道が開通してから、天理村記名の物は全部三棵樹郵政局へ取纒め同局より天理鐵道三棵樹驛へ配達、同驛から鐵道によつて事務所へ輸送、事務所から事務所雇傭の集配夫をもつて配達してゐた。最初から比べたら随分便利になつたのであるが、なほ不便不利を免れず、殊に近隣満人部落の中心地帯となるに及んで、一層複雑となつたので、昭和十五年十月一日より甲種の天理郵政辦事所を開設、天理村全區域に亙り通信、貯金、爲替等の取扱ひを行ふやうになり至極便利となつた。

2 切手代售處設置

天理村建設事務所長　深谷德郎

庶發第六九號　昭和九年十一月二十一日

哈爾濱郵政管理局御中

郵票代售處指定御願

首題ノ件左記新設日本人移民部落ニ設置方御認可被成下度此段及御願候也

記

一、設置場所　濱江省阿城縣第三區天理村生琉里天理村事務所

一、部落戸數　日本人移民四十三戸、外ニ所員十家族、日本人警官三家族　計五十六家族

これに對し保證書（二百圓以上）を提出せよとの指示があり、昭和十年一月十二日許可された。さらに二月二十日開設屆並に營業許可申請を行ひ、直に許可された。

3 電報通話取扱所設置

天理電報通話取扱所營業許可願

一、營業種目　通信業

一、營業場所　濱江省阿城縣第三區天理村生琉里

一、商　號　天理電報通話取扱所

右之通營業致度候間御許可相成度別紙關係書類相添此段及御願候也

昭和十年二月十九日

右願人　橋本正治

電話電信料金

種別	通數	料金	摘要
電話	一通話	國幣 四毛	天理村哈市間
〃	〃	〃 二毛	〃　但シ移民ニ限ル
電信	十五字	〃 三毛	滿洲國內
〃	〃	〃 四毛	日本內地

五文字ヲ増ス毎ニ滿洲國內ハ六分日本內地ハ八分トス

在哈爾濱總領事　森島守人殿

これに對しては同年七月十二日許可になつた。

4 天理郵政辦事所設置

郵政辦事所設置申請

庶發第七五號　康德七年三月二十九日

天理村開拓團長事務取扱　魁　生　哲　二

郵政局長殿

郵政辦事所設置申請ノ件

首題ニ關シ別紙ノ通リ郵政辦事所設置事由ヲ附シ申請仕候間宜敷御取計被成下度此段及申請候也

申請ノ理由並ニ位置

一、申請ノ理由

弊天理開拓團ハ哈爾濱ヲ距ル東北方八里ノ地點ニ位シ戸數八三戸、約三百名ノ日本人集團部落ニシテ昭和九年十一月入植以來專用道路ノ設備、トラツク輸送等ノ便ヲ利用シテ郵便ノ遞送ヲ行ヒツツ來リシモ遲延途中紛失等ノ爲尠カラヌ不便ヲ感ジ爲ニ農產物輸送ヲ兼ネテ本線三棵樹ヨリ村ニ至ル間ニ輕便鐵道ヲ敷キ之ニ依リ郵便物ノ遞送ヲ行ヒツツアルモ未ダ不便不利不尠殊ニ近年ニ到リ近隣滿人部落ノ中心地帶ニ成ルニ及ンデ一層複雜ト相成此ガ整備ニハ是非辦事所ノ必要ヲ痛感致セシ爲申請仕ルモノナリ

二、申　請　者

住　所　濱江省阿城縣天理村天理區

氏　名　魁　生　哲　二

三、位置並ニ所長候補者氏名

位　置　濱江省阿城縣天理村天理區

氏　名　天理開拓團長事務取扱魁生哲二

四、辦事所ニ充當スベキ事務室ノ位置並ニ見取圖　（編者註　省略）

五、位置圖並ニ交通關係

（圖面省略）　三棵樹郵政局ヨリ天理村事務所間距離七里（日本里）

六、現在郵便物連絡狀況

天理村記名ノ郵便物ハ全部三棵樹郵政局ヘ取纏メ同局ヨリ天理鐵道三棵樹驛ヘ配達シ同驛ヨリ鐵道員責任ヲ以テ村マデ遞送シ事務所傭ノ集配夫ノ手ニテ事務所ヘ運搬、發着名簿ニ記入ノ上配達ス

七、地域內種族別戶口數並ニ官公署

一、戶口數

種族別	戶口別	
	戶	人口
內地人	八三戶	三六〇人
滿人	新立屯八〇戶、福昌號七〇戶 城子三〇戶、城子溝五〇戶	新立屯四五〇人、福昌號四二〇人 城子一八〇人、城子溝三〇〇人
計	三一三戶	一七一〇人

八、地域名（配達）

福昌號屯、新立屯、陳立洪屯、城子屯、城子溝屯、偏瞼子屯、五鳳樓、殷家油房、其他

九、學校

學生　八〇名　　職員　五名

十、地溫關係

一、特産物　西瓜、澤庵、奈良漬

二、地位變遷並ニ將來ノ趨勢
天理村ハ現在福昌號、新立屯、城子溝、偏瞼子等ノ近隣滿人部落ノ中心地域トナッテ居リ、天理村生琉里教會ヨリハ日本人布教師ヲ派遣シ信者千五、六百人居リ、漸次弊村トノ親善關係ヲ密ニシツヽアリ、將來ハ相當遠距離ニ迄交渉範圍ヲ廣メ得ルニヨリ辦事所ノ隆盛モ期シテ待ツベキナリ

三棵樹所轄郵政局長經由　哈郵管訓令　第六四九號
康德七年九月二十一日
哈爾濱郵政管理局長

天理郵政辦事所長　殿

郵政辦事所開設ニ關スル件

本件別紙令達及別添郵政辦事所規則並ニ郵政辦事所長規程及左記各項了知ノ上事務開始方可然措置相成度

記

一、事務開始期日ハ康德七年十月一日トス
二、集配郵政辦事所トシ貴所所轄郵政局ハ三棵樹郵政局トス
三、貴所取扱事務種別ハ甲種トス、別冊取扱事務種別範圍參照ノコト
四、貴所郵便事務取扱時局ハ第三號トス
五、貴所爲替記號番號ハ『濱二九五』トス
六、貴所小包郵便料金徵收上ノ記號ハ『哈甲』トス
七、資金過超金關係ハ所轄郵政局ヲ受授トスル現金便トス

八、開始後三ヶ月間ハ別添取扱物數ヲ正確ニ記入ノ上毎一ヶ月分ヲ取纏メ翌月十日迄ニ當局ニ必着ヲ期シ遲滯ナク報告ノコト
九、開所ニ必要ナル事務用物品及式紙類ハ別途所轄郵政局宛送附スベキニ付受領ノコト
十、開始期日前ニ所轄郵政局ニ付キ充分事務ノ指導ヲ受クルコト

七　天理村神社

天理村には當初から生琉里教會が設置され、村民の宗教信念培養に資すところ多大であつたが、さらに國民的信念を鞏固にし、國家に殉ずるの氣風を培養すると共に、少國民には國家觀念を明かにし、原住民には敬神の念を昂めるため天理村神社を建立することになり、昭和十七年天理村神社建設委員を設け、その準備にとりかゝつた。然して九月二十日には次の如き天理村神社設立許可願が提出された。

天理村神社設立許可願

濱江省阿城縣天理村天理區生琉里
天理村建設委員長　魁　生　哲　二

右代表者トナリ今般天理村開拓協同組合ト相諮リ左記ノ通リ神社建立致シ度ニ付テハ特別ノ御詮議ヲ以テ設立方御許可相成度茲許關係書類添附及願出候也

記

一、事　由　大東亞戰爭勃發シテ祖國ノ世界的使命加重サルルノ時當村日本人開拓民モ又之ガ使命ヲ分擔シ

報國ノ誠ヲ捧ゲザル可カラザルノ際益々國民的信念ヲ强固ニシ國家ニ殉ズルノ氣風ヲ涵養シ少國民ノ國家觀念ヲ明ニスル爲神社ノ設立ヲ計ルモノナリ

尙滿洲建國十年ノ佳年ニ當リ滿洲國街村制ニ依ル廣域ノ天理村誕生シ村內在住ノ原住民ニ對シテモ日本人ト同樣參拜セシメ敬神ノ念ヲ涵養セム爲

二、設立地　濱江省阿城縣天理村生琉里

三、神社名　天理村神社

四、祭　神　天照大神　神武天皇　明治天皇

五、例祭日　春季中祭（五月十七日）

秋季大祭（九月十七日）

六、神社神殿、鳥居其他建物ノ位置構造並境內地ノ位置面積及模樣

神明造リ別紙添附第一號位置圖及平面、正面、側面圖ノ通リ

七、設立費及其ノ支辨方法

（編者註　省略）

八、維持方法

（編者註　省略）

九、神職トナベルキ者ノ氏名

哈爾濱神社神職　鈴木雄治

十、氏子又ハ崇敬者トナルベキ戸數

日本人	天理村生琉里	六〇戸	氏子	八〇戸
〃	〃　西生琉里	二〇戸		
滿人	福昌號	五〇戸	崇敬者	七〇戸
	陳立紅屯	二〇戸		
計				一五〇戸

十一、神殿其他建物ノ起工及落成豫定日

（編者註　省略）

追伸

天理村地區濕地改良ノ目的ヲ以テ濱江省防水開發事業局ハ三ケ年計畫ヲ以テ既ニ工事ニ着手セリ、尚天理村開拓協同組合ニ於テハ該工事ニ併行シテ六百戸ノ開拓民入植ヲ計リ度ク開拓民入植計畫及申請書ヲ官廳ヘ提出セリ、六百戸入植完了セバ村ノ中心ニ新タニ神社御造營地ヲ選定シ本格的ニ神社ヲ建立シ御奉遷申上グル豫定ナリ

昭和十七年九月二十日

天理村神社建設委員長　魁生哲二

（編者註　委員佐野貞行外二十八名　省略）

在滿洲駐在

特命全權大使　梅津美治郎殿

これに對する許可は次の通り

指令教第一九九八號

天理村神社建設委員長　魁　生　哲　二
外　二十九名

昭和十七年九月二十日付願天理村神社設立ノ件許可ス

昭和十七年十月十日

滿洲國駐劄
特命全權大使　梅　津　美　治　郎

かくて昭和十八年四月十八日地鎮祭を執行、同年五月十二日御分靈を奉遷し、同十月十六日鎮座奉告祭を執行した。

八　教　育

1　國民學校

天理村の入植は最初から家族を擧げて入植せしめたため、その中には多數の就學兒童を容してゐたことは當然のことである。ためにこれら就學兒童に對する學校教育は、當初から計畫されて、平屋建煉瓦造り百八十一坪、教室三、教員室、標本室、小使室、湯呑所、便所各一を設けた堂々たる校舍を新築した。そして入植直後の昭和九年十一月十七日には小學校開設許可申請を行つた。

天理村建設事務所長　深谷德郎

教發第一號　昭和九年十一月十七日

在哈爾濱總領事　森島守人殿

天理村尋常高等小學校設立申請

首題ノ件滿洲國濱江省阿城縣第三區天理村ニ於テ私立學校令ニ準據シ天理村尋常高等小學校設立致度候間御認可被成下度別紙關係書類相添此段及御願候也

一、目的　天理村在移住者ノ子弟ニ小學校令ノ規程ニ遵ヒ普通教育ヲ授クル爲

二、名稱　天理村尋常高等小學校

三、位置　滿洲國濱江省阿城縣第三區天理村

四、學則　別紙ノ通リ

五、經費及維持方法　別紙ノ通リ

これが許可されたのは十一月三十日で、これと同時に校長橋本正治、訓導弘田豐美榮、校醫川崎宗の件も許可された。

かくて十二月五日には午前十時から父兄多數の參列を得て開校式を擧行した。この時の就學兒童は總計三十三名で、これを內譯別に見ると尋一　三名（男三　女〇）尋二　七名（男五　女二）尋三　七名（男二　女五）尋四　六名（男二　女四）尋五　二名（男一　女一）尋六　六名（男二　女四）高一

二名（男二　女〇）であつた。

勿論小人數のため合併複式教授であつたが、父兄の理解と指導者の熱意によつて、最初からよく教育の目的を達成することが出來た。その教育方針も、移民としての自覺を培養し、內地移民團の先驅者たる誇りを持たすことに務めて、兒童の向上を期した。これと同時に、宗教的信念によつて勤勉努力、困苦缺乏に堪へ得る移民の資格陶冶にも大きな努力が拂はれた。その教育方針は次の如く定められた。

私立天理村尋常高等小學校教育方針

一、本校教育綱領

教育勅語の御趣旨を奉戴し小學校令及私立學校令に依據し以て國家の要望に添ふ可き日本人としての人格の基礎陶冶を爲さん事を期す

一、教育要領

A、國家非常時の我が祖國の現狀を認識せしむると共に、日滿兩國の關係を明確に把握せしめ、同時に滿洲に於ける移民としての自覺を培養せん事を期す

1、祖國の文化を知悉せしめ、日本人としての獨創的能力の養成を期する事

2、內地移民團の先驅者として、大和民族の本性を自覺せしめ、聰明なる判斷力と事象に適應する能力を養ふ事

3、滿洲殊に北滿に於ける現實の諸相を探究せしめ邦人發展の途の一助たらしむる事

B、宗教的信念によつて勤勉努力、困苦缺乏に堪へ得る習慣をつくり協力一致の氣風を馴致せしむる事

1、知識偏重の教育の弊を改め、情意の陶冶に留意する事

2、自主自律勞作奉仕的作業を重んじ勤勞愛好の人格の素地を涵養する事
3、學用品及服裝共に節儉の良習に馴致せしめ、生活の態度を健實たらしめる事
4、敬虔なる態度と高尚なる趣味の養成に努むる事
C、常に身心を鍛錬し剛毅雄大なる精神の涵養に努むる事
1、身體の清淨を保たしむる事
2、北滿嚴寒に徐々になれしむる事
3、體操を奬勵し體力の增進を圖る事
4、身體檢査によりて身體の强弱を自覺せしめ之が善導をなす事
二、教育上の態度
1、心身の統一的伸展を期すと共に全人格の調和的發展に努む
2、環境の調査と共に環境を整理し、家庭の狀況に顧み教育の實際化に努む
3、教育の各般に亙り作業勞作を重視す

開校から昭和十四年三月三十一日までは本部の直營にして、いちれつ會管內に所屬してその指導監督を受けて來た。しかるに昭和十三年十二月一日在滿邦人兒童教育の目的をもつて、在滿大使館教務部に學校組合が設立され、邦人兒童の教育はこの學校組合が指導監督に當ることになるや、天理村小學校も昭和十四年四月一日からその所屬を變更した。然して學校教員、設備その他において未だ整はざる時は、在外指定學校の認定下に、その經營を開拓團に委託、經費の大部分を教務部において受け持つことゝなつてゐたので、天理村小學校もこの時から、在外指定學校として開拓團委託の取扱ひを受けること

になつた。その後教員の補充、設備の完成を急ぎ、昭和十五年四月一日よりは委託を解除されて、學校組合自體の經營となつた。と同時に學校の敷地、建物は學校組合に提供された。なほ昭和十六年四月一日よりは學校名も天理村在滿國民學校と改稱され、今日に及んでゐる。學校組合に提供された敷地建物は次の通り

一、敷　地　東西八五間
　　　　　　南北四五間　　三八二五坪

一、建　物

校　舍	煉瓦造平家建亞鉛板葺	一棟	一八一坪〇八〇
講　堂	煉瓦造平家建瓦葺	一棟	六五坪
附屬便所	煉瓦造平家建亞鉛板葺	一棟	八坪二五
職員宿舍	煉瓦造平家建亞鉛板葺	一棟	四四坪一四〇
同便所	木造平家建亞鉛板葺	一棟	二坪

なほ在滿國民學校は、原則として鮮人、滿人の子弟は入學せしめないことになつてゐるが、昭和十二年に滿人子弟を入學せしめる必要があり、その許可願を提出して許可され、現在も二、三の滿人子弟を入學せしめてゐる。

庶發第一六三號　昭和十二年三月廿五日

天理村長　橋　本　正　治

在哈爾濱總領事　佐藤庄四郎殿

滿人小學兒童入學ニ關スル件

首題ノ件ニ關シ昭和十一年度願書ヲ以テ鮮人部落兒童ヲ當村小學校宛入學方御認可相仰候モ此度比隣滿人小學兒童ヨリ當校ヘ就學致度旨願出有之候ニ就テハ滿人トノ融和ヲ計ル見地ヨリ當校トシテハ入學許可致度存居候間御認可相仰度此段及御願候也

その指導監督こそ學校組合にゆだねられたとはいふもの〻、學風はいまなほ開校當時の教育方針に基いて鞏固な宗教的信念を殘し、健全な歩みを續けてゐる。その卒業生も天理中學校、天理高等女學校、哈爾濱高等女學校、五常農學校等に學んだもの八名あり、何れも中堅青年として營農に努力してゐる。

開校から現在までの生徒數及び教員は次の通り。

昭和十年	七一名	昭和十五年	七五名
昭和十一年	七二名	昭和十六年	八八名
昭和十二年	六九名	昭和十七年	一〇二名
昭和十三年	五八名	昭和十八年	一二五名
昭和十四年	六七名		

自昭和九年十一月　至昭和十五年三月

校長　橋本正治　（昭和一三・一〇・二六退職）

校長事務取扱　齋梧純二　（自昭和一三・一〇・二六 至昭和一五・三・三一）

訓導　弘田豊美榮　（昭和九・一一・三〇就任　昭和一二・二・二〇退職）

訓導　齋梧純二　（昭和一〇・二・一二就任　昭和一七・五・三一退職）

訓導　山崎貞雄　（昭和一〇・八・一〇就任　昭和一二・八・二〇退職）

訓導　山崎千代　（昭和一〇・八・一〇就任　昭和一二・八・二〇退職）

訓導　中村操　（昭和一三・五・一五就任　昭和一三・七・一五退職）

訓導　八木レイ　（昭和一三・一〇・七就任　昭和一三・一二・一八退職）

訓導　松井との　（昭和一四・二・一二就任　昭和一四・三・四退職）

訓導　青山弘義　（昭和一四・四・五就任　昭和一四・一一・二退職）

訓導　高橋文男　（昭和一四・四・一就任　昭和一五・八・三〇退職）

自昭和十五年四月一日　至現在

校長　齋梧純二　（昭和一七・五・三一退職）

校長　和山喜一　（昭和一七・五・三一ヨリ現在）

訓導　長谷川榮　（昭和一五・二・一就任　昭和一六・一・一四退職）

訓導　和山喜一　（昭和一五・九・四就任　現在）

訓導　矢島仁　（昭和一六・四・一就任　現在）

訓導　森木勝義（昭和一八・一二・一〇就任現在）

2 青年學校

天理村青年學校は漸増する青年の教育と鍛錬を目標に、青年學校令に基いて設立されたもので、昭和十七年五月一日の認可と同時に開校した。現在の職員は次の通り

校長　和山喜一
職員　矢島仁
教練　前田俊治
農業　貝野整助
裁縫　利光明子

3 天理村あらき會

村内子弟教養のためには、昭和十二年四月一日『天理村あらき會』が設立された。これは事務所を生琉里天理村圖書館内に置き、村内子弟にして優秀なものは、學資を給與してさらに上級學校に進ましめ、將來有爲の人材を養成するための子弟教養後援會ともいふべきものである。その内規とするところを抜粹すると次の如し。

一、本會ニ於テ給費ヲ受クルモノハ天理村民及ビ生琉里教會所屬教師ノ子弟ニ限ル
一、本會々長ハ生琉里教會長ヲ以テ會長トス
一、本會ノ基本財産ハ天理村居住者及ビ生琉里教會教信徒ノ寄附ヲ以テ充ツ
一、本會ノ經費ハ基本財産ヨリ生ズル果實及ビ其他ノ雜收入ヲ以テ支辨ス
一、本會ニ於テハ給費ヲ一部給與及ビ定額給與ノ二ツニ分ツ
一、一部給與トハ學費、食費、寮費、服裝費、雜費ノ內或ル特定ノモノニ限リ給與シ他ハ親權者ノ負擔トス
一、定額給與トハ一學年定額ヲ支給スルモノニシテ若シコレニ超過セル時ハ親權者ニ於テ之ヲ補助スルモノトス
一、本會生徒ガ修學先ニ於テ納付金免除等ノ特待規定ヲ受クル場合ハ其ノ金額ダケ本會ノ給與額ニ加算セズ

これによつて多數の子弟が天理中學校、天理女學校に學び得たので、子弟教養に資するところ大なるものがあつた。

九　宗　教

1　宗教生活

村民の信仰はいふまでもなく天理教である。入植當時日滿の國內事情は、志操堅固な者でなければ滿洲開拓の成功おぼつかないものがあつた。故に移民の募集に當つてもこの點を考慮して『最も信心厚く天理教徒たること』を最大の資格にして銓衡したものである。これが天理村をして今日成功せしめたる

大きな原因であつた。すなはち村民は本教徒として、荒木棟梁の使命を自覺、よく困苦缺乏に堪へて開拓の使命に邁進した。不平不滿も、日々のいたつきも、一切は神を中心に仕へ奉る聖なる誠心から處理されたため、少くも村民の精神的、思想的方面に關しては、心配の餘地はなかつた。自然、鬪爭等もなく、和やかに一致協力の氣風をもつて進み『さすがに天理村だ』と批評されつゝ、宗教移民の特色を遺憾なく發揮した。夜が明ければ生琉里教會の太鼓の音によつて一同神殿に集合、朝のお勤めを奉行して、今日一日の祈願を捧げ、夕べ陽が沈んで星が瞬く頃ともなれば、また野良から教會へ歸り、今日一日の感謝を捧げるのであつた。その外時に觸れ機に應じて精神的仕込みを受けては、倒れんとする心に鞭打つて、拓士の使命に敢鬪した。また月々年々の恒例祭日には老人も子供も一家を擧げて神殿に集ひ、各自持參のお供物を頒つて樂しく喰ひ、樂しく飲み、一日半日の團欒とするのであつた。それは文化に遠ざかり、娯樂に乏しい村民にとつて、どんなに樂しいひと時であるか知れなかつた。その他命名式から入學式、卒業式、入營、除隊、結婚、旅行、就任、葬儀等々人生百般の喜びにつけ、悲しみにつけ、一切はこの生琉里教會で祈願され、報告されるのであつた。また農耕の初まる春には祈年祭を執行して豐穰を祈り、秋には收穫物を供へて感謝し、旱天には雨乞ひを祈り、降雨續きには雨上げを祈願し、害虫病發生には虫病除けを祈る等、日々の生活から農耕にいたるまで、一切は神中心の下に生活して行つたのである。かくの如く、最初から神をよりどころとして生活することの出來た村民は、どんなに力強く、どんなに幸福であつたか知れない。

かうした一方に、信仰による日滿融和の點も見逃すことが出來ない。すなはち日本人の入植によつて、原住民との融和といふことは今も昔も變らない重大問題である。最近の如く、國策に沿つて大量の入植が行はれるやうになつてからは、當事者も、關係當局もこれに對して十分の意を用ふると共に、その對策を講ずるやうになつたが、天理村が建設される當時の初期開拓には、日滿提携が叫ばれながらも、その方法は十分とはいへなかつた。かゝる折り、開拓と共にこの重大使命を擔つたわが入植者は、信仰による日滿提携をも忘れはしなかつた。それは入植直後から、原住民と接觸を初めた村民の間に數多く見られた現像である。この信仰の道によつて、溫かき手を差し伸べる精神的融和は、どんなに原住民を喜ばせ、日本人に對する信頼感を高めたか知れなかつた。これを更に强化、敷衍するため、滿人に對する布教が初められたのも當然のことであり、喜ぶべきであり、わが天理村にして初めてなし得ることであつた。最初に布教に出たのは新田石太郎氏で、時は昭和十一年一月末のことであつた。これは同時に本教の滿人布教に對する試金石でもあつた。この頃既に滿洲國には數多くの教會が設置されてゐたが、殆ど日本人布教のみで、滿人に對する布教を行つてゐたものは皆無に等しい狀態であつた。この困難なしかも重大な滿人布教を、天理村入植者の中から出さんとした村當局者の英斷と、布教者の努力は、正に天理村史にとつて特筆さるべきことでなければならない。それは入植間もない頃、恐らく營農に、經營に、村でゝ一人でも多くの働き手を要したであらう。それを敢然と排して、日滿融和の礎石たらしむべく、滿人布教に乘り出さしめたのである。同時に新田石太郎氏は期待にそむかず、千辛萬苦の末前人未踏ともいふべき滿人敎化の新天地を開拓したのである。これに續くものとしては、同年五月から滿人布教を開始した藤田秀正氏の夫婦があり、さらに田中勝美、日吉菊藏、佐々木末治の諸氏がある。これらは何れも不慣れの土地で、人知れぬ勞苦を嘗めてそれ〲教會、布教所を設置するまでの成果を擧げ、日滿融和に貢献するところ多大である。現に設置されてゐる教會、布教所は次の通り。

白都教會	哈爾濱市遼陽街一九號	田中勝美
巴彦教會	濱江省巴彦縣	新田石太郎
生哈布教所	哈爾濱市保障街十號	日吉菊藏
曹家布教所	濱江省阿城縣曹家窩堡	新田石太郎
秀圖布教所	濱江省阿城縣蜚克圖	藤田秀正
秀源布教所	濱江省阿城縣聚源昶	藤田すゑ
佳木斯布教所	佳木斯市永安街	佐々木末治

なほこれらの教會、布教所はいづれも生琉里教會に所屬してゐるので、生琉里教會の持つ教信徒は現在總計次の如くなつてゐる。

日系	教師	男四三	女二三	計六六
	教徒	男八〇	女六九	計一四九

満	信徒	男四一一	女三四八	計七五九
系	信徒	男二二九二	女二〇五	計二四九七

次に新田石太郎氏の布教記録を掲げて、満人布教の一端を偲ぶことゝする（みちのとも昭和十八年十一月號、昭和十九年一月號所載）

昭和十一年も明けて間もない一月の末でした。私は相談があるからと橋本村長さんに呼ばれて參りますと『新田さん、一つこれからこの附近の滿人部落へ布教して貰へんだらうか』といふ突然のお話でした。私は餘り突然のことに、何とお答へしていゝか、しばらくぢつと考へてゐましたが、これは村長さんのどんなお考へかを考へるよりも、神樣が私に御命じになつたものと感じまして、私は喜んでこの御命を受けさして頂きました。

その夜母へ話すと、母は少し顏色をかへて心を痛めたやうでした。それは當時としては警備つきでなければ一歩も門の外へ出られなかつた時代でしたから無理もないと思ひました。言葉も判らず、ひとりで滿人部落へ入つて布教するのですから危險は免れませんでした。然し私は神樣と『骨だけは必ず拾つてやる』と仰有つた橋本村長さんの親心を信じて、その日限り村の仕事を終へ、翌日から毎日お救けに出ました。

さて滿人部落へ行つたものゝ誰一人相手にしてくれる者はありません。みんな乞食が來たと思つてゐるらしいです。來る日も〳〵一ヶ月ばかりはたゞ病人を尋ねて歩きつかれるだけでした。頭の先から足の先までジロ〳〵眺め終ると首をひつこめてしまひます。

そのうち或る部落で初めて私を相手にしてくれる病人がありしました。初めてのお救け、私はどんなに勇んだことでせう、病人は直ぐ救かりました。さあそれが近所隣の人に知れ渡ると、近所から近所へ、親戚から親戚へと傳へられ、紹介された病人が續々とやつて來ました。

『けふは先生が來られる日だ』といふとその部落の人達はみんな誘ひ合つて集つてゐました。私はその人達を一列に並ばし、次から次へと夢中になつてお救けさして頂きました。

次に或る部落へほんとの着のみ着のまゝで布教に出かけました。三日ばかりもう一粒の御飯も頂いてゐません。お腹が背にひつゝいたやうになると、お湯を少し貰つて飮んでは又出かけました。歩きつかれて夜が更けると私は乾草を見つけて、その中へ寢ました。かうして幾日野宿したか判りません。

部落のある門前でした。そこに倒れてゐる急病人を見つけて懸命にお救けさして頂きました。病氣は間もなく鎭まつてやがて起き直りました。私がやつと氣がついて見ますと近所や通りがかりの滿人がワイ〳〵黑山のやうに集つてゐます。その中の張さんといふ人が何を感じたのでせう、その夜から私の休んでゐるところへ粟のお粥を持つて來てくれました。空き切つたお腹に入る粟粥の美味しさ、私は有難さに淚を流しました。

すると今度は元警察官をした部落の人が、私に小さな小屋を提供してくれました。その小屋といふのは、もとの豚小屋です。これが私の初めての住居でした。四尺に五尺の小屋は隨分窮屈で橫になつたら身動きも出來ません。それでも雨露だけは凌いでお救けに廻ることが出來ました。(後には家を與へられる)食事は自分の家で炊くものがありませんから、朝夕滿人が運んでくれるものだけを喰べました。故に一日一度も喰べない時もあれば、三度も四度も喰べることもありました。

部落の穫入れが濟むとやがて冬です。夜の寒さは一日々々はげしくなつて來ます。しかし焚く燃料もなく、毎日お救けに外出してゐる私は、一日中オンドルを焚いてゐる暇がありませんから、夜歸つて來ても家の中は冷え切つてゐました。滿人は假令一日一度しか喰べることの出來ない貧乏でも、オンドルだけは焚かずに暮しません。冷えたオンドル、それは口にも筆にも表せない寒さです。夜遲く歸つて蒲團にもぐつて見たものゝ、痛いやうにしみ込んで來る寒さに一晩中眠ることが出來ません。その冬中こんな生活をしました。かうして四年の月日が流れ、澤山の信徒も出來ましたので、こゝへ信徒達が布教所を新築してくれることになりました。六間に三間の粗末なものですが、私には何より立派な建物でした。滿人信徒によつて建てられた初めての布教所、それは尊い誠心の結晶です。天理村からこの布教所へ神樣をお迎へする日、夕闇せまつた頃、村では滿人たちがみんな提灯を手にしながら、村外れまで神樣をお迎へに出てくれました。私は遠くからその灯を眺め、流れ出る涙でその灯が村一杯に擴るやうに思へたのでした。

昭和十五年の夏です。新京の建國神廟の御工事に、全滿洲から滿人の奉仕隊を結成して勤勞奉仕を行ふことになりました。この通知を受け天理村でも滿人だけの奉仕隊を計畫しました。人員は五百名です。私は晝夜兼行で信徒の滿人を說いて廻りました。信徒はみな喜んで參加を申込み、中には十數里の道を步いて集るものや、汽車で二、三日かゝつて來る者もありました。お蔭で私の信徒から四百八名も參加しました。この奉仕によつて勞働を嫌ふ滿人も初めて『働く精神』を知つたのでした。團體訓練も出來てるない滿人ですが、よく指揮者の指圖に從つて働いてくれました。これは私にとつても思ひがけない喜びでした。滿洲國の當局者が天理敎を信賴されるやうになつたのも、この奉仕からであると後に聞きました。

つまらぬ私が五年の間たゞ滿人を友として心で語り合ひ救け合つて來たことは決して無駄ではなかつた。滿人を育て導き動かす力は、たゞ明け暮れ彼等と語り、食べ、働き、寢ることであるといふことを深く感じました。滿人の食物を喰べ、滿人のやうな暮をして、やつと滿人のやうな顏つきになつて來た私は、今初めて滿人になり切つてこの人達を育てる自信と望みを持つやうになつたのでした。

十　衛生

1　天理村診療所

衛生については、これも建設當初からその萬全を期し、部落建設と共に、診療室、手術室、藥局、待合室、醫者、看護婦控室を含む三十八坪の天理村診療所を建設した。所長には入植と同時に川崎宗姉が就任、治療と合せて豫防注射、定期衛生檢査、消毒等を施行、衛生の完璧を期した。なほ川崎所長は村民の治療のみならず、近隣滿人の來診、往診にも誠意を盡し、その餘德は天理村を中心に四、五里に及んだ。昭和十四年二月川崎所長辭任するや、二代所長として同六日候振山氏が就任した。同氏は滿洲の醫者なるため、地方民衆はこれを德として、來診、往診共に日本人より滿人が多くなるといふ現象を呈し、反つて良結果を收めつゝある。昭和十八年にいたつては、滿洲開拓團の數も增加したので、政府においては開拓保健團法を實施、天理村ではこの保健團法に基いて、天理村開拓綜合病院を設立することになり、診療所を中心に準備を進めてゐる。綜合病院設立のためには、昭和十八年四月北原奎鉉氏が院長に就任、現在はこの兩醫師と看護婦三名が治療に當つてゐる。故に現在まで傳染性の惡疾は極めて發生少く、健康狀態を持續して來たが、昭和十四年の麻疹、昭和十五年の發疹チブス發生當時は、特に哈爾濱から日本赤十字社、市立病院の應援を求めた。かく大都市から簡單に應援を求めることの出來るのも、天理村の恵まれたところである。

現在診療所で施行中の藥價は次の通り（昭和十八年現在）

散藥	一日分	二角五	
水藥	一日分	二角五	
罨法	一劑	三角	
含漱	一劑	三角	
頓服	一回	二角	
皮下注射	一回	一元	高貴により不同
靜脈注射	一回	一元五	〃
點眼	一回	二角	
處置	一回	三角	大小不同
繃帶	一回	一角五	
浣腸	一回	五角	
放尿	一回	五角	
坐藥	一回	二角	
入院	一回	一元五	
洗胃	一回	三元	
處方箋	一回	五角	
檢血	一回	七角	
檢査	一回	五角	診斷證明書
檢便	一回	五角	
往診	毎滿一里	四角	
種痘	一回	二角	

2 死亡、出産

入植以來昭和十八年末までの死亡者は、總計百五名である。これを年齢別に見ると次の通り。

○才―一○才	六一	四一才―五○才	七
一一才―二○才	九	五一才―六○才	五
二一才―三○才	六	六一才―七○才	五
三一才―四○才	八	七一才―八○才	四
計	一○五名		

かくの如く斷然幼兒死亡が多い。その原因を見ると次の通り。

消化不良による胃腸疾患	二○	腸閉塞症	一
腹膜炎	三	氣管支炎	一
發育不良	五	結核	一
急性肺炎	五	腦膜炎	一
ヂフテリヤ	一	骨膜炎	一
心臓疾患	三	天然痘	一
痲疹	一五	赤痢	一
心筋炎	一		
計	六一		

幼兒死亡原因の最高は、消化不良による胃腸疾患である。これは村民食糧の粗雜を物語るものであるかも判らない。次に痲疹であるが、これは昭和十四年四月初め、發病を見、忽ちのうちに全戸に蔓延し、何れも急性肺炎を併發して倒れたものである。殆ど幼兒にして罹病しなかつたものはなく、遂に哈

爾濱から日本赤十字社、市立病院の應援を求めて治療に務めた程である。四月末にいたり漸く閉息したが、この時一時に十餘人の幼兒を奪はれ、多くの親達を悲嘆の涙に暮れしめた。

大人で多いのは胸部疾患による肺結核、肋膜炎である。十一歳以上で九名に上つてゐる。その他腸チブス、炭疽病等の傳染性のものもあるが、防疫完備の結果か、大した蔓延を見ず僅な數に終つてゐる。出産は入植以來昭和十八年末までに百九十二名に上り、出産率の良好を物語つてゐる。産婆は入植當時、風間もよ姉が有資格者であつたので、今日まで全部出産の處置は同姉の手によつて行はれて來た。

3 兒童の健康

小學校兒童の健康狀態について見ると、入植半ケ年後の、昭和十年六月の檢査では兒童六十名中次の通り。

トラホーム	八	鼻カタル	二
結膜炎	七	虫齒	三一
背柱彎曲	二	扁桃線肥大	一
耳疾	二		

次いで昭和十六年四月の檢査では兒童一〇〇名中次の通り。

胸部異狀	一六	トラホーム	一五
近視	二二	中耳炎	一三

耳疾	一三
虫歯	四〇
要養護者	四〇

十一 警備

1 一般概況

天理村所在地區は、入植前匪賊の巢窟をなしてをり、第十師團が駐哈當時は、累次討伐を行つたところである。故に最初建設當時に匪賊の襲擊を受けたことは前記の通りであるが、かゝる有樣故、建設當時は滿人部落、主として福昌號の自警團及び哈爾濱遊動警察隊を以て村內の警備に當り、また昭和九年八月二十九日には、在哈總領事館より、野尻幸一巡查部長外四名の外務省巡查が駐在した。同年十月三日には遊動警察隊は滿洲國軍警備隊と交替し、さらに村民入植によつて治安定まるや、滿洲國軍は昭和十年一月二十七日に引揚げ、また外務省巡查もその後定員を減じながら、昭和十一年末まで駐在した。入植後の警備は、主として村民の自警組織によることになり、昭和十年一月十日軍銃貸下が許可になつたので、同三十日から村民に各個教練、實地射擊等を行つた。二月八日教練終了と同時に、各戶に銃器を貸與し警備隊を組織して、村民自身警備に當つて今日に及んでゐる。

警備施設としては、部落の周圍に外濠を掘り、電流鐵條網を張つて、夜間はこれに五百ボルトの電流を通した。その他機關銃、短波無線電信機もあつたが、これは昭和十一年末警察官派遣所廢止と共に使用を中止した。然し軍銃のみはその後期間延期願を提出して所有してゐたが昭和十五年末全部を返還した。警備用電話は昭和九年八月十日、哈爾濱と天理村間に架設し、その後生琉里、滿人部落にも、天理村から架設した。また昭和十八年一字、大和の兩開拓團が入植するや、これには警備道路（開拓道路）を敷設し、兩團へも天理村から電話を架設し、警備の萬全を期してゐる。昭和十四年街村制が敷かれるや、阿城縣警察署管内に永源警察署が設けられ、この警察署は七ヶ村を統轄し、各村に分駐所を置いた。天理村分駐所もこの管轄下で治安の確保に務めてゐるが、現在では匪賊の影もなく、僅に防諜、經濟違反、盜難等の取締りに當るに過ぎない。

2 入植後の治安

入植後の治安を當時の記錄によつて見ると次の通りで、決して良好とはいへず、建設の苦勞が偲ばれる。

昭和十年七月 二 日　天理村地區モ群小匪ノ跳梁期ニ入リ警備ニ萬全ヲ期ス
七月十五日　午前一時半鴨子溝隘路ニ於テ出哈セントスル荷馬車匪賊ニ狙撃セラレ警乘者コレト應戰スルコト約三十分、我ニ死傷ナシ
八月 九 日　電燈消エ周圍ニ匪賊ノ横行頻リニテ村内不安ノ色濃厚ナリ

八月十二日　匪賊至近ノ距離ニ出沒シ村ハ殆ド其ノ包圍下ニアル狀態ニシテ連日連夜銃聲絕ユル事ナシ、サレド村民至極平穩ニ各種作業ニ從事ス

八月十四日　城子屯方面ニ西瓜販賣ノ村荷馬車、同村南側高粱畑ニ匪賊二十餘名ガ潜伏シテ歸來シ得ズ、村ヨリ輕機ヲ以テ猛射シ、更ニ警備隊長以下二十餘名ノ隊員ニヨリ隊員ノ非常演練ヲ兼ネコレヲ攻擊セシトコロ匪團遠ク遁走ス

八月廿三日　地區內陳立洪屯、鴨子溝ニ十數名ノ共產匪來襲、人質二名ヲ拉シ、更ニ西生琉里工事現場ニ來リ近々西生琉里ヲ燒キ拂フ旨豪語、工人ヲ脅カシテ去ル

八月廿四日　西生琉里滿人工事關係者全部匪難ヲ恐レテ新立屯ニ宿泊

八月廿五日　偏瞼子ニ五十餘名ノ匪襲アリ、人馬多數ヲ拉致シテ去ル、村警備隊輕機ヲ以テ西生琉里ヨリ遁走ノ匪團ヲ追擊ス

八月廿六日　橋本村長、西生琉里工事現場ノ警備ニ付特務機關、總領事警察署、濱江省警務廳ヲ訪ネ警察隊駐屯方依賴ス

八月廿八日　電話線不通瀕々タリ

九月　一日　西生琉里工事現場ノ警備ニ新立屯自警團員ヲ每夜應援ニ依賴ス、ソノ中班長ヲ常駐セシムル事トス

九月　三日　西生琉里南側丘陵附近ニ匪賊三百餘名蠢動ノ報アリ生琉里ヨリ應援シ徹宵警戒ヲナス

これから後はかゝる匪賊の蠢動は餘り見られなかつたが、なほ安心出來る程度のものではなかつた。

3　天理村在郷軍人分會

かゝる状態であるから、村の警備については當初から萬全が期された。まづ最初に結成されたのは、在郷軍人會天理村分會である。昭和九年十一月十五日帝國在郷軍人會滿洲聯合支部長岡村寧次氏宛天理村分會設置願が提出された。

庶發第六十三號　昭和九年十一月十五日

天理村建設事務所主任天理村長　橋　本　正　治

帝國在郷軍人會滿洲支部長　岡　村　寧　次殿

在郷軍人分會新設御願

一、團　體　名　天理村分會
一、正會員數　二十八名
一、役　　　員　別紙ノ通リ
一、團體ノ區域　濱江省阿城縣第三區天理村
一、事　　　由　濱江省阿城縣第三區天理村ハ、ハルピン市ヲ距ル六里ノ東々北方ニアリ、哈市在郷軍人分會ニ所屬スルモ集會其他不便不利不尠、加フルニ昭和十年度夏期五十七戸ノ移住數ノ入植ヲ見ル豫定ナレバ會員モ相當數ニ達ス可ク、天理村移住者内正會員ヲ打ツテ一丸トシ之ヲ統制シ以テ在郷軍人ノ責務ヲ全フシ得ル樣常時ニ訓練致シ度
一、名　　　簿　別紙ノ通リ（編者註　省略）

役員

分會長	後備役陸軍歩兵少尉	橋本正治
副分會長	後備役陸軍野砲兵軍曹	藤田秀正
評議員常務理事	豫備役陸軍補助看護兵	須見光夫
評議員常務幹事	後備役陸軍輜重兵特務兵	安田市三
評議員常務幹事	後備役陸軍騎兵上等兵	岡田佐吉

正會員（役員ハ省略）

後備役陸軍歩兵上等兵	杉田貢
第一補充輜重兵特務兵	櫻井佐一郎
第一補充兵	川端保雄
後備役陸軍歩兵二等兵	松澤一次
同　輜重兵上等兵	松田八郎
豫備役陸軍歩兵一等兵	前田俊治
同　野砲兵上等兵	佐野貞行
後備役陸軍歩兵上等兵	西田文一
同　陸軍工兵一等兵	吉池今朝信
第二補充兵	清水末藏
第一補充兵	國分廣吉
豫備役海軍一等水兵	國島多藏

後備役陸軍歩兵一等兵　風間宗三郎
同　野砲兵一等兵　新堂福次郎
同　補助看護兵　川村勇七
同　輜重兵特務兵　志賀忠助
第二補充兵　坂内七郎
同　上野半市
同　工藤孫一
同　丹徳太郎
第一補充輜重兵特務兵　石井武
第二補充兵　只野整助
第一補充兵　小原仁

帝國在郷軍人會滿洲聯合支部長

天理村長　橋本正治殿

昭和九年十二月十八日

分會ノ新設認可ノ件

しかしてこれが許可されたのは十二月十八日であつた。

四十三家族中、在郷軍人正會員たるもの二十八名の多きに上つたことは、移民資格をなるべく在郷軍人に限定して銓衡した結果によるものである。

十一月十五日　庶發第六三號申請ニ依ル帝國在鄕軍人會天理村分會ノ新設ヲ許可ス、追テ哈爾濱分會ニハ當部ヨリ連絡濟ニ付申添フ

次いで分會發會式は昭和十年七月一日生琉里教會月次祭々典に引續いて小學校講堂において左記次第によつて擧行された。

開會の辭（須見理事）　國歌合唱　勅語勅諭奉讀（橋本分會長）　發會の辭（橋本分會長）　來賓祝辭　祝電披露　在鄕軍人會歌合唱　閉會の辭（須見理事）

4　天理村警備規程と編成

かくて天理村分會の下に良兵良民たるの錬成を行ふと共に、これが村警備の中心となつた。すなはち十二月五日には天理村警備規定が出來、その編成が次の如く行はれた。

天理村警備規程

第一條　天理村ノ警備ハ自衛上村民一致ノ行動ニ依リ之ヲ爲ス
第二條　村民ニシテ成年以上ノ男子ハ警備ノ義務ヲ負フ
第三條　天理村ノ警備ハ警備隊長ノ計畫ニ基キ其ノ指揮ヲ受クルモノトス
第四條　村民中ヨリ毎日若干名ノ警備當番ヲ選出シ當日ノ警備ニ當ラシム　其ノ選出方法ハ別ニ之ヲ定ム
第五條　警備當番者ハ警備區域內ニ於ケル自衛上ノ警備ノ外構內ニ於ケル火災豫防ニ注意スベシ
第六條　警備當務者ハ勤務中左ノ各項ノ場合ニ於テハ駐在警察官並ニ警備隊長ニ急報シ其ノ指揮ヲ受クベシ

1、匪賊ノ襲來ヲ發見シタル時
2、匪賊ノ移動ヲ發見シ非常警戒ヲ要スト認メタルトキ
3、匪賊ノ行動ニ關シ急ヲ要スル聞キ込アリタルトキ
4、構内ニ火災ヲ發見シタルトキ
5、警備線ニ於テ擧動不審者ヲ發見シ之ヲ同行シタルトキ　但シ此ノ場合ニ於テハ自衞ノ範圍ニ超ユルガ如キ行動ヲ爲ス事ヲ禁ズ
6、其他非常警戒ノ必要ヲ生ジタルトキ
第七條　警備當務員、警察權ニ亙ル行爲ヲ爲スベカラズ

警備隊編成規定

第一條　天理村在住民ヲ以テ警備隊ヲ組織ス
警備隊員ハ役員ノ合議選定ニ依リ編入ス
第二條　警備隊ニ左ノ役員ヲ置ク
1、顧　　問　　若干名
2、警備隊長　　一名
3、副 隊 長　　一名
4、分 隊 長　　四名
第三條　顧問ハ天理村事務所主任、在哈爾濱日本總領事館警察署天理村派遣所長（主任）ノ推薦シタル者之ヲ囑託ス

第四條　警備隊長及副隊長ハ天理村事務所主任之ヲ選任囑託ス
第五條　分隊長ハ警備隊長ノ選任ニ依リ天理村事務所主任之ヲ囑託ス
第六條　顧問ハ一般隊務ニ關スル事項ニ參與シ警備隊長ノ相談役トス
第七條　警備隊長ハ警備隊ヲ指揮監督シ警備規定ニ依ル天理村自衛ニ關スル事務ヲ掌握ス
副隊長ハ警備隊長ヲ補佐シ警備隊長不在ノトキ之ヲ代理ス
第八條　分隊長ハ警備隊長ノ指揮命令ニ從ヒ部下隊員ヲ指揮監督ス
第九條　警備隊長ハ警備隊員中ヨリ毎日數名宛警備當番者ヲ選出シ常警備ニ當ラシム
警備當番者選出方法ハ別ニ之ヲ定ム
第十條　警備隊ハ在哈爾濱日本總領事館警察署天理村派遣所トス
第十一條　警備隊役員及隊員名左ノ如シ

顧問	橋本正治	菅原運治
警備隊長	野村清一郎	
副隊長	柿本嘉太郎	
分隊長	藤田秀正	
同	西田文一	
同	佐野貞行	
收容班	須見光夫	小原仁
連絡係	只野整助	十文字久吉
運送係	安田市三	前田之夫

通信電話係　若尾松治　長谷武盛
救護班　川崎宗　志賀清子　藤田玉子
機關銃　柿本嘉太郎　松田貢　村上義亟

（編者註　隊員省略　コノ警備規定ハ時宜ニ應ジ屢々改編セラレタリ）

かくて昭和十年一月廿七日天理村駐屯滿洲國軍の引揚げと共に、同三十日から村警備隊員の各個教練を開始し、二月八日の教練終了と同時に、各戸に銃器を貸與し、その後村の警備は完全に村民の手によつてのみ行はれることになつた。

なほ昭和十年八月二十九日には、この警備隊を八ヶ分隊に、同時に警備規定も改編して、警備の萬全を期した。

5　西生琉里警備規程と編成

さらに昭和十年十月三日第二次入植者が西生琉里に入植するや、同五日には西生琉里警備規定を制定、生琉里警備隊長管下に警備隊を編成して、生琉里と同様の自警組織を完成した。

西生琉里警備規定

第一條　西生琉里ニ西生琉里警備隊ヲ置ク

第二條　警備隊員ハ西生琉里員中十八歳以上五十歳迄ノ男子之ガ義務ヲ負フ

第三條　西生琉里警備隊編成ハ附表第一ノ如シ

第四條　各分隊長ハ西副隊長並ニ隊長、副隊長ノ指揮監督ヲ受ケ警備當番其他ノ場合ニ於テ常ニ分隊員ヲ指揮掌握ス

第五條　警備當番ヲ分チテ夜警、晝警、警乘ノ三種トシ其ノ勤務方法ハ別表第二ノ要領ニヨル

第六條　西生琉里副隊長ノ呼稱ハ『西副隊長』ト呼ビ隊長及副隊長ノ指揮統制下ニアリテ部下隊員日常警備ノ指揮監督、細部的事項ノ處理、其他非常時應急ノ配備等ヲ掌リ萬遺憾ナカラシム

第七條　服務中ハ克ク緊張シテ生琉里警備隊トノ連繫其他外部的（新立屯、福昌號等）自衛團トモ常ニ連繫ヲヨクスベシ

第八條　服務中匪賊襲擊其他急ヲ要スルト認メタルトキハ先ヅ數發連續射擊ニ依リ警報シ然ル後適切行動ニ移ルベシ

第九條　警備隊員ハ服務中其他ノ場合ニ於テ對外的ニ親善ヲ阻害シ又ハ嫌惡セラルルガ如キ言動アルベカラズ又常ニ匪賊情報ニ注意シ主要事項ハ速カニ報告スベシ

第十條　警備隊員ノ詰所ハ兩門ニシテ晝間ハ見張、夜間ハ立哨及堤防線ノ巡邏ヲ原則トス

第十一條　晝間ハ必ズ兩門ニ一名宛位置シ、夜間ハ二名ヲ概ネ半時間巡邏シ半時間門前ニ立哨ス
但シ午後十時迄及日出後ハ情況ニ依リ分隊長ハ一名宛トナスコトヲ得、又晝間員ハ廉アル場合並ニ特ニ警戒ヲ要スルトキハ立哨ニ依ルベシ

第十二條　警乘分隊長ハ概ネ半數ヲ其ノ日ノ警乘トナシ殘リ半數ヲ以テ村內外ノ晝間警備ニ服セシムベシ
晝間警備員ハ生琉里警備員ト克ク連繫シ每朝少クトモ二名通學兒童保護ノタメ生琉里迄警戒護衛スベシ、午後歸途ハ生琉里晝間員ヲシテ西生琉里迄保護警戒セシム、必ズ兒童ヲシテ無警備ノママ往復セシムベカラズ

第十三條　夜間及晝間警備ノ交代ハ午前六時午後七時トス、但シ自四月一日至九月三十日迄ハ午前五時、午後八時トス

第十四條　西生琉里非常警備規定ハ別ニ定ム

第十五條　夜間及晝間分隊長ハ毎朝夕鐵條網電流通過スヰツチノ切替ヲ確實ニシ其ノ責ニ任ズ

猶一般婦女子ニ對シテモ鐵條網近接ヲ嚴ニ警戒注意スベシ

西生琉里警備隊編成

西副隊長　齋梧純二

第一分隊長　勝呂久次

第二分隊長　松澤一次

第三分隊長　田島多藏

第四分隊長　松田八郎

第五分隊長　松田貢

（編者註　隊員省略　改編サレタ生琉里警備規定モ之ニ準ズ、尚ソノ後時宜ニ應ジ屢々改編セラレタリ）

その後の警備隊長を歴代順に列擧すれば次の通り。

天理村派遣所常駐

巡査部長　野尻幸一（警備隊編成以前）

天理村派遣所常駐

巡査　野村清一郎（初代）

巡査　　若尾松治
巡査　　中谷富三郎
巡査　　瀬尾榮助
事務所員　利光　誠（昭和十二年十二月天理村派遣所廢止トナリシ爲村民中ヨリ選出）
團員　　佐野貞行（現在）

6　鐵條網

警備と同時に防禦の完璧も期し、生琉里部落周圍には鐵條網二條が架設され、夜間はこれに五百ボルトの電流を通じた。すなはち昭和十三年四月七日から工事に着手し、同十日には完成、直に送電を開始した。西生琉里にもその後同樣の防備が行はれた。生琉里電流鐵條網請負契約は次の通り。

契約書

一、金四百十九圓八十八錢也　　請負金額
一、福昌號天理村鐵條網間ニ更ニ鐵條網二條ヲ電氣的ニ設備シ送電ス
一、着工ノ日ヨリ三日間ニテ竣工セシム
右之通契約候也
昭和十年四月六日
日ノ本電氣工務所　山本三郎

天理村建設事務所御中

十二　人　　口

1　その後の入植者

昭和九年に第一次が四十三家族、昭和十年に第二次が二十家族入植したことは既述の通りであるが、その後に入植したものは次の通り。

昭和十年

福島縣伊達郡伊達村伊達崎二四　逢田三好　32

福島市三河北町八　長澤治助　66

ルイ　59

喜助　24

國男　16

昭和十一年

長野縣松本市筑摩四五一五　相野田岩治　36

さかゑ　36

健治　11

康雄 6
庄次 3
琴江 20
まつ代 60

昭和十二年

北海道虻田郡豊浦村美和一六〇
矢野兼次郎 38
アサノ 27
美道 18
五十春 2

長野縣諏訪郡長池村二六六四
箱山桂 31
花 26
立郎 3

新潟市山下一一〇
堀川善晴 24

昭和十四年

長野縣南安曇郡豊科村一九一
西澤守人 26

長野縣東筑摩郡洗馬村一一五一
中野眞三郎 28

長野縣東筑摩郡芳川村平田九四四
吉田宗之助 26

長野縣下伊那郡伊賀良村大瀬木三〇六九
宮下五六七 45
たか 41

勝	18	
尚枝	14	
久市	10	
秀春	7	
敏恵	3	
中川五十二	30	埼玉縣入間郡南古谷村澁井一一二
江塚四雄	25	長野縣下伊那郡松尾村松尾三五八一
早川勝人	25	長野縣下伊那郡倉地村駒場一三三四
神谷明治	不詳	長野縣東筑摩郡岡田村
文子	不詳	
鹽澤達	21	長野縣下伊那郡龍丘村駄科一二七二
大野鑛雄	19	長野縣下伊那郡山本村山本三九三

次に離村したものは次の通り。

昭和十二年

石井國八、岡田佐吉、坂内八郎

昭和十三年

菊池健治、蓮沼兵五郎、播田今太郎、熊谷キワ、畠山長之進

昭和十六年

早川勝人、神谷明治

明治十八年
　清水末藏、田島多藏

昭和十二、十三年の天理村不振時代には、さすがに離村者を多く出したが、その後順調になるや、昭和十四年には入植者多數を出してゐる。なほ昭和十六年以後の離村者は家長死亡その他の事情によるものである。

2 出産者、死亡者

年度別出産、死亡者は次の通り。

出　産

昭和九年
　山根理一
昭和十年
新堂ミチ子、丹信子、工藤道弘、安田和子、只野實、江本滿子、上野みよ子、川端孝正、坂内清子、照井正道
前田和子、志賀佐子、櫻井美智子、岡田宏
昭和十一年
阿部節子、加川恒男、原滿夫、富士本德夫、高橋清作、佐野春子、矢吹滿龜子、十文字さい子、十文字克己、
國分正光、勝呂みよ子、下山かほる、石井道雄、日吉勝、齋梧治
昭和十二年

風間房子、松田靜子、粒來滿洲子、福島光男、小關定信、只野ひさ子、日吉かよ子、丹初男、勝岡讓、江本弘之、內藤敏子、松澤肇、千田富美子、志賀明、相野田とも子、新堂くみ子、畠山順、淺利はつ子、櫻井明、前田弘之、阪本節子、蓮沼洋子、成田保子、照井正三、山根きぬ子、富士本滿洲雄、箱山ひさ子、矢野ゆき子、佐々木たつ子、大沼とし子、死產一

昭和十三年

加川孝子、國分弘子、上野克己、川端千鶴子、工藤さち子、田中晃、十文字武夫、佐野五百子、前田久美子、山根廣海、粒來文子、下山常雄、川村岩男、櫻井讓、蓬田保、堀川晴市、福島てい、死產一

昭和十四年

工藤滿洲子、志賀忠代、高橋キミ、照井正行、勝呂照代、村上義滿、高橋滿洲枝、矢吹陽子、風向靜子、江本隆、阪本みよ、丸山陽子、矢野篤、丹滿知子、吉池肇、十文字幸悅

昭和十五年

大沼紀一、大沼紀利、相野田滿龜夫、淺利紀一、松澤紀夫、內藤紀枝、新堂紀行、下山紀代、富士本元子、川端俊夫、佐野紀宏、工藤元枝、川村紀夫、蓬田三佐子、日吉年子、上野紀代子、國分三千子、小關紘男、佐々木三千男、粒來紀、淸水制道、吉田儀隆、新田元枝、福島紀勝、志賀紀美子、只野研三、死產二

昭和十六年

長澤初巳、江塚紘一、櫻井久惠、工藤道幸、十文字宏、阿部幸子、江本紀也、矢吹一人、十文字務、佐野正彦照井京子、矢野淸惠、堀川禮、中川紘一、勝呂久滿、箱山紘子、勝岡マキ子、相野田芳江、蓬田榮子、宮下進一、高橋穰、淺利忠滿

昭和十七年

丸山敏嗣、新堂一江、前田序子、山根君代、和山幸子、大沼榮、山根巖、川端田鶴子、只野惠治、大沼利喜藏佐々木モトエ、佐々木トミエ、佐野行惠、小關四郎、矢野益滿、吉田八重子、阿部勇治、松澤慶子、矢吹滿枝川村京子、富士本慶德、粒來清、上野菊江、長澤美津惠、箱山紀、風間勝代、死産一

昭和十八年

工藤登喜雄、前田俊一、前田きく子、工藤安子、村上喜與子、下山藤靖、佐野正惠、畠山梅代、川村太郎、國分廣枝、日吉富美子、和山貞子、工藤康宣、江塚康弘、勝岡弘、矢吹勝重、淺利忠紘、蓬田好勝、江本秋生、堀川良三

死亡（括弧内は年齢）

昭和十年

佐野里子（二）野呂田八三郎（五一）畠山サヨ（一六）日吉光子（五）阿部由子（三）

昭和十一年

原滿夫（一）富士本德夫（一）原專次郎（四一）野呂田政五郎（三）高橋彪三（三）矢吹滿龜子（一）原ツル（三八）畠山ハツヨ（二一）成田茂（九）大沼ソデ（六〇）成田子之助（七三）

昭和十二年

門馬房子（一）國分正道（二）門馬トメ（三四）阪本良（一九）志賀秀（二三）福島光男（一）櫻井美智子（三）矢野五十春（二）前田弘之（一）播田たけ（五九）粒來滿洲子（一）山根きぬ子（一）

昭和十三年

松田八郎（三八）上野みよ子（四）淺利トキヨ（六）阪本節子（二）志賀紀子（四）淺利倉之助（五〇）工藤春市（一五）高橋フミ（一四）淺利ツヤノ（二二）

昭和十四年

川村長之助（六四）畠山スカ（二六）逢田保（二）高橋清作（四）淺利はつ子（三）下山常雄（二）安田和子（五）相野田康雄（五）成田保子（三）新堂くみ子（三）大沼ひさゑ（九）工藤さち子（二）宮下敏惠（三）佐野五百子（二）淺利敏晴（二〇）成田亘（一〇）川村岩男（二）西野みゑ（一六）高橋さち子（四）十文字武夫（二）佐々木みち子（六）國分弘子（二）新堂みち子（五）日吉勝（四）櫻井明（三）志賀明（三）矢野ゆき子（三）齋梧治（四）勝呂吉藏（六六）大沼サダエ（一三）阿部コン（三五）藤森光次（五七）

昭和十五年

新堂マツノ（四二）丹徳太郎（三三）川村勝敏（一三）只野研三（一）成田ソヨ（七三）

昭和十六年

相野田滿龜夫（二）長澤ルイ（六五）佐野甚六（六六）長澤治助（七二）矢吹一人（一）矢野清惠（一）新田はつ（六五）藤森かつ（五七）門馬一夫（一〇）

昭和十七年

大沼よしの（四五）安田紀代子（三）丹滿知子（四）清水末藏（三五）志賀忠助（四一）門馬時子（一四）小關定信（六）勝呂しん（七九）

昭和十八年

志賀紀美子（四）箱山紘子（三）阿部勇（四三）佐々木モトエ（二）佐々木トミエ（二）千田正一（一六）前田きく子（一）松田和夫（一五）工藤登喜男（一）福島てい（六）箱山紀（二）箱山花子（三二）矢野アサノ（三三）矢野兼次郎（四四）

これを年度別統計にすれば次の通り

年度	出産 男女別	出産 計	死亡 男女別	死亡 計	増	減
九	男一	一			一	
十	男五 女九	一四	男一 女四	五	九	
十一	男九 女六	一五	男七 女四	一一	四	
十二	男一二 女一八	三〇	男五 女七	一二	一八	
十三	男九 女八	一七	男三 女六	九	八	
十四	男六 女一〇	一六	男一五 女一七	三二		一六
十五	男一六 女一〇	二六	男三 女二	五	二一	
十六	男一三 女九	二二	男五 女四	九	一三	
十七	男一一 女一五	二六	男三 女五	八	一八	
十八	男一二 女八	二〇	男六 女八	一四	六	
計	男九四 女九三	一八七 外死産五	男四八 女五七	一〇五	九八	一六

昭和十四年の死亡多數によつてゐるのは同四月に麻疹流行して子供の死亡を多く出したためである。

3 人口異動表

年度別人口異動は次の通り

年度	戸數	人口		
		男	女	計
九	四三	一〇三	一〇一	二〇五
十	六五	一六六	一六二	三二八
十一	六六	一七二	一六四	三三六
十二	六五	一七六	一七三	三四九
十三	六二	一七四	一七〇	三四四
十四	七三	一八五	一六七	三五一
十五	七三	二〇〇	一八七	三八七
十六	八〇	二〇二	一八五	三八七
十七	七七	二〇一	一九一	三九三
十八	七三	一九七	一八四	三八一

昭和十六年にいたつて戸數を増加してゐるのは、この年になり開拓協同組合が設立され、その組合法に基いて、その村に居住する職員、教員等總べてのものが組合員となつたので、それらを加算した結果による。故にそれ以前の戸數、人口は開拓民のみに限る數字である。

第四編　大天理村建設

一　防水開發事業

事變の進展と共に滿洲國の食糧基地としての重要性は愈よ加重されて、これが開發は焦眉の急となつて來た。しかるに滿洲國の低地部は、殆どアルカリ性の濕地帶をなし、このまゝでは絕對耕作に不可能のところである。既に高地部は多く既墾地となつてゐる今日、今後の開發はこの低地部に俟たなければならぬ現狀である。こゝに鑑るところあり、滿洲國では昭和十四年頃より濕地帶の開發計畫を樹てた。これに基いて濱江省に防水開發事業局が設けられたのは昭和十五年である。次いで翌昭和十六年には濱江省內の濕地帶開發に乘り出し、天理村地區の事業着工は昭和十七年六月十六日の鍬入式によつて初められた。現在天理村地區二萬町步の中濕地帶で開發可能のもの約一萬町步あり、これが耕作可能となつた曉は、さらに一千戶の入植が可能となるのである。かゝる計畫の下に防水開發事業局の工事は、松花江沿岸に沿ふて約四十五粁の堤防を作り、さらに濕地帶の中へ、排水溝約四十粁、用水溝約四十粁を作ることになり、三ヶ年計畫で初められた。そしてこれが完成の上は水田三千町步、畑七千町步を可耕地とする豫定であつた。時局柄種々工事上の困難はあつたが、鋭意國策に沿ふてその完成が急がれた。かかる折、天理教一宇會ではこの事業を援助するために勤勞奉仕隊を派遣した。すなはち昭和十七年七月十日、土佐元團長以下九十三名が入村、同九月三日離村まで約六十日間に亙り、聖鍬をとつて排水溝四粁の掘鑿を行つた。翌昭和十八年も濱野國雄團長以下七十二名が、七月五日から九月八日まで同様の奉仕を行ひ、この防水開發事業完成に貢献するところ多大であつた。

二 第十二次開拓團入植

かくて防水事業の進行と共に昭和十七年には早くも新たな入植計畫が樹てられ、天理村開拓協同組合長魁生哲二氏と、滿洲國の間にその交渉が進められた。入植年度は事業完成豫定年度たる昭和十九年とし、戸數六百戸、三ヶ年計畫であつた。こゝにおいて天理村地區は、天理村建設十周年振りに、第三次の新たな大量入植者を迎へることになり、愈よ大天理村建設への第一歩を踏み出した。その計畫及び許可申請は次の通り。

第三次集合開拓民許可申請

農業集合開拓民トシテ別紙計畫書ニ依リ滿洲國ニ移住シ天理村開拓團ヲ建設致度候ニツキ御認可相成度此段及申請候也

康德九年九月九日

代表者 魁生哲二

興農部大臣 干静遠殿

天理村第三次集合開拓團入植計畫

第一　團長並ニ指導員候補者

註　目下天理村ハ濱江省防水開發事業局ニ於テ防水工事施工中ニツキ其ノ進展ニ應ジテ入植期日ヲ決定セムトスルモノナレバ此ノ期日決定次第速ニ團長並ニ指導員候補者ヲ銓衡スル豫定ナリ

第二　入植地

1、所在地　濱江省阿城縣天理村

2、概況　卷頭十萬分ノ一說明圖添附

イ、入植地ノ地勢

三棵樹ヨリ聚源昶ニ及ブ松花江右岸地帶ハ概シテ平坦ナレドモ均福、殷油、柏家ニ所在スル部落ハナダラカナ丘陵ヲナシ此等及天理、城子ノ高臺ヲ除ケバ悉ク低溫濕地帶ナリ

ロ、入植地ノ交通、通信

交通　三棵樹ヨリ阿城縣道横貫ス、又三棵樹ヨリ天理村開拓協同組合ニ通ズル天理村輕便鐵道アリ、各部落間ノ村道ハ發達スルモ雨期及解氷期ニハ交通杜絕スルコトアリ、主トシテ馬車ヲ用フ、松花江岸ハ太亮子附近ノ住民ハ漁船ニテ對岸及ビ哈爾濱ニ往復ス、結氷期中ハ渡河何處ヨリモ自由ナリ

通信　阿城及天理郵政辦事所ニ來信セルモノヲ各部落間ハ幸便ニ托ス、投函モ同樣ナリ

ハ、入植地ノ教育、衞生

教育　日系ニハ天理村在滿國民學校アリ康德元年十二月五日ニ開校シ校長和山喜一、訓導一、教員一、校醫一、學童八十四名アリ、卒業生ハ家事ニ從事（中卒二名、高女卒三名）滿系ニハ天理村國民學校（中心校城子ニアリ）分校（殷油、肖店）アリ校長張寶田、教員二、學童八十五名、此ノ外私塾三ヶ所アリ、倘日系ニ天理村青年學校アリ本年五月一日認可、八月八日開校、生徒三十二名

衛生　天理村診療所（天理村開拓協同組合内）アリ醫師一名、産婆一名、尙漢醫一名城子ニアリ

ニ、入植地ノ治安

良好ナリ、天理分駐所アリ所長一名、警長一名、自警團十二名

ホ、其　他

入植豫定地タル天理村ハ濱江省防水開發事業局ニ於テ向フ三ヶ年計畫ニテ松花江岸ハ防水堤防ヲ、高臺方面ニハ排水路ヲ設ケソノ中央ニハ用水路ヲ開鑿スルニツキ茲數年ニハ濕地帶ヲ開拓セラレテ沃野トナル有望ノ地域ナリ

3、土地整備

イ、既買收地並ニ未買收地面積

地目	既買收面積	未買收面積
水田	三〇町	
畑	八、四〇〇	一六〇町
原野濕地	一〇、六〇〇	
荒地		
山林		
其他	四、四七〇	
計	二三、六六〇	

備考　既買收地入植可能戸數　五九〇戸

未買收地入植可能戸數　一〇戸

計　六〇〇戸

ロ、土地買收ニ對スル見通シ

天理村地域內ハ滿洲拓殖公社ニテ買收シ開拓用地トシテ政府ノ豫定地ナレバ未買收地ノ買收ハ既定方針デアリ、買收價格ノ協定ニヨリ買收可能ナリ

4、原住民ノ有無及處理方法

總面積二三、六六〇町ニ對シ人口一〇、〇九八名、戸數一、八一四戸在住シ將來土地改良ニヨリ相當收容スル餘裕アレバ至急移轉ヲ必要トセザルモ之ガ移轉ヲ必要トスル場合ハ政府ノ指示ヲ仰ギ處理ス

第三　入植戸數

總數	六〇〇戸
康德十一年二月	五〇戸（先遣隊）
康德十二年	一〇〇戸
康德十三年	二〇〇戸
康德十四年	二五〇戸
計	六〇〇戸

1、現地採用豫定戸數　ナシ

2、內地待機中ノ緣故者戸數　ナシ

3、新規募集

新規募集ニ就テハ一般集合、集團ト同樣開拓總局並ニ拓務省ノ指示ニ從フモノデアルガ本計畫ノ特殊性ニ鑑ミ左記ノ通リ希望ス

イ、募集方法

本計畫ハ集合開拓民要綱ニ依ツテ行フモ特ニ全國教信者ノ優秀ナルモノヲ道府縣所在地ノ天理教教區廳ノ假銓衡ニ合格シタルモノヲ更ニ天理教教廳興亞部ニ於テ銓衡ス、其ノ場合計畫者又ハ團長及指導員立會ス

ロ、募集區域

北海道　四六戸　各府縣一二戸宛

ハ、募集並ニ送出主體

天理教教廳興亞部

第四　入植期

1、先發隊（一五〇戸）

自康德十一年二月十一日　至康德十三年二月十一日

2、本隊（四五〇戸）

自康德十二年三月二十日　至康德十四年三月二十日

第五　營農形態

1、概要

入植當初ハ開拓團法ニ基キ開拓團ヲ組織シ五ケ年後ハ開拓協同組合法ニ依リ開拓協同組合ニ移行ヲナシ其ノ指導統制ニヨリ運營ノ萬全ヲ期シ營農ハ自家勞力ヲ以テ十町歩ノ經營ガ出來ル樣ニ初メヨリプラウヲ使用シ以テ國家ガ要請スル增產ニ努力シ畜產、加工、植樹、果樹、栽植等ニ意ヲ用ヒ多角的經營ヲナシ以テ安定シタル自作中農程度ノ農村ヲ建設ス

2、土地　左記ノ通リ

	一戸當	六百戸分
水　田	一　町	六〇〇町
畑	九　町	五、四〇〇町
採草放牧地	一〇町	六、〇〇〇町
計	二〇町	一二、〇〇〇町

しかしてこの計畫は滿洲國側と協議の結果、豫定年度を繰上げて、昭和十八年二月から入植せしむることに決定、直に日本側に於ける許可申請並に移民募集が行はれた。入植者も大東亞省の都合で四百戸に變更された。

天興移第一號　昭和十八年一月十日

天理教管長　中　山　正　善

大東亞大臣　青　木　一　男殿

天理村集合開拓團編成計畫承認申請

今般別紙ノ通リ天理村集合開拓團編成計畫樹立候條御承認相成度關係書類相添ヘ此段及申請候也

開拓團編成計畫

一、計畫樹立ノ要旨

滿洲建國十年、今ヤ共ノ前途ハ洋々トシテ然モ大東亞戰爭勃發以來重要ナル兵站基地トシテ極メテ重大ナル役割チ受ケ持ツテヰル、共ノ曠茫タル未開地ハ今コソ吾等日滿兩國民ノ強キ手ニヨツテ一刻モ早ク開拓セラレネバナラヌ時ニ到ツテヰル、茲ニ滿洲開發ノ重要性ガ在リ、戰時下コレガ喫緊不可缺ノ對策トシテ取上ゲラレテ

キル所以デアル

吾ガ天理教デハ滿洲建國ノ當初率先開拓團ヲ派遣シテ天理村ヲ建設セシメタノデアルガ當時ハ全滿ヲ通ジ彌榮千振ノ開拓團ガアルノミデ、所謂試驗移民時代デアツタノデ、村ノ建設ニモ幾多ノ毀譽褒貶ガアリ其ノ經營ニ際シテモ苦難艱窮ハ恰モ踵ヲ回スノ有樣デ、其ノ變轉推移ヲ回顧スルトキ誠ニ容易ナラザルモノガアツタ、然シ其レモ天理村開拓民ニトツテハ此ノ上モ無キ試煉デアツテ所謂磐根錯節ノ中常ニ勇猛不撓ノ精神力ト强靱不拔ノ敢闘力トガ鍛ヘアゲラレ只默々トシテ土ト闘ヒ拔キ來ツタコト十年、苦難ハ克服サレ勞苦ハ酬ヒラレ村民ハ安居樂業ノ曙光ヲ看ルニ到ツタガ、然モ多年培養サレタル農魂ハコレニ晏如タリ得ズ、事變以來益々其ノ冴ヘト粘リトヲ發揮、以テ食糧增産ヲ圖リ戰力擴充ニ夙夜コレ黽ムルノ有樣デ今ヤ天理村ノ名ハ其ノ貴重ナル體驗ト共ニ北滿開拓ノ王者トシテ識ラレ洽ク開拓ニ志スモノノ視聽ヲ集ムルニ到ツタ、惟フニ開拓ハ永遠ノ事業デアル、所謂修理固成ノ天業デアツテ日本民族ノ存在發展ト共ニ必然打チ樹テラレナケレバナラヌ神業デアリ八紘一宇ノ神意實現ノ爲メノ崇高ナル『國作リ』デアル、從ツテ我等ノ受持ツ開拓村コソ實ニ大陸ノ曠野ニ天照ラス豐葦原ヲ顯揚發展セシメントスル輝シイ發足デアリ、大日本トイフ大生命ノ擴充發展ヘノ强キ息吹デアルト信ズル、吾ガ天理村ガ此ノ崇高ナル『國作リ』ノ尖兵トシテ古クヨリ御奉公申上ゲテ居ルコトハ本教徒ノ甚ダ其ノ意ヲ强ウスルモノデアルガ、然シナガラ吾等ハ現在ノ天理村ヲ以テ決シテ滿足スルモノデハナイ、更ニ此ヲ育成發展セシメ國家ノ期待スル理想的開拓村ヲ樹立シテユカネバナラヌ、又斯クスルコトガ吾等隨神ノ大道ヲ信奉實踐スル本教徒ノ光榮デアリ特權デモアル、又農本國家タル我國ニ於テ直ニ天業ヲ翼賛シ奉ル所以デアルト信ズ

今ヤ吾ガ大日本帝國ハ大東亞建設ノ爲メ支那事變以來五年ニ亙リ戰ヒ續ケテキル、所謂聖戰ノ眞最中デアル、吾等ハ玆ニ國民ノ總力ヲ擧ゲテ一ニ戰爭目的完遂ニ集中セナケレバナラヌ、卽チアラユル生産資源ノ增强ヲ圖

リ戰力ヲ擴充セネバナラヌガ特ニ食糧增產ニ到ツテハ瞬時モ忽ニセズ、益〻其ノ確保ト開發ニ專念シ以テ長期戰ニ備フルノ途ヲ講ゼネバナラヌ

幸ニシテ友邦滿洲國ハ建國十年、吾ガ北方ノ生命線トシテ國礎愈〻固ク、民族協和シ北方鎭護ノ目的ヲ果シ且ツ重要ナル食糧基地トシテノ增產ヲ圖リ友邦タルノ一大責務ノ遂行ニ邁進シツヽアルガ、コレ昭ニ日滿一體ノ國是ヲ顯揚スルモノデ實ニ吾ガ肇國ノ大理想タルハ八紘一宇ノ神意ノ顯現デアリ皇道確立ヲ實證スルモノト謂フ可キデアル、然モ又コレト時ヲ同ウシ吾ガ天理村ガ創設以來十年先進開拓團トシテノ治績ヲ擧ゲ更ニ這回其ノ行政區畫ハ擴大サレテ東西五里南北十里餘、遙ニ松花江沿岸ニ及ブノ廣袤ヲ有スルニ到リ其ノ見遙カス大平原ハ我等ガ强キ開拓ノ手ヲ待ツテヰル、滿洲國政府ハコノ地域ノ農耕地造成ノタメ既ニ工費四百五十萬圓ヲ投ジテ治水開發工事ニ着手シコノ工事ノ一部タル天理村生琉里外邊ノ排水溝掘鑿ニハ昨夏天理敎一宇會ヨリ勤勞奉仕團百餘名ヲ派遣シテ工事ニ當ラシメタルモノデ、天理村ノ發展道程ト將來トニ想ヒヲ馳セル時其ノ負荷スル責務ハ重且大ナルモノガ有ルコトヲ痛感セラレ天理村構成ノ中核タル生琉里在住ノ本敎徒ハ更ナリ、其ノ送出母體タル本敎ニ於テモ其ノ開拓ノ重要性ニ鑑ミ蹶然立ツテ第二移民ヲ敢行シ戰時下重要國策ニ挺身貢獻センコトヲ庶幾スルニ到ツタ次第デアル

今ヤ曩ニ日滿兩國ニ依ツテ協同敢行セラレタル滿洲開拓二十年計畫ハ既ニ第一期ヲ終リ第二期二十二萬戶入植ノ第一年次ニ到ツテヰル、吾等ガコノ貴重ニシテ輝カシキ段階ニ策應シ、ヨク開拓ノ眞使命ヲ感得シ、其ノ達成ニ全力ヲ傾注センカ、玆ニ天理村自體ノ發展ヲ期スルノミナラズ、コレニ依ツテ卽チ克ク開拓ノ三大眼目タル民族協和ノ確立ト東亞防衞ニ於ケル北方據點ノ强化ト滿洲農業ノ開發指導並ニ戰力增强ノ促進ニ寄與スルヲ得ルハ勿論、又更ニ大東亞建設ノ生命據點タル友邦滿洲國ノ培養確立ニ貢献スルコトガ出來ルノデアツテ其ノ影響スル所ハ寔ニ大ナリト謂ハネバナラヌ

幸ニシテ滿洲國ヨリハ前記開發工事着手ノ當初ヨリ此ノ天理村未耕地ノ開拓者トシテ本教信徒ヲ以テスル開拓團派遣ヲ希望セラレ速急其ノ實現方ヲ慫慂セラレタルヲ以テ本教ニ於テハ嘗テノ天理村開拓ノ熱ト力トヲ再ビココニ生カシ編成計畫ヲ樹立シ送出促進機關ヲ設置シ全國ノ教信徒ニ呼ビカケ其ノ自發的進出ニ基キ一集團ヲ二百戸トシテ二集團四百戸ヲ昭和十八年三月ヨリ向フ三ケ年計畫ヲ以テ入植セシメムコトヲ決意シ其ノ實踐ニ着手シタル次第デアル

然シコノ事タルヤ今日マデノ開拓民送出ノ實績ニ照シ叉天理村建設初期ノ歴史ニ鑑ミル時恐ラク幾多ノ苦難障碍ニ逢着スルデアラウコトヲ覺悟スルガ、然シ艱難ハ問題デハナイ、本教徒ハコレヲ克服スルニ足ル强キ信念ヲ持ツテヰル、障碍ヲ論ズル要ハナイ、コレヲ跳躍スルニ餘リアル實踐力ガアル、卽チ本教教義ニ依ツテ多年培養練成サレタル信念ト實踐ノ底力ヲ飽クマデモ堅持シコノ開拓編成計畫ヲ敢行シ以テ戰時下御奉公ノ誠ヲ致サムコトヲ期スル次第デアル

二、分村名

第一天理村　第二天理村

三、編成主體

天理教教廳興亞部

四、計畫區域

第一天理村（中部以東）　第二天理村（近畿以西）

五、計畫戸數

第一天理村　二〇〇戸

第二天理村　二〇〇戸

六、先遣隊、本隊、家族送出計畫

第十二次第一天理村

先遣隊　三五戸　昭和十八年三月

本隊　六五戸　昭和十九年二月

本隊　一〇〇戸　昭和二十年二月

第十二次第二天理村

先遣隊　三五戸　昭和十八年三月

本隊　六五戸　昭和十九年二月

本隊　一〇〇戸　昭和二十年二月

家族ハ成ル可ク其ノ所屬開拓團本隊ト同時ニ渡滿セシムル豫定ナリ

七、指導員候補者

種別	氏名	年齢	職名	出身地	備考
團長	長谷川勝郎	四一	教會長	群馬縣	第一天理村團長
團長	島繼夫	三五	教會長	奈良縣	第二天理村團長
農業指導員	德永良隆	二七		福岡縣	第一天理村
經理指導員	岩佐正德	三一	稅務署勤務	宮崎縣	第一天理村
農事指導員	大谷定夫	四〇	農會技手	奈良縣	第二天理村
經理指導員	堀內彥勝	三六		京都府	第二天理村

備考　畜產、保健指導員ハ現在天理村開拓協同組合ニ勤務セルモノヲ兼務セシメ尙上記二個集團ヲ

通シテ一人ノ警備指導員ヲ設置スルモノナリ

八、送出中心人物

天理村移民推進委員會、各道府縣教區廳長

九、計畫促進ノ具體的方法

天理教教廳内ニ天理村移民推進委員會ヲ設置シ全國各府縣教區ニ地方推進會ヲ置キ推進委員會ニ於テハ編成計畫ノ遂行ニ關スル企劃並ニ推進業務ヲ掌リ地方推進會ヲ指導ス、地方推進會ニハ該教區ニ於ケル有能者ヲ推進員トシテ常ニ移民ノ奬勵及募集ヲ行ハシム

十、殘留家族ノ援護方法並ニ負債整理及財産ノ處分方法

イ、殘留家族援護方法

總ベテ開拓團法規ノ定ムル所ニ從ヒ家庭ノ狀況ヲ參酌シ天理村移民推進委員會ニ附議シテ要スレバ生活ニ支障ナキ程度ノ補助ヲナス

ロ、負債整理及財産處分方法

移住民ノ負債並ニ財産整理ニ關シテハ原則トシテ本人ニ整理セシムル方針ナルモ不可能ノ際或ハ要スレバ地方推進委員ヲシテ斡旋整理シ聊モ不安ナカラシムル如ク處理セシムルモノトス

奈良縣山邊郡丹波市町天理教

指令滿開第三〇〇號ノ二五

昭和十八年一月十日付天興移第一號ヲ以テ申請ニ係ル其ノ天理教樹立ノ第十二次集團開拓編成計畫ノ件承認ス

但シ左記各項心得ベシ

昭和十八年三月二十四日

大東亞大臣　青　木　一　男

記

一、本開拓團ハ開拓團法ノ適用ヲ受クル迄第一天理村、第二天理村ト稱スベシ

二1、第一天理村ノ計畫戸數ハ二百戸トシ左ノ通リ之ガ送出ヲ完了スベシ

昭和十七年度　三十五戸(但シ先遣隊)

昭和十八年度　八十五戸

昭和十九年度　八　十　戸

2、第二天理村ノ計畫戸數ハ二百戸トシ左ノ通リ之ガ送出ヲ完了スベシ

昭和十七年度　三十五戸(但シ先遣隊)

昭和十八年度　八十五戸

昭和十九年度　八　十　戸

三、入植地ハ濱江省阿城縣天城第二地區（第一天理村）天城第三地區（第二天理村）トス

かくて昭和十八年一月五日には中山爲信氏を委員長とする天理村移民推進委員會が出來、今次入植の萬全を期すことになつた。この入植は本教にとつては第三次であるが、最近の入植は總べて大東亞省の指導統制、その補助下に行はれてゐるので、これも大東亞省の管轄に屬して、第十二次の計畫下に行はれることになつた。これこそ十年前天理村建設の第一次を單獨で入植せしめた當時と事情を異にしてゐる點で、その入植、建設における難易の點は自ら比較にならぬものがある。今日では總べて開拓團法の

規定に基いて法規通りの運營が行はれて行くのである。然し移民の軌道がこゝに到るまでには、先人の伏せられた數々の勞苦體驗があることを忘れてはならない。すなはち入植五ヶ年間は共同耕作、個人營農は十町歩等々かうした基本は、天理村開拓協同組合が汗と膏をもつて築き擧げた體驗に基くものであることを多くの人々は銘記せねばならぬ。

昭和十八年三月先遣隊六十五名は、さらに戰時下新たな使命を負つて勇躍渡滿した。そして開拓團法の適用を受けると共に、入植までの第一天理村は一宇開拓團、第二天理村は大和開拓團と名稱されるやうになつた。先遣隊の氏名は次の通り。なほ第二天理村の團長島繼夫氏は訓練中病を得、龍野喜四郎氏が團長を交代した。

一宇開拓團先遣隊員

住所	所屬教會	氏名	年齢	
群馬郡新田郡世良田村世良田一〇五九	(嶽東)	長谷川勝郎	41	團長
小倉市足原	(中津)	德永良隆	27	農事指導員
宮崎縣高鍋町北高鍋八三〇	(南阿)	岩佐正德	31	〃
北海道河東郡鹿追村クテクウシ		齋藤利助	46	
北海道夕張郡長沼村西三線北九號	(網島)	山崎孝次郎	34	
函館市高盛町二九	(津輕)	田中金作	47	
秋田縣由利郡東瀧澤村前郷八六	(島ヶ原)	佐藤直吉	43	

岩手縣膽澤郡金ヶ崎町西根六〇　（島ヶ原）千枝忠吉　34
栃木縣河内郡吉田村下坪山一二九九　（高知）大島泰治　46
宇都宮市塙田町一一　（日本橋）小林健彦　26
栃木縣鹽谷郡片岡村安澤一九〇四　（日光）黒崎盛松　47
栃木縣都賀郡小山町小山三ッ峰一九七　（高知）大木尚夫　27
福島縣伊達郡月鐘村月鐘　（名京）木幡傳治　不詳
前橋市清王寺町二三三　（深川）南雲喜一　29
群馬縣利根郡新治村入須川一八七五　（奈良）片野荒恵　41
新潟縣中蒲原郡新津町旭町　（新潟）富岡勇治　26
長野縣下伊那郡上郷村別府二五一五　（名京）林忠司　25
東京都葛飾區本田梅田町四九　（阿羽）西谷義春　47
東京都葛飾區上松町四四二　（阿羽）西谷秀雄　21
東京都葛飾區青戸町四ノ八一五　（南海）須賀利男　30
横濱市磯子區金澤町三五〇　（甲賀）三浦次夫　53
甲府市穴切町七七一　（佐野原）宮坂寛　26
山梨縣中巨摩郡御影村六科五八九　（名京）森本博道　32
埼玉縣入間郡入間川町三八四　（秩父）清水健治　34
埼玉縣入間郡堀兼村青柳三三〇　（秦野）三ッ木子之吉　32
愛知縣丹羽郡岩倉町岩倉一一二〇　（甲賀）藤田軍司　40

多治見市昭治町一ノ三九五	（東濃）	櫻井福太郎	45	
濱松市向宿町一一九五	（山名）	内山儀作	30	
靜岡縣駿東郡富士岡村竈一三四四	（嶽東）	小島若衛	48	
靜岡縣田方郡土肥町小土肥二六〇	（嶽東）	井上孝一	33	
大和開拓團先遣隊員				
長野縣小縣郡和田村三二一六	（湖東）	龍野喜四郎	不詳	團長
奈良縣吉野郡上北山村川合	（櫻井）	大谷定夫	40	農事指導員
奈良縣山邊郡二階堂村備前四〇〇	（旭日）	梅崎爲治	34	
大阪市西成區柳通六ノ五	（高安）	吉岡廣秋	46	
奈良市東阪町五一	（梅谷）	大島幸太郎	40	
奈良縣吉野郡上北山村小橡三三三		辰巳辨治	34	
奈良縣吉野郡上北山村小橡五四		福西由亮	40	
京都市下京區西九條横町二七	（高安）	砂本昇	44	
福井縣大野郡勝山町下元祿一三	（北陸）	米村松次郎	39	
三重縣飯南郡花岡町大黒田一五二四	（敷島）	秋山澤市	49	
大阪市東成區猪飼野東二ノ六五	（南海）	引地晴政	不詳	
大阪市西淀川區傳法町南一ノ六	（岡）	細川作治	32	
大阪市住吉區田邊本町八ノ四四	（櫻井）	赤兀隆一	37	
大阪市此花區西崎町九〇	（高知）	小松末春	30	

和歌山縣日高郡志賀村志賀一五四三	（芦津）	湯川喜一郎	26
兵庫縣赤穗町大津一八九八	（飾東）	舊林與三太郎	62
兵庫縣養父町中米地二	（兵神）	藤本吉一	30
洲本市常磐町三八八	（洲本）	山岡美雄	40
大阪市東成區大今里一一〇三	（明和）	原田繼松	36
岡山市野殿町三八	（河原町）	大西善吉	36
防府市東佐波令七八〇	（防府）	山本儀一	39
徳島縣那賀郡延野村入野六	（南阿）	柿谷貝一	31
徳島縣美馬郡端山村東端山八二	（撫養）	廣岡菊一	32
高松市屋島東町一一七八	（香川）	中島新太郎	34
高知縣幡多郡田ノ口村下田ノ口九六〇	（高知）	武口留治	37
愛媛縣喜多郡上須戒村一〇九四	（高知）	菊池實	29
福岡縣三井郡宮陣村五郎九八八	（大縣）	山下茂平	45
佐賀縣杵島郡大町町三坑一一八〇	（西海）	右近鶴次	35
佐賀縣杵島郡大町町杵島炭坑	（大縣）	溝口松市	38
長崎縣北松浦郡鹿町村平田山	（高安）	園尾吉太郎	37
長崎縣北松浦郡鹿町村平田山	（高知）	中村清太郎	48
熊本市池田町稗田一〇二九	（筑紫）	鍋島政敏	49
荒尾市大谷町大谷東	（東肥）	立岡辰雄	27

熊本縣上益城郡御嶽村畑　（東　肥）　村山國彥 37
熊本縣上益城郡御嶽村畑　（東　肥）　益田一雄 44
川内市平佐町　（筑　紫）　山田三部郎 42

かくて萬般の準備を終へた一行は、昭和十八年三月十四日勇躍入村、一字開拓團は殷油屯李秀に、大和開拓團は城子屯城子にそれ〴〵本部を置き、先遣隊としての使命に邁進した。引續き九月に入つてからは、早くも本隊の一部四十一家族百六十五名が入村、先遣隊と力を合せて雄々しき建設の鍬をとつた。その氏名次の通り。

住所	所屬教會	氏名	年齢
夕張市末廣二ノ四	（仙　臺）	加藤長藏	35
		かつよ	29
		道子	11
		功	9
		チヨミ	5
		カツ子	2
夕張市末廣二ノ四	（仙　臺）	加藤長治郎	57
北海道空知郡美唄町	（新　潟）	高橋賢太郎	59
		キヨ	37
		道子	12

禮子　9
高保　4
正勝　2
北海道空知郡栗澤村萬（河原町）　松田義雄　35
トモエ　28
善子　6
弘子　4
北海道上川郡士別町中士別（阿羽）　市川敏美　46
滿雄　23
義雄　21
タカ子　19
保典　16
哲夫　13
北海道雨龍郡深川町花園七丁目（南海）　乾肇　45
スギヨ　42
達司　20
悦子　12
源哉　10
德男　6

青森縣東津輕郡三厩村字鐵 （水口） 大宮道治 17
青森縣東津輕郡三厩村字鐵 （水口） 大宮勝三郎 30
ひで 21
青森縣南津輕郡石川町石川一五〇 （山名） 福士幸之助 41
みひ 36
青森縣南津輕郡柏木町柏木一八 （山名） 齋藤常八 33
ミネ 31
一明 7
勵子 3
廣子 1
青森縣南津輕郡石川町小金崎九 （山名） 齋藤長之助 43
みね 22
光子 11
ムツ子 6
ユキ子 4
福島縣石城郡湯本町湯本三八 （磐城平） 紺野勇一 39
松乃 36
豐榮 5
秋田縣鹿角郡錦木村錦木三四 （水口） 工藤多之助 47

トヨ 37
あい子 13
満男 11
満 9
栃木縣足利郡小俣町一四六二 (山名) 大川平八 26
東京都南多摩郡七生村百草七八七 (東) 石坂誠之助 48
幹之助 25
健作 17
進一 13
タマ 12
東京都小石川區關口水道町四六 (敷島) 山田順三 20
靜岡縣小笠郡千濱村千濱一七〇 (山名) 淺井平治郎 40
はな 37
初惠 17
利子 15
春枝 10
正次郎 7
靜子 3
靜岡縣磐田郡下阿多古村渡島一八二三 (山名) 田中貞藏 43

やゑ 33
信子 14
貞子 10
三千代 7
愛子 5
勝一 3
新潟縣佐渡郡相川町庄右衛門町　（湖東）　菊地秋太郎 42
藏松 83
ツル 43
タマ 20
寛 15
キセ子 12
正典 9
タミ子 1
沼津市我入道南條寺八一　（嶽東）　芹澤教治郎 21
福島縣田村郡巖江村阿久津館側
（現住　滿洲國黑河省孫呉義勇隊訓練所）　（中根）　佐藤武彦 29
ケサ 22
美岐子 2
埼玉縣入間郡高麗村久保二四　（山名）　横手六郎 40

（現住　大連市仲町四二）
ハナ　40
千代　19
公子　10
昭世　2

奈良縣山邊郡丹波市町三島二一三　（山名）　唐木安雄　41
たみ子　32
行照　13
フサ子　5

秋田縣南秋田郡潟西村野石一　（湖東）　蓬田久治郎　19

愛知縣幡豆郡室場村駒場六三　（南紀）　本田甚四郎　42
すゑ　35
朝春　16
春代　15
ゆりゑ　12
政男　10
清子　7
孝一　5
敏雄　3

奈良縣吉野郡上北山村河合一三四　富山要九郎　35

美代子 21
成三 3
宇治山田市常磐町七三八 （敷島） 中谷治巳 27
ウマエ 24
富山縣下新川郡愛本村明日四四八八 （秩父） 西田兼松 26
神戸市湊區平野町ロノ小屋 （ 社 ） 千葉三治 46
美和 38
恵子 14
幸雄 12
好子 9
兼久 6
秀雄 2
神戸市湊區矢部町九三 （防府） 戸田鶴松 54
マサヨ 50
壽子 19
一男 13
美智恵 8
兵庫縣多可郡松井庄村多田五七一 （神崎） 松本國一 26
和歌山縣日高郡寒川村寒川一三六五 （敷島） 杉本美平 54

ハル 50
ミチ 18
ヤエ 15

和歌山縣日高郡中山路村安川二二七　（中紀）　古久保萬藏 51
アサエ 46
美智子 21
春男 19
正治 17
須直彦 13
正文 9

廣島市曙町一ノ一五四　（北）　渡邊政吉 45
ハルミ 42
幸子 18
政幸 12
房子 9
清江 2

松江市東本町三ノ三四　（豊岡）　村松正雄 25
弘子 27
正子 1

鳥取市今町一ノ八一　（神川）　田中勘太郎46
ぬい子23
秀子21
重敬17
美佐子15
志津江9

鳥取市今町一ノ八一　（神川）　田中虎之助40
豊子27

高知縣香美郡山田町一二三三　（繁藤）　大石秋治59
豊惠54
輝美30
幸重15

大分縣北海部郡津久見町下青江一八二一　（朝倉）　宮子定35
久子33
和夫14
ヤエ9
加代6
英征2

兵庫縣三原郡榎列村榎列二四六　（西）　濱口千代松29

		きわみ	24
奈良縣吉野郡上北山村小橡		梅屋隆吉	39
		昌子	5

次いで昭和十九年二月、三月には先遣隊の家族招致も合せて百三十七家族、五百四十名が渡滿、こゝに昭和十八年度の入植者は大體豫定の完了を見、それ〴〵一字、大和兩開拓團に分れて建設に邁進してゐる。その氏名次の通り。

住所	所屬教會	氏名	年齢
青森縣南津輕郡大光寺村松崎	（山名）	齋藤誠五郎	45
		シデ	38
		誠一	20
		正一	15
		道雄	13
		道明	11
		キミ	8
		忠勇	5
青森縣西津輕郡水元村野木五五	（津輕）	齋藤助一	23
		又吉	54
		サキ	44

キエ　17
要三　14
キサ　11
正雄　7
文昭　5
ヨウコ　3

齋藤助二　20　青森縣西津輕郡水元村野木五五　（津輕）

太田誠治　40　青森縣南津輕郡中鄕村黑石二〇　（山名）
トキコ　13
忠廣　4

篠崎慶之助　23　青森縣南津輕郡田舍館村豐蒔一一六　（山名）
アキ　18

阿保多七郎　34　青森縣南津輕郡田舍館畑中　（山名）
サダ　32
雄佐美　13
フミエ　8
清孝　6
孝雄　4

古川源作　47　青森縣南津輕郡尾上町上安原九八　（山名）

青森縣南津輕郡石川町石川一五〇	（山名）	福士榮	18
青森縣南津輕郡石川町	（山名）	齋藤キヌ	18
弘前市天理町	（津輕）	田畑繁一	28
		コト	24
秋田縣平鹿郡境町館六八	（洲本）	小原角之助	46
		ノエ	71
		フサノ	16
		鶴市	11
		猪佐雄	10
		安夫	8
秋田縣南秋田郡湯西村野石	（洲本）	蓬田由藏	45
		ムメ	45
		ツルエ	13
秋田縣南秋田郡潟西村野石	（洲本）	蓬田久太郎	24
山形縣飽海郡田澤村山本四三	（島ヶ原）	高橋幸作	38
		ヤスエ	36
		勘一	16
		聖	11
		正夫	7

日出男 2

米澤市布袋町五〇七四 （日光） 大竹 正美 24
あい 50
昭次 17
陽吉 14
たみ子 12
りゑ子 9

岩手縣二戸郡淨法寺町御山四 （水口） 柴泉 磐藏 35
榮藏 67
トヨ 63
さだ 31
一三 13

宮古市千德十六地割 （水口） 内館 健二郎 46
ウメ 38
正志 15
トシ 9
正直 5
百合子 3

宮古市宮古第四地割 （梅谷） 白間 勝雄 38

もゝ子 26
信一 6
ツネコ 2
宮城縣宮城郡多賀城村萬馬（敷島）伊藤捨次 56
みつゑ 53
喜久惠 24
政喜 20
菊治 17
福島縣耶馬郡豊川村高堂（湖東）吉田清 48
クラ 48
清喜 25
民子 10
福島縣河沼郡橋村廣田（湖東）孔東 43
トク 39
オミチ 15
道廣 8
道幸 4
幸子 2
福島縣安達郡油井村八軒屋町四七（湖東）高橋勇治郎 42

イネ 33
一男 6
ヒロコ 2
フミコ 1

釧路市浦見町四ノ二二 （阿　羽） 内田利勝 24
隆子 18

北海道野付郡別海村春別一九 （湖　東） 五十嵐孫四郎 20
與三次 65
ツヤ 59
巳酉 16

北海道野付郡別海村春別 （湖　東） 平井眞勝 27
竹次 53
トミ 43
キヌエ 17
公 15
義雄 13
トヨコ 11
弘子 10
幸一 5

北海道野付郡別海村春別　（湖東）　平井秀義　16
北海道川上郡弟子屈村美留和　（湖東）　羽田喜一郎　40
キイ　70
イチノ　44
正道　11
容久　8
松山イワノ　67
北海道網走郡女満別吉住四五七　（嶽東）　大地芳太郎　23
鐵藏　47
タキコ　45
美佐子　21
義幸　14
富美子　10
北海道網走郡女満別吉住四五七　（嶽東）　大地平次郎　18
北海道常呂郡端野協和區　（南海）　菊池正夫　27
北海道空知郡南富良野村北落合　（河原町）　川上亘　41
マサエ　36
ミツコ　16
利正　14

朝雄 11
勝義 8
マサコ 6
サナエ 2
柳原政助 59 北海道空知郡三笠町幾春別 （河原町）
キミエ 41
小島銀三郎 54 北海道虻田郡豊浦村美和八三 （愛知）
シカ 48
君子 19
好惠 16
道治 12
邦夫 8
安夫 5
小畑昌成 22 北海道虻田郡豊浦村美和一六四 （愛知）
富士松 49
トシコ 16
正男 11
小畑義治 18 北海道虻田郡豊浦村美和一六四 （愛知）
中野一三 40 北海道標津郡標津村俵橋 （南阿）

門三 67
ヨウ 64
カネコ 36
豐 17
ヨシノ 13
秋男 9
武夫 4

釧路市東本町 （阿羽） 志谷 玉一 59
千代 42
康幸 20
千鶴子 14

北海道空知郡三笠町唐松澤 （阿羽） 山岸 スエ 77
西田 金治 52
ツルエ 46
林治 17
光之助 15
鐵之助 13
アイコ 11
義男 9

保男 5
トキエ 3

北海道空知郡三笠町唐松澤（阿　羽）　西田　勘治 19

北海道空知郡三笠町幌内炭山（河原町）　井上　平作 55
たつ 56
小太郎 35
サダ 35
サク 24
ヨシエ 21
節子 16
千代 16
幸子 13
時子 10
勝子 7

北海道空知郡三笠町幌内炭山（河原町）　北川　春芳 32
ハル 26
利幸 6
征洋 3
由美子 2

北海道常呂郡置戸村境野二七〇　（岐美）　松本芳三郎 33
五郎 72
コト 72
梅子 28
ツネ 9
一郎 7
久子 3

帯廣市大通一七町四　（平安）　木村德右衛門 38
律 30
八重子 6
和子 2

北海道勇別郡占冠村金山　（阿羽）　横井亘 35
ヤスノ 32
弘通 9
壽子 7
優子 6
紘一 4
富士男 2

北海道網走郡女滿別村本郷二四〇　（嶽東）　加藤仙太郎 26

清吉 57
清子 17
喜代治 12
北海道網走郡女満別村本郷二四〇 （嶽東） 加藤清春 22
北海道川上郡弟子屈村三四八 （名古屋） 栃木重三郎 35
たき 64
サク 32
典子 4
菊池春江 21
菊池クラ 14
菊池京子 10
北海道川上郡弟子屈村三四八 （名古屋） 栃木正三郎 27
北海道中川郡幕別村下次平 （名古屋） 佐藤權三郎 52
トメ 47
茂男 26
信子 18
隆 14
嘉通 12
高子 10

北海道中川郡幕別村下次平　（名古屋）　佐藤永市　19
北海道北見國紋別郡龍ノ上村　（秦野）　岡田金作　23
輝代　46
駒　37
二三子　14
桂子　11
廣美　8
洋子　4
北海道北見國紋別郡龍ノ上村　（秦野）　岡田春久　20
北海道河田郡上途別東七線　（西宮）　富原音吉　50
登美　50
外海男　18
隆男　16
道子　14
三樹男　11
マリコ　7
北海道札幌郡牛稻村輕川二一三　（敷島）　千葉新太郎　36
キム子　34
佐江子　11

旭川市東六條二丁目　（豊岡）　友廣久吉 44
節子 36
祝子 6

北海道上川郡東旭川村本町九一　（名古屋）　花田秀一 56
ハツ 50
隆 20

北海道空知郡幌内村幌内一一八　（網島）　吉田金次郎 33
半次郎 68
モン 68
ユキエ 28
政春 5
光惠 1

札幌市南六條西十丁目　（甲府）　赤羽利正 52
ユキノ 45
禮一 13
直江 3

釧路市浦見町四丁目二二　（阿羽）　松田太郎 59
コト 55
正則 13

ミキコ　10
札幌市南五條西六丁目　（兵　神）　難波　願　44
ミツエ　68
北海道空知郡芦別村西芦別　（河原町）　種市　武　40
カヨ　30
一　15
東京都深川區白河町二ノ一二　（東　本）　長谷部光夫　28
東京都板橋區下赤坂新町六七三　（兵　神）　向井善次郎　38
ヒサ　32
善太郎　8
善枝　7
善吉　4
群馬縣邑樂郡館林町二六一一　（中　根）　桑原實藏　26
千葉縣東葛飾郡行德町本行德　（淺　草）　秋元齊治　25
神奈川縣足柄下郡湯河原町門川二四七　（南　海）　金森　長　37
コウ　35
豊　15
橫須賀市大津一〇二七　（中　根）　細川暉武　40
キヌ　33

あい 10
稀資 8
巴江 5
浩佐 3
横濱市中區淺間町三丁目（東本） 櫻井要喜 45
ちよみ 36
日出男 10
茂夫 8
清 3
神奈川縣足柄下郡酒匂村（東本） 武藤政吉 54
ハツノ 45
つよみ 19
みのる 16
誠 12
勉 9
龍三 5
信悟 2
沼津市本錦町六七一（嶽東） 勝呂信雄 35
靜岡縣富士郡元吉原村今井（嶽東） 神尾猶策 43

はつ　30

静岡縣引佐郡鹿玉村宮口一九三六　（山　名）　森島　勇　32
みつ　25

長野縣南佐久郡切原村湯原　（甲　賀）　平林佳年　44
登　16
誠二　14
時雄　12
道明　8
正明　6

長野縣東筑摩郡中川村横川四八七九　（越乃國）　山田民一郎　22
ヤスヱ　20

長野縣下伊那郡河野村一一八　（甲　賀）　福澤　好　34
愛代　29
美恵子　3
多美　24
美智　22
睦子　19

新潟縣南魚沼郡湯澤村三五八　（鹿　島）　矢島榮藏　38
はつの　45

つよみ 19
みよ子 16
けふ子 11
康夫 8
新潟縣中蒲原郡菅名村曾根　（湖東）　渡邊守 27
キソノ 24
奈良縣丹波市町田二七　（周東）　寺西勝馬 44
タキ 35
正信 14
文子 12
里子 6
まち子 2
奈良縣丹波市町田　（周東）　寺西久夫 31
大津市藤尾六七六　（南海）　藤村政雄 41
一枝 40
幸子 9
大津市藤尾六七六　（南海）　藤村太一 29
ミヨコ 19
滋賀縣栗太郡山田村南山田六八九　（南海）　矢野次男 19

滋賀縣甲賀郡山内村黑川 （郡　山） 岡田健次 40
キク 33
長子 14
築枝 12
惣右衛門 9
進作 3
四男雄 2

滋賀縣伊香郡片岡村椿坂一六九 （河原町） 塚木福松 40
かね 47
次男 17
辰雄 13
光雄 10
砂雄 7

滋賀縣神崎郡八日市町小勝 （湖　東） 吉田信一郎 22

京都市東山區山科西野八幡田町 （南　海） 高畑正人 38
君枝 27

京都市上京區紫野門前町六二 （河原町） 荒木豐治 49
とみ 44
壽美子 21

喜久代 17
清秀 14
道夫 11
君枝 6

京都市中京區壬生馬場町三七（河原町）北野忠次郎 36
トク 30
みち子 6

京都市伏見區竹田七瀬川一一一（敷島）岸本政治郎 49
ミヨ 42
政幸 17
好子 18
長 15
實 14
久子 13
敏子 6
加代子 4
浩三 3

大阪市都島區都島本通四ノ二三（河原町）野村清太郎 29
泰子 26

清康 4
瑠美子 2

大阪府泉南郡樽井町（河原町） 山根 庄藏 52
ゆか 43
友枝 14
靜江 14
弘子 11
正 8
岸子 5
豐子 3

堺市北翁橋町一ノ四二（櫻井） 赤兀 泰久 29
榮 4
芳竹 4
悠二 2

大阪市阿倍野區相生通一ノ二〇（櫻井） 赤兀 豐治 61
うの 54
泰子 19

大阪市生野區南生野町五ノ一一八（本島） 井戸 兵市 56
おみや 31

保 夫 9
爲 信 7
攝 子 2
大阪市生野區南生野町五ノ一一八 （本 島） 三原 義 忠 43
千賀子 36
正 九 15
勝 利 8
義 昭 3
大阪府中河內郡孔舍衙坂日下 （南 阿） 岩永 光 夫 19
マ キ 60
大阪市城東區永田町二二 （敷 島） 小鄉 貞 美 18
松坂市新座町一〇二〇 （敷 島） 日比 信 男 21
岡山縣小田郡境村星田六四二七 （岡 山） 岩本 豐 34
キヨ子 25
教 道 4
廣島市白島西中町五二 （南安藝） 福地 利 穗 26
廣島縣御調郡向島木村五五九 （笠 岡） 宮地 正 20
民 惠 20
島根縣美濃郡益田町山根 （郡 山） 田中 修 39

鳥取市吉方町一一九	（豊岡）	下田甚二郎	50
		ソヤ子	27
		君子	19
鳥取縣八頭郡下松都村山ノ上	（豊岡）	加藤多喜夫	21
徳島縣美馬郡祖谷山村西岡一一三	（芦津）	細谷留吉	41
		ミノル	不詳
		吉人	〃
		千代子	〃
		長吉	〃
		アケミ	〃
徳島縣阿波郡伊澤村小倉三五六	（撫養）	喜多金市	38
		森定男	14
		森正行	12
徳島縣美馬郡端山村東端山六二	（撫養）	北岡益一	20
徳島縣美馬郡穴吹町拝村市場一三五	（撫養）	仙田政男	19
徳島縣美馬郡一宇村河内五三一	（撫養）	河内勝雄	22
		功	16
徳島縣美馬郡一宇村奥大野一〇九一	（撫養）	實平朝雲	27
高知縣長岡郡吉野村瓜生野	（木島）	山原菊次郎	55

米繁 55
絹女 32
操 28
誠 16

愛媛縣北宇和郡清満村増穂神田 （高岡） 酒井金一 19
高知縣幡多郡大正村市ノ又四七 （高岡） 田邊唯美 37
章 19
高知縣吾川郡下八川村下八川一四二 （伊野） 西岡晴昭 45
チツキ 35
輝幸 14
福岡縣嘉穂郡庄内村安丸 （飾東） 森野賢藏 36
カメ 68
シマエ 28
博幸 4
加代子 7
清秀 5
福岡縣遠賀郡岡垣村海老津 （西海） 吉川春一 31
ミツエ 26
吉也 20

福岡縣遠賀郡岡垣村海老津　（西海）　吉川保　25

八幡市白河町一ノ二二五　（中津）　竹木津市　41
シマコ　29

佐賀縣東松浦郡呼子町呼子三九四〇　（名東）　中村平藏　51
舎滿　27
善一　21
人子　17
道子　15

大分市大分二六二　（大分市）　田中正治　31
マキ　53
まさ子　27
正男　3
猛雄　1

長崎縣南松浦郡福地町松山郷一一二六　（防府）　梁瀬紋治　24
伊三郎　62
幸馬　38
トシエ　27
ミチコ　20
初治　15

勇 5

長崎縣南松浦郡富江町岳郷一八〇二 (防府) 木村春藏 35
ユセ 31
幸子 11
キミ子 8
キク子 5
浩二 16

長崎縣南松浦郡富江町岳郷五〇七 (防府) 中村安治 33
ミセ 32
幸子 10
恭子 8
優 5
もとゑ 2

長崎縣南松浦郡崎山村長手郷 (防府) 濱本龜吉 34
サワ 26
正道 2
富美子 4

熊本市池田町稗田一二〇九 (筑紫) 牛島重雄 37
スエ 36

良行 7
久子 4

山口市下宇野令前町　（奈良）　兒玉三郎 51
爲吉 76
タケ 45
道江 13
澄男 9
良人 5
日高茂代子 16

宇部市西區野田町二丁目　（郡山）　喜多久一 43
ハルヨ 39
愛子 18
幸子 12
久子 8
香子 5
富美子 3

山口縣大津郡菱畑村伊上四九四　（郡山）　出羽俊雄 33
益江 30
靜江 5

防府市牟禮 （防府） 清水市太郎 41
ハル子 38
タカ子 15
正徳 12
ユキ子 2

岩國市室木二二九七 （周東） 沖政人 46
タキノ 39
隆善 11
節子 8
堅司 4

廣島縣佐伯郡小方村三二一 （周東） 細工一三 46
シメ子 34

岩國市川下中津一三二〇 （周東） 松田常秋 37
岡原ひさゑ 39
岡原ヒロ子 11

小野田市大濱第一〇二〇 （周東） 内田専治 34
フサエ 25
勝治 2

小野田市大濱炭坑若松區 （周東） 安田末弘 36

ヒロ子 31
ヒサ子 8

島根縣簸川郡出西村神永一五〇 （山陰）
陰山彦藏 53
アキノ 47
米子 19
千代子 15
哲夫 12
實 8

弘前市天理町 （津輕）
吉住德太郎 54
サナ 33
正德 9
正志 8
洋子 7
三十司 4

橫濱市中區柏葉町四六 （中根）
除村朋一 20

三　大天理村の理想

かくて天理村東西五里、南北十里の曠茫たる中に、新たに一字、大和、岡山各開拓團がそれ〴〵二百戸宛、計六百戸加はることになつた。干拓事業も昭和十九年中には完成を見る豫定であり、天理村の前途實に洋々たりといはざるを得ない。これが入植も昭和十九年中には完了するはずで、これが完了すればさらに引續き柏家屯への二百戸入植も計畫されてゐる。かくて天理村協同組合と合せて天理村の日本人開拓團一千戸は、近き將來に實現を見る豫想が確實となつた。思へば十年前あらゆる苦難の中を堪へ忍んで播いた開拓の一粒は、十年後の今日實に一千戸の實を結ばんとしてゐるのである。あの時十年後の今日を誰かかくの如く豫想し得たものがあらう。その天理村も建設當事者、入植者の血と淚、これを支援した敎内各方面の汗と膏によつて今や滿洲開拓の先驅者として、北滿の一角に君臨してゐるのである。そして後輩に殘した雛型の道こそ、何人も否定し得ぬ大きな功である。今や各開拓團とも天理村開拓協同組合を師父とも仰いで、一手一つ一千戶の大天理村建設目指して、開拓の聖鍬を振つてゐる。大天理村の完成、これこそ今後の天理村へかけられた一大責務である。と同時に今まで支援の手を差しのべて來た人々も、この大目標へ向つてさらに一段の前進を圖らねばならぬ。盡きぬ滿洲開拓の聖業こそ、日滿一體の礎石である。

恒隆村と天理村の村界に沿つて走つてゐる天理鐵道も、近く路線を變更して天理村を縦貫して賓縣にも到るであらう。また開拓百年の將來に備へては、指導者を生み出す高級學校も建設されなければならないであらう。かういふことが大天理村の完成と共に豫想されるのであるが、かくてこそ初めて名實共に大天理村の完成である。『開拓の雛型は天理村へ、開拓の指導者は天理村へ』となる日を望んで本教開拓の結實としなければならぬ。入植者も支援者もさらに〳〵今後一層の奮起をもつて『大天理村完成』を掛聲として邁進するのが、天理村開拓協同組合十年の歴史を繙いての、新しき第一歩であることを思ふものである。

をはり

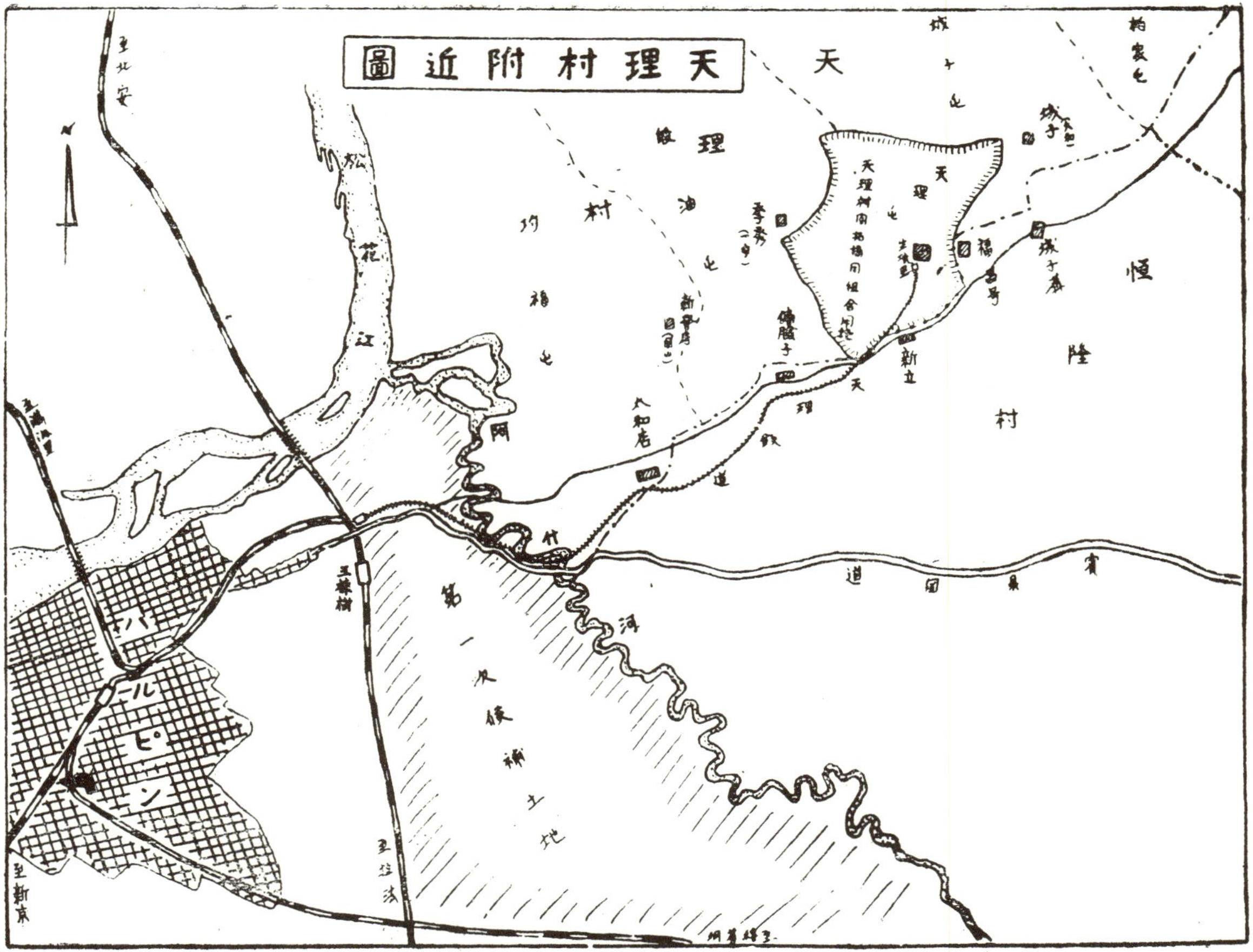
天理村附近圖
天理
天理村
天理村用水路用組合所地
新立
天理鐵道
第一次候補土地
松花江
ハルピン
陸村

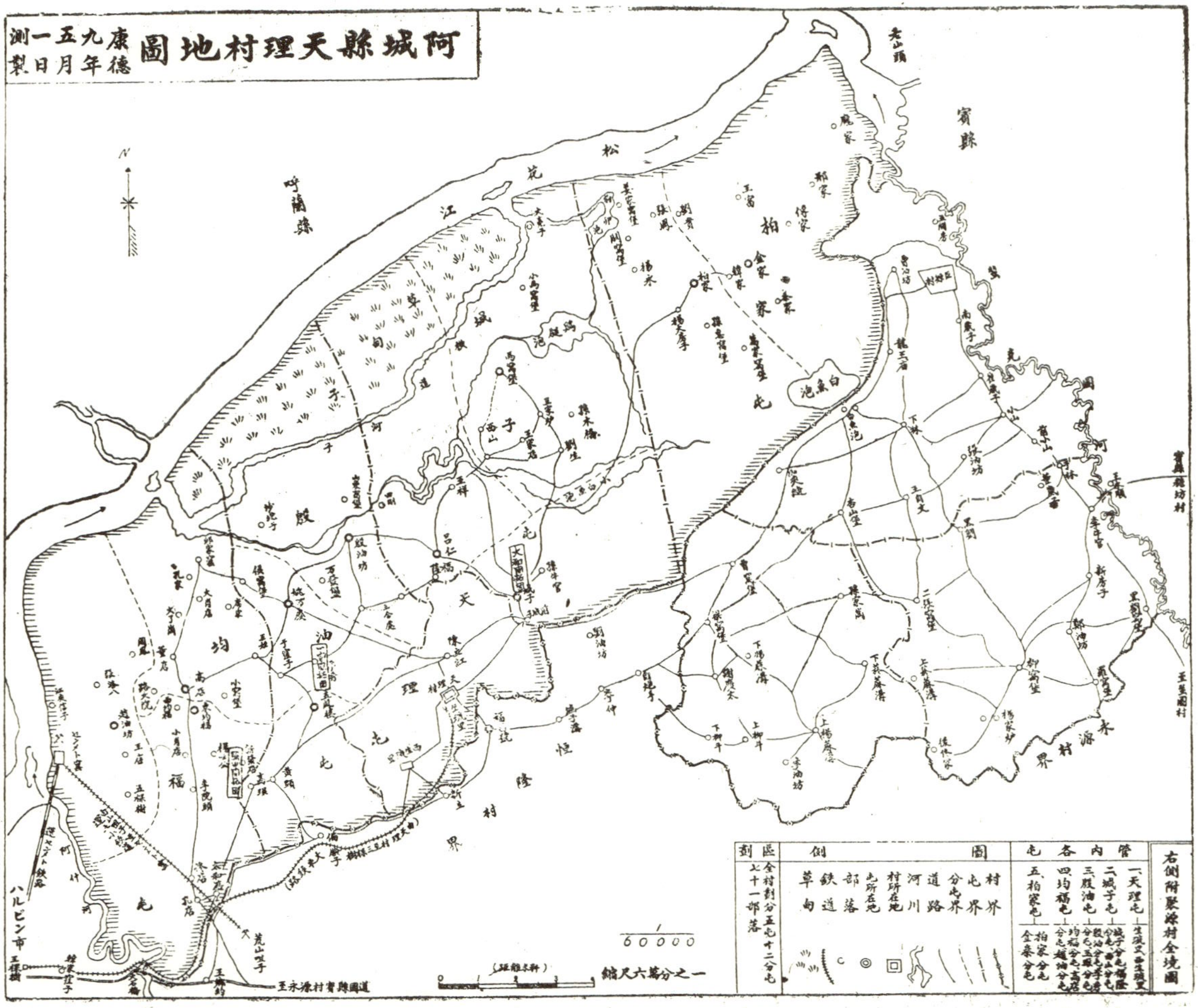

阿城縣天理村地圖
康德九年五月一日測製
松花江
呼蘭縣
賓縣
ハルビン市
一之分萬六尺縮
1/60000
右側附聚落村全境圖
管内各屯
一、天理屯
二、城子屯
三、殷油屯
四、均福屯
五、柏家屯
區劃
全村劃分五屯十二分屯七十一部落
圖例
村界
屯界
分屯界
道路
河川
村所在地
屯所在地
部落
鉄道
草甸

天理村公所調製

附録

天理村關係職員

（本文中既述のものは省略）

本部側

天理教青年會

會長　中山正善

會長事務取扱　平野規知雄

常務委員　中山爲信　深谷德郎　堀越儀郎　山澤爲次　平野規知雄　喜多秀太郎　上原義彥　桝井孝四郎　松村義孝　和久田又治　植田英藏　諸井忠彥

掛員　上田民夫

天理教廳海外傳道部

部長　山澤爲次　藤橋一春　上原義彥

副部長　和久田又治

第一課長　植田五郎

天理教廳興亞部

部長　諸井慶五郎　佐治正嗣（現）

第一課長　土佐元　山本義道（現）

掛員　大濱庄市（現）

現地側

深谷德郎　滿洲傳道廳長、天理村建設事務所長
昭和七・一〇・二六——昭和一一・一・一〇

橋本正治　天理村建設事務所主任、天理村長、生琉里教會長、產業組合長
昭和八・四・五——昭和一三・一〇・二六

齋藤謙太郎　顧問
昭和九・六・一——昭和一〇・三・三一

菅原運治　指導員
昭和九・五・三〇——昭和一〇・三・三一

須見光夫　昭和九・六・三〇——昭和一二・三・三〇

只野整助　農務部主任、天理村長（現）
昭和九・八・二三——現在

阪本清　昭和九・二・七——昭和一九・一・二

長谷武盛　昭和九・七・二一——昭和一〇・三・三一

安田市三　昭和九・五・二一——昭和一八・一・二

馬場義興　農務部長、産業組合専務理事
昭和一〇・二・二八——昭和一二・三・三一

宮谷　修　昭和一〇・三・三一——昭和一一・二・一七

佐渡島與八郎　昭和一二・四・三——昭和一二・七・一二

高橋昌樹　昭和一二・七・一二——昭和一二・一二・二八

牧口安美　昭和一二・九・二六——昭和一二・一二・二八

井戸則夫　昭和一二・二・二〇——昭和一二・六・三〇

成田久太郎　昭和一〇・一〇・三——昭和一二・一・一九

江口滿龜夫　經濟部長、產業組合專務理事、同組合長
昭和一〇・三・八——昭和一二・六・一五

小原　仁　昭和九・六・二五——昭和一〇・三・三一

田中千秋　昭和一〇・三・二四——昭和一二・七・四

利光　誠　會計係、天理鐵道支配人（現）
昭和一一・一一・三——現在

出沖寅夫　昭和一二・八・二五——昭和一四・二・一二

八木町代　昭和八・一二・一——昭和九・八・三一

山本君子　昭和一〇・三・二四——昭和一〇・四・三〇

新谷マスミ　昭和一〇・四・二〇——昭和一〇・六・五

小野利枝　昭和一〇・六・五——昭和一〇・七・一八

眞弓壽子　昭和一〇・七・一八——昭和一一・一・一三

渡邊キミコ　昭和九・一一・九——昭和一一・七・一九

川崎　宗　診療所長
昭和九・一一・九——昭和一四・二・五

候　振山　診療所長（現）
昭和一四・二・六——現在

山田清治郎　開拓團長、天理村長、生琉里敎會長（現）
昭和一三・一〇・二六——現在

魁生哲二　村長事務取扱、敎會長代行者（現）、天理村長、開拓協同組合長（現）、天理郵政辦事所長（現）
昭和一三・一〇・二六——現在

佐野貞行　開拓協同組合副組合長（現）
昭和一六・三・二〇——現在

中野眞三郎　昭和一六・三・二〇——現在

鈴木康夫　昭和一六・三・二〇——現在

佐野正行　昭和一六・三・二〇——現在

藤森芳文　昭和一六・三・二〇——現在

天理村十年史略年譜

昭和七年

四月廿二日　片山本島分教會長及ビ今井俊彦氏ヨリ滿洲移民計畫ノ建言アリ本部計畫中ノ滿洲移民具體化ヘ一歩ヲ踏出ス

八月三日　青年會本部ヨリ滿洲視察團派遣セラル

九月十五日　奉天省農務總會顧問赤木讓氏ヨリ哈爾濱郊外阿什河左岸ニ良候補地アル旨報告ニ接ス

十月廿七日　第十四回青年會總會ニ滿洲移民事業決行ヲ發表

昭和八年

二月廿八日　阿什河左岸地區ノ地主代表ト土地買收假契約ヲ結ブ

四月一日　天理農村建設事務所ヲ哈爾濱斜紋街五〇號ニ設置

六月廿八日　土地買收ニ支障ヲ來シ關東軍ヨリ移民事業中止ノ指示ヲ受ク、依ツテ同地區ノ計畫ヲ中止ス

七月五日　東亞勸業株式會社トノ間ニ同地區ノ引繼協定成ル

七月十八日　天理農村建設事務所解散

八月四日　再ビ移民計畫始マル

十月三日　阿什河右岸軍買收豫定地ヲ實地踏査

十月廿七日　第十五回青年會總會デ移民計畫中止ノ經過報告ヲ行ヒ更ニ移民計畫再願ヲ滿場一致デ可決ス

十一月十五日　移民再願書ヲ關東軍特務部ヘ提出ス

昭和九年

一月十六日　土地分讓願ヲ關東軍特務部ヘ提出ス

二月十二日　移民計畫再願關東軍ヨリ許可セラル天理村建設事務所ヲ設置ス所長ニ深谷德郎氏、主任ニ橋本正治氏任ゼラル

三月九日　移民地區決定ス、阿什河右岸城子屯附近ナリ
四月十四日　移民入植地ノ區域決定ス
五月十八日　實地踏査ノ結果中央部落建設位置ヲ福昌號西北方六百米ト決定ス
五月廿六日　中央部落地鎭祭並ニ起行式ヲ擧行
五月卅日　東亞勸業社員菅原運治氏指導員トシテ着任
六月一日　東亞勸業哈爾濱事務所長齋藤謙太郎氏顧問ニ就任
七月十九日　松花江、阿什河氾濫シ材料輸送困難トナル
七月廿九日　中山管長飛行機デ建設地ヲ視察ス
移民入植十一月上旬ニ延期ス
八月十日　天理村哈爾濱間公衆電話架設サル
八月十三日　大和店ニ匪賊ノ襲撃アリ吉川組坂巻義政氏傷害、苦力頭卽死ス
八月十五日　遊動警察一ヶ小隊常駐ス
八月廿九日　總領事警察官天理村派遣所ヘ着任ス

九月七日　天理村中央部落上棟式ヲ擧行ス
九月十四日　短波無電ノ受發信ヲ開始ス
九月廿六日　移民銓衡ニ着手ス
十月三日　遊動警察隊滿洲國軍一ヶ小隊ト交代警備ニツク
十月廿日　移民銓衡終リ四十三家族ト決定ス
十月廿五日　中央部落ヲ生琉里ト命名
十月廿六日　生琉里教會設置、本部ヨリ認可サル
十月廿七日　第十六回青年會總會デ移民四十三戸ノ送別會ヲ開ク
十一月四日　移民一行出發ス
十一月八日　部落工事完成、電燈工事完成
十一月九日　移民一行入村ス
十一月卅日　私立天理村尋常高等小學校ノ設立許可サル
十二月一日　生琉里教會設置、滿洲國ヨリ許可サル
十二月二日　生琉里教會開筵式並ニ落成奉告祭執行

十二月五日　天理村小學校開校式ヲ擧行

十二月廿九日　帝國在郷軍人會滿洲支部天理村分會設置許可サル

昭和十年

一月十日　自警用軍銃貸下許可サル

一月十二日　天理村切手代售處設置許可サル

一月廿七日　駐屯ノ滿洲國軍引揚グ

二月一日　天理電報通話取扱所ノ事務開始

二月八日　村民ノ各個教練終リ各戸ニ銃器ヲ貸與、自警團ヲ編成ス

二月廿六日　日本人墓地ノ設置許可サル

二月廿八日　農務部長トシテ蛟河協同農園主馬場義興氏着任

三月卅一日　齋藤顧問、菅原指導員辭職ス

四月六日　初ノ農耕小麥ノ蒔付ヲ開始ス

四月十日　生琉里鐵條網完成直チニ電流ヲ通ズ

四月廿七日　第二次ノ入植決定ス

六月十六日　西生琉里ノ起工式擧行

七月一日　在郷軍人會天理村分會發會式ヲ擧行

七月十日　西生琉里自警用軍銃貸下許可サル

七月十三日　天理村連絡事務所ヲ哈爾濱遼陽街十九號ニ移轉ス

七月廿日　第二次移民ノ銓衡ニ着手ス

八月五日　第二次移民銓衡終ル、二十家族ト決定ス

八月廿一日　西生琉里上棟式擧行

九月十一日　西生琉里部落工事完成ス

九月廿七日　第二次移民ノ送別會

九月廿八日　第二次移民一行二十家族出發ス

十月三日　第二次移民一行入村ス

十月十五日　天理村輕便鐵道敷設願ヲ提出ス

十月廿日　西生琉里布教所鎭座祭執行

十一月一日　天理村信用販賣購買組合設立サル

十一月九日　道友社主催天理村慰問團入村ス

十二月十六日　天理村地區一五六九・七八晌ノ分讓價格十四萬五千圓ト決定ス

昭和十一年

一月十日　深谷所長辭任

二月七日　機關誌『生琉里』創刊號發刊

四月十五日　哈爾濱鐵路局宛輕鐵材料分譲願ヲ提出

四月三十日　島川組輕鐵路線ノ測量ヲ終ル

五月一日　傳道者數名ヲ派遣、布教ヲ開始ス

五月十二日　尋五以上生徒ニ對滿語講座開始

六月七日　島川組ト輕鐵請負契約ヲ結ブ

六月十六日　交通部宛第二次ノ輕鐵敷設願ヲ提出ス

六月廿六日　生琉里西門外ニ於テ輕鐵起工式ヲ擧行

八月十二日　島川組ト輕鐵工事ノ契約解除

九月九日　輕鐵敷設許可サル

九月廿一日　日高組ト輕鐵工事請負契約成ル

十月九日　交通部宛輕鐵工事施工申請ヲナス

十二月七日　警察官派遣所閉鎖サル

昭和十二年

一月廿一日　哈爾濱産業鐵道株式會社發起人會開催

二月七日　日高組トノ輕鐵工事契約ヲ解約ス

二月十八日　毛原盛造氏ト輕鐵讓渡ノ覺書交換

三月一日　輕鐵會社發起人會解散

四月十八日　吉川組輕鐵工事ニ着手

六月九日　滿拓トノ間ニ營農資金五萬圓借款成ル

六月廿二日　毛原盛造氏輕鐵カラ手ヲ引ク

七月廿一日　吉川組輕鐵工事ヲ中止ス

七月廿四日　吉川組ト接衝、輕鐵工事ヲ續行ス

八月九日　明年ヨリ全部個人耕作トスル旨發表

八月二十日　輕鐵全路線開通ス

八月卅一日　天理村鐵道股份有限公司設立願提出
同營業願提出

九月十一日　毛原盛造氏ト輕鐵關係ノ最後的解決ナル

十二月十四日　輕鐵運輸營業許可サル

昭和十三年

一月十五日　哈爾濱産業鐵道株式會社設立、輕鐵ヲ讓渡ス

二月一日　天理村産業組合設立、舊組合ハ解散
三月十五日　橋本村長負債整理ノ嘆願書ヲ本部へ提出
三月卅一日　馬場義興氏退職ス
十月廿六日　橋本正治氏辭任
青年會本部經營ノ天理村、天理教教廳へ移管サル
村長山田清治郎氏、村長事務取扱魁生哲二氏就任

昭和十四年

一月一日　街村政實施セラル
大天理村地區決定ス
四月一日　天理村小學校在外指定學校ニ指定サレ委託經營トナル
五月十日　陸軍大將阿部信行閣下視察
六月廿七日　畏キ邊リヨリ滿洲開拓團視察ノタメ御差遣ノ德大寺侍從ニ御挨拶
九月十七日　陸軍軍醫中將小泉親彥閣下視察

昭和十五年

四月一日　天理村尋常高等小學校委託ヲ解除サレ學校組合ノ經營トナル
五月十七日　中山管長視察
十月一日　天理郵政辦事所開設サル
十一月十日　天理村開拓協同組合設立認可サル
十一月廿七日　生琉里教會、宗教法規暫行規則ニヨリ滿洲國ヨリ認可サル
十二月廿四日　哈爾濱産業鐵道株式會社ヲ天理鐵道株式會社ト變更

昭和十六年

三月二十日　天理村開拓協同組合役員任命サル、組合長ハ魁生哲二氏
四月一日　天理村小學校ヲ『天理村在滿國民學校』ト改稱
四月十日　協同組合設立ニ伴ヒ天理村産業組合同事務所解散
四月十一日　天理農事試驗場設置

昭和十七年

三月卅一日　天理村地區變更、現行ヲ決定ス

四月一日　天理村長ニ魁生哲二氏就任
天理鐵道、組合ノ委託經營トナル
五月廿三日　天理村青年學校開校ス
六月十六日　濱江省防水開發事業局ノ天理村地區ニ於ケル鍬入式擧行
七月十日　第一次一宇會派遣滿洲開拓奉仕隊入村、九月三日退村
八月廿三日　濱江省主催畜産共進會デ優勝
九月九日　第十二次集合開拓團入植申請ヲ滿洲國デ行フ

昭和十八年

一月十日　第十二次入植申請ヲ日本デ行フ
三月十四日　第十二次入植先遣隊入村、一宇、大和兩開拓團建設
三月廿一日　天理村長魁生哲二氏辭任、只野整助氏就任
三月廿四日　大東亞省ヨリ第十二次入植計畫許可サル
四月一日　一宇會派遣米穀增産奉仕隊入村、十月廿五日退村
四月十八日　天理村神社地鎭祭執行
七月五日　一宇會派遣第二次滿洲開拓奉仕隊入村、九月八日退村
九月廿三日　天理村公所落成
十月十六日　天理村神社鎭座祭執行
九月十四日　第十二次移民本隊ノ一部入村

昭和十九年八月卅一日印刷
昭和十九年九月　五　日發行

非賣品

滿洲國濱江省阿城縣天理村生琉里
編纂兼發行者　天理教生琉里教會
右代表者　山田清治郎

奈良縣丹波市町川原城三〇七
印刷者　天理時報社　奈良二
右代表者　岡島善次

『天理村十年史』解説

天理村の概要とその特徴

長谷川怜

天理村建設の中心的人物である橋本正治が戦後に著した自叙伝『章魚』（非売品、1955年）。第二巻には移民計画から天理村建設への道のり、天理村運営などがまとめられている。

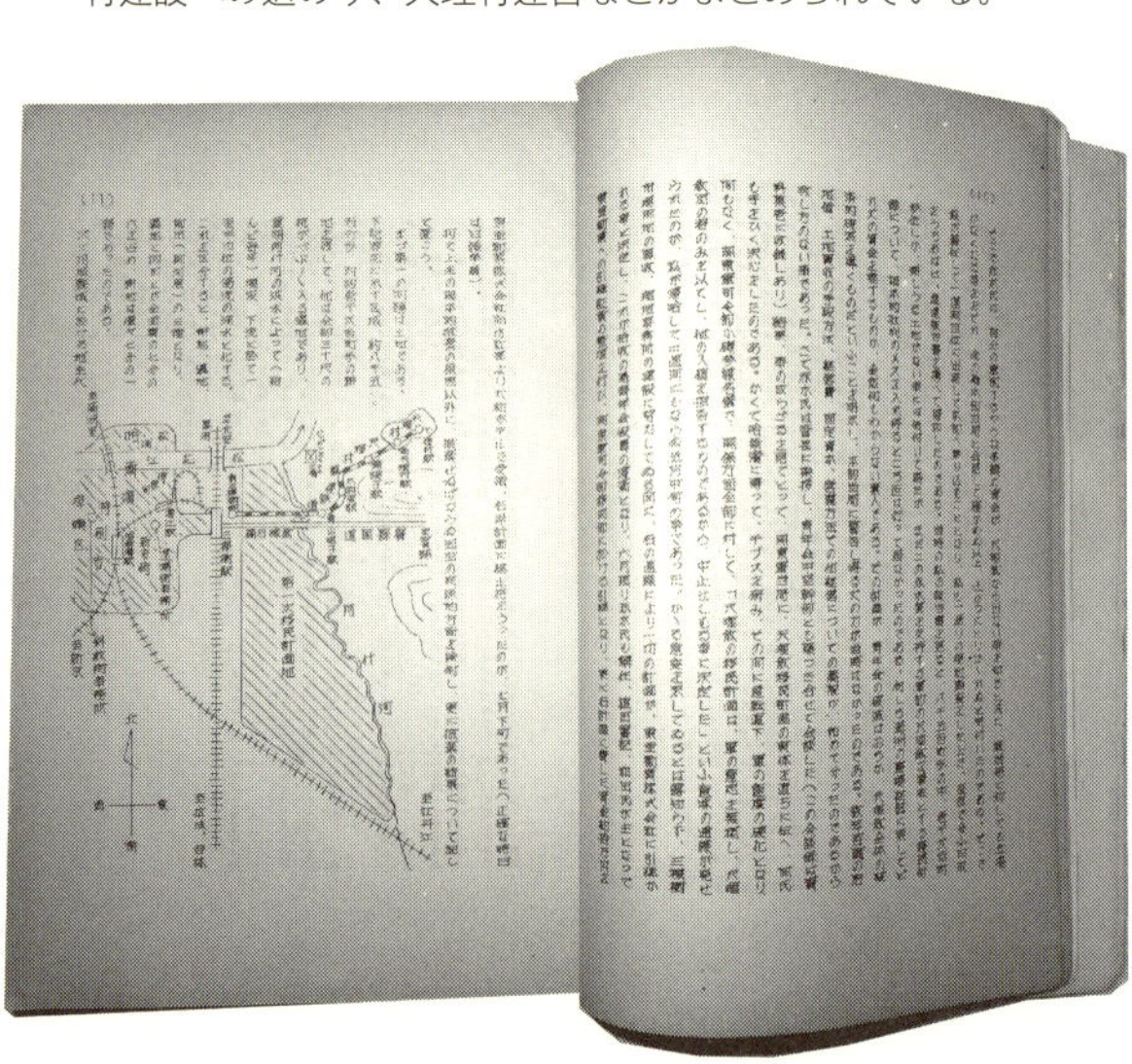

『章魚』（第二巻）の本文。手書きで記され、ごくわずかが印刷された。

はじめに

『天理村十年史』（以下、『十年史』）は、一九三四年（昭和九年）に天理教信者の開拓村として満洲国浜江省《ひんこうしょう》阿城県[1]に設けられた天理村の十年間の記録として一九四四年九月に刊行された。現地の天理教生琉里《ふるさと》教会で編纂され、印刷は奈良県丹波市町（現在の天理市）の天理時報社が行った。

天理教は、一八三八年（天保九年）に中山みきが神の啓示《おつげ》を受けて創始した。天理教において信仰される神は「天理王命《てんりおうのみこと》」で、創始者の中山みきは「教祖《おやさま》」と呼ばれる。その信仰の中心地は大和国庄屋敷村（現在の奈良県天理市三島町）にあり、世界の中心「ぢば」とされている。立教から明治維新後の迫害、政府による独立認可など天理教のあゆみや教義については紙幅の関係から省略するが、天理教は明治末から満洲への進出（布教）を積極的に進めようとしていた。日本の大陸進出（満洲経営）とオーバーラップして推進された満洲布教の一つの帰結が天理村の創設であった。

天理村の概要とそのあゆみについては、この『十年史』が最も詳しく、まとまった資料であり、復刻された本書に優るものはない。しかし、同時代の資料であることから、当時の価値観に基づいて記述されているのも事実である。そのため、満蒙開拓史の概要、天理村創設時の土地取得における現地での摩擦などについては、歴史的な観点から説明を加えておくことが肝要である。

また、『十年史』を歴史資料として利用するために、当時のメディアや書籍が天理村のことをどのように伝えていたのかを知り、『十年史』の記述の裏付けとする必要があるだろう。『十年史』を基礎としつつも、それ以外の各種史料を可能な限り用いながら、天理村の概要や特徴などについて解説を行いたい。天理村を正面から扱った研究はほとんどなく、(2)関連する史料も少ないという現状を踏まえ、執筆時に参照した文献が分かるよう本文内には細かく注を付けた。

巻末には、天理村に関する知識と理解を深めるため関係文献の目録を掲載した。

＊解説で引用した資料の中には、現在の観点からすれば差別的であったり、現在では使用されていない用語が含まれていたりするが、歴史資料であることからそのまま使用した。

＊史料の引用に際しては旧漢字を現行の漢字に改め、難読漢字にはルビを振り、また適宜句読点を付けた。

＊本解説中に掲載した画像のうち、所蔵先を明記していないものに関しては全てえにし書房の管理資料である。

初期の満蒙開拓――愛川村を中心に

満洲(3)と朝鮮半島における日露の勢力範囲争いは一九〇四年（明治三十七年）に日露戦争を引き起こした。遼陽や旅順、奉天などにおける陸戦と、日本海海戦などを経て一九〇五年九月に両国間でポーツマス条約が締結された。戦争は日本の勝利に終わった。同条約に基づき、日本はかつてロシアが南満洲に有していた鉄道・炭鉱・森林などの権益を継承し、また遼東半島の先端部にあたる関東州の租借権を獲得した（清国との間には別に同年十二月、「満洲ニ関スル条約」を締結しポーツマス条約の内容を了承させた）。大連を中心とした日本の満洲経営が本格的に始まり、南満洲鉄道株式会社（満鉄）が中心的機関となった。

それに伴って、満洲を商業的なフロンティアとみなす人々が進出を開始した。大連や奉天といった満鉄沿

大連の満鉄本社（絵葉書）

線の大都市での起業方法を紹介したガイドブックが出版され、現地の商況視察を目的とした旅行、日本商品販売所の設置などが行われた(4)。また、三井物産に代表される企業の満洲進出も活発化した。一九〇五年初頭に開設されていた大阪～大連航路が満鉄との連絡輸送を開始したのに加え、日露戦後には下関～釜山の連絡船が就航、また朝鮮半島を縦貫する鉄道と満鉄が接続され（安奉線）、陸路でも満洲へ至る路線が整備されていった。

日露戦後の初期満洲経営期において、早くも日本人移民の増加によって満洲経営を安定化させようとする意見が満鉄初代総裁の後藤新平により出された。満鉄は満洲における農業の発展を目指し農業改良事業を行う一方、試験的に少数の農業移民を一九一〇年代から実施したが、結果としては失敗している(5)。

また、関東州を統治する関東都督府は一九一五年（大正四年）、金州《きんしゅう》に農業移民による愛川村を建設した(6)。この愛川村は当時関東都督を務めていた福島安正(7)によって計画された。

愛川村の村民（『愛川村　邦人移民ノ魁』関東州庁土木課、1935 より）

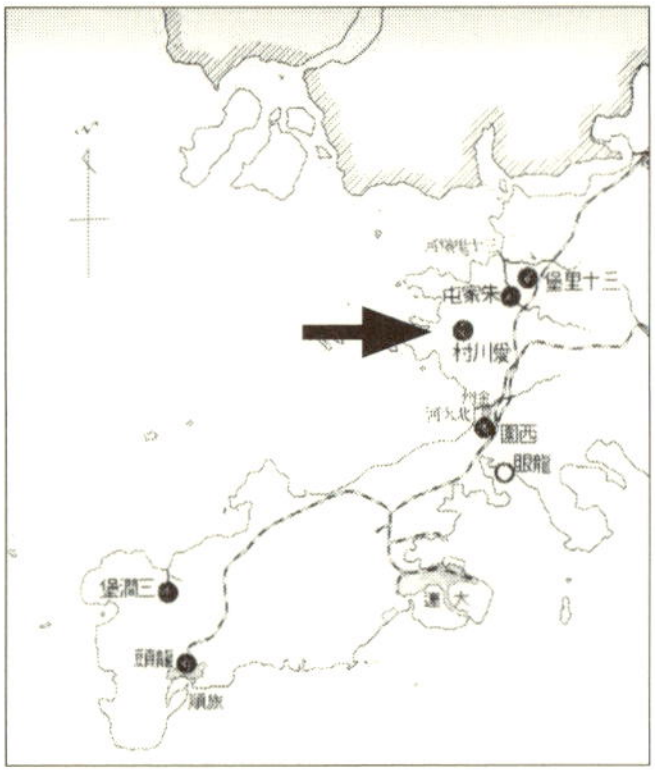

関東州地図（矢印が愛川村）

しかし、愛川村の前途は多難であった。そもそも水田開発を行う段階から移民たちの仕事が始まったことからも、彼らの苦労のほどは想像できるだろう。移民たちは、厳しい状況の中で、一戸あたりに与えられた水田三町五歩、畑五反歩を開墾して農業に邁進した。村が建設された地域は湧水地であったが、川はなく用水路の建設が不可欠であった。用水路の建設や移民用の住居などは関東州の予算によって賄われたとはいえ、灌漑が予想通りに進まなかったり、土壌が悪く稲が発芽しなかったりするなど、農業生産による純益を達成できるようになるまでに、十三年から十五年を要した。結局、第一回移民は八ヵ月が経過した段階で二戸を残して撤退、第二回移民の募集が行われ、十二名が公募に応じた。第二回移民は、すでに開墾や用水路の建設が行われた地域に入植したものの、やはり灌漑設備の不備から旱魃に苦しめられた。

井戸の改良などによって一九三二年（昭和七年）頃までには村の経営が軌道に乗ったものの、村民は負債に苦しみ続けた。こうした移民の困苦に対し、関東州は一九三三年、土地を全て農民に譲渡すると共に負債を大連農事会社・金州農会によって償却する措置を取ったが、一九三八年に至って在住は七戸となった。[8]

愛川村は満蒙開拓団の送出が本格化する一九三〇年代に、「満洲移民のさきがけ」として注目を集めたが、①土地の選定に問題があったこと、②農業生産で純益を出すまでに時間がかかりすぎたこと、③現地には学校がなく生まれた子どもは遠隔地に寄宿させざるを得ず家計を圧迫したこと、④金州における日本人社会（都市）と愛川村（農村）の間に格差が生まれ、後者は前者の生活に溶け込もうとして交際費を増加させ農業費用が相対的に不足したこと、⑤糸の価格が大正年間に暴落して副業である蚕糸業が立ち行かなくなったことなどの理由から、移民は失敗であったとの評価がなされた。現在から見れば、愛川村の移民はその後の満洲各地の満蒙開拓団の苦労を暗示しているように思える。だが、当時は向後の成功のための反省材料とすべく愛川村の事業の分析は反面教師的に活用されると共に、開拓民を集めるための宣伝にも利用された。

昭和期の満蒙開拓団の〝前史〟にあたる実験的な小規模移民は大きく実を結ぶことはなかった。しかし、満洲事変を契機として満蒙移民政策は大きな転換をむかえる。

満蒙移民政策の本格化

一九三一年（昭和六年）の満洲事変、翌年の満洲国「建国」によって日本国内には満洲熱とでもいうべきものが横溢した。すでに見たように、日露戦後から行われた満洲移民は失敗が続いていたが、満洲ブームの中で自由移民団が数多く計画された。だが当初、政府（拓務省）は南米移民に力を注ぎ、積極的に満蒙移民を後押しすることはなかった。

それではなぜ、大量の満蒙移民が送出されることになっていったのか。それは、当時の日本が抱えていた農村問題と直結している。一九一〇年代以降、都市と農村の格差は顕著になり、小作争議が頻発、農村不況は深刻化した。一九二九年に世界恐慌が発生すると、主要な輸出品目であった生糸の対米輸出が不調となった。農村がますます困窮を加える中、満洲事変が勃発した。満洲事変における日本軍の勝利は国民を熱狂させ、かつての日露戦争の〝栄光〟の記憶を呼び覚ました。そして、満洲というフロンティアへの進出こそが国内の閉塞を打ち破る方法であると喧伝された。

農村問題の解決と満蒙移民とを結びつけて理論化したのは退役軍人の角田《すみた》一郎であり(9)、農村問題の精神的指導者として活動していた加藤完治であった。彼らの活動・言説と並行して、事変直後から関東軍によって満蒙移民の具体化が模索された。高級参謀の板垣征四郎、参謀の石原莞爾《いしわらかんじ》らは、満洲地域の独立を目指す構想の中において、日本人人口を増加させることで現地での日本の影響力を確保しようとした。人口を一挙に増加させるためには農業移民を大量に送り込むことが必要であるとして、陸軍中央に対して移民政策の実行を意見した（満洲国建国時において、全人口三千万人のうち日本人は二十万人に過ぎなかった）。

さらに、一九三二年の満洲国建国後、満洲国軍政部顧問となった東宮鉄男《とうみやかねお》は、対ソ防衛と満洲国の治安維持を目的とした武装移民を国境地帯へ配備する案を打ち出した（屯墾軍《とんこんぐん》計画）。同時期に拓務省も満洲への試験移民を構想し、加藤に依頼して開拓団の訓練所建設用地の調査を行った。加藤によって拓務省と関東軍の橋渡しが行われ、拓務省は「臨時移民計画案」を策定し政府内部での予算獲得を目指していく(10)。

この段階では陸軍省は満洲への移民送出に積極的ではなかったが、関東軍の兵力不足を在郷軍人による屯墾軍で補うという計画は現実的なものだと判断され、以後、陸軍・関東軍・拓務省の三者が協力体制を整えていった。そして、一九三二年九月から移民の募集が行われ、三週間の訓練の後、十月に第一次試験移民が、翌年七月には第二次試験移民が送出された（入植地は佳木斯《ジャムス》郊外。後の弥栄村《いやさか》・千振村《ちぶり》）[11]。

だが、拙速な移民送出の弊害は、不十分な土地選定、居住地の未整備となってあらわれ、劣悪な環境に放り込まれた移民団から多数の退団者を出すことにつながった。娯楽がなく、極寒の地で鬱屈したものを抱える団員の不満は、周辺の住民に向けられ、佳木斯での無銭飲食にはじまり、強姦事件も度々引き起こされた。団員の非行抑止のため「屯墾隊懲罰令」が制定され、中国人への暴行や略奪を行ったものには除名・内地送還という罰が与えられたが、周辺住民は団員を「屯匪」と呼んでその暴虐を恐れた[12]。

団員の入植地とされた土地は、張学良軍閥の所有資産を没収した逆産地ないし東亜勧業株式会社[13]による買収土地であった。しかし、その買収は廉価で行われたため、現地民からは土地の収奪と捉えられて反感を買った。第一次移民団は現地に到着した当日に、早くも襲撃を受けている。一九三四年三月には現地民を率いた謝文東による反乱事件である土竜山事件（依蘭事件）が発生した。一時期、反乱軍は数千人に膨らんだが、関東軍により鎮定された。事件が終息した後、開拓村への「大陸の花嫁」の送出が行われた。男ばかりの村に女性が入植し、家族での農村経営を実行することで開拓民の現地定着率も向上した。

一九三四年十一月、関東軍が「満洲農業移民根本方策案」を策定し、集団的自作農の移民を中心とすることや、人口希薄地へ集中的に移民を送り込むことなどの基本方針が決められた。そして試験移民（武装移民）から農民中心の本格移民へと移民団は質的に変化していった。まず、移民の応募資格が緩和され、第四次移民（一九三五年六月入植）では全国から募集が行われた。

この間、日本では移民の入植を斡旋する満洲移住協会、満洲国では入植地の買収等を担当する日満合弁の満洲拓殖株式会社（後に満洲拓殖公社）が東亜勧業株式会社の事業を継承して設立された。また、一九三五

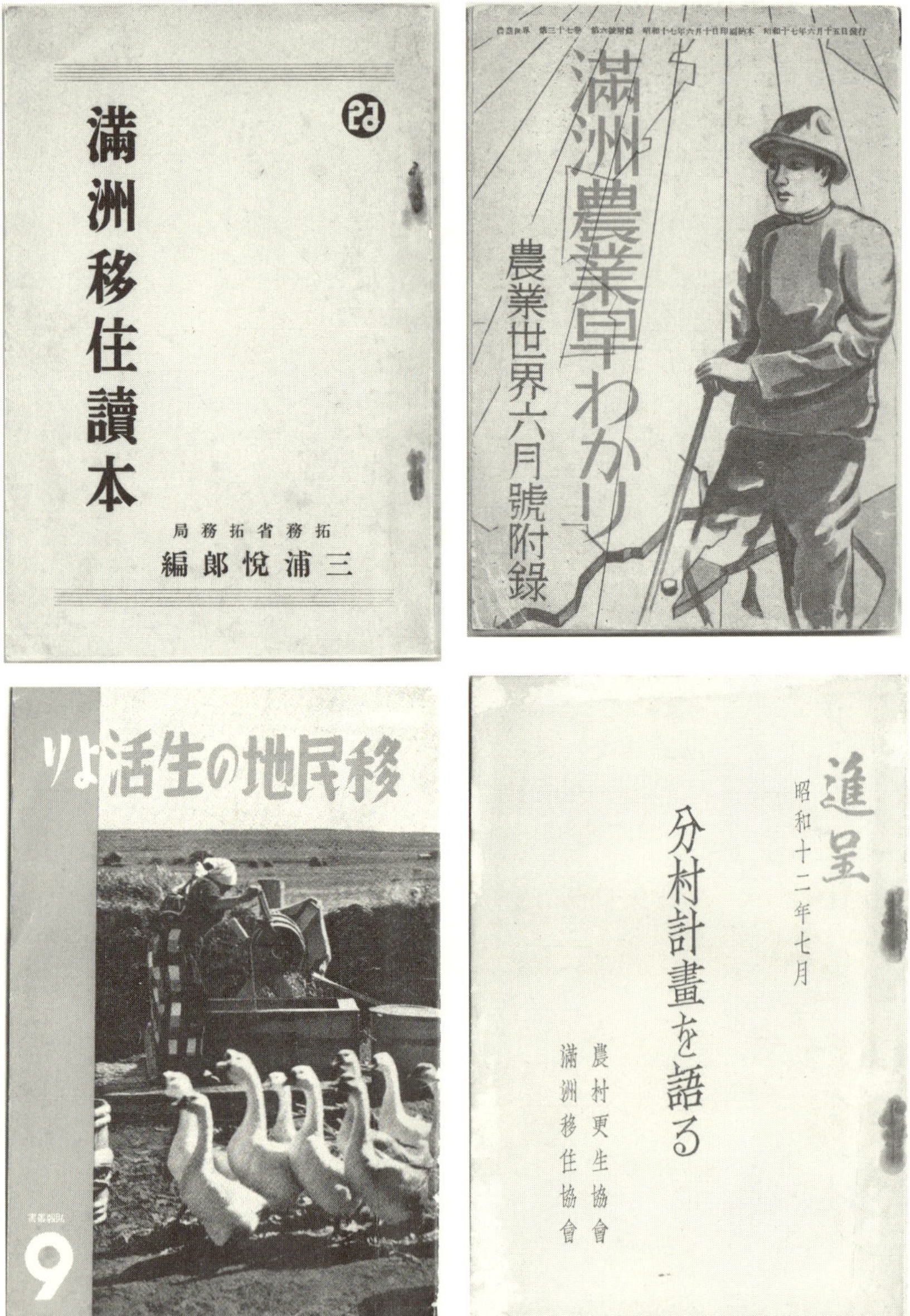

満洲移民募集や宣伝のための書籍・パンフレット

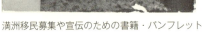

満洲移民を宣伝する絵葉書

満蒙開拓青少年義勇軍募集パンフレット

『開拓画報』第２巻第１１号（大陸建設社、1939 年）
開拓地の生活を豊富な写真で紹介するグラフ雑誌。満洲の都市部で読まれたほか、日本国内でも開拓団についての宣伝を目的として販売されていた。

年十二月には対満事務局の設置によって、日本の満洲政策が一元化され（総裁は陸軍大臣が兼務）、移民事業は陸軍の主導で行われるようになった。

一九三六年に二・二六事件が発生すると、陸軍の政治に対する発言権と影響力が増大し、それを背景として広田弘毅内閣による二十ヵ年百万戸移住計画が持ち上がった。[14] 第五次（一九三六年六月入植）からは試験移民ではなく集団移民と改称され、移民事業が本格化した。こうした国策による移民は甲種開拓民と呼ばれ、政府は渡航費や農具・家屋および土地購入のため一戸当たり概ね千円以内の援助を行った。また、自由移民を乙種開拓民と呼称し、概ね一戸あたり五百円の援助を行った（ただし援助額は逐次低減された）。五年間を一期として第一期：十万戸、第二期：二十万戸、第三期：三十万戸、第四期：四十万戸の配分で甲乙を適当の比率に基づいて五百万人を送出することが決定された（「満洲農業移民百万戸移住計画案」）。[15]

陸軍や政府の動きに合わせて、全国で移民募集のキャンペーンが展開されるとともに、満洲視察が一種の流行となり、「生命線」、「王道楽土」としての満洲を宣伝する書籍が溢れた。[16]

全国の自治体には移民送出の圧力が加えられ、村の半数をそのまま満洲へ送り出す分村移民や出身地の異なる集団を送り出す分郷移民が行われるようになっていく。だがこれらの移民は自発的に行われたものは少なく、周囲からの圧力やくじ引きで送出が行われたケースも多かった。[17]

このように、満洲事変と満洲国建国直後から移民計画が推進される中で、乙種開拓民（自由移民）としての天理村が一九三四年に誕生した。次項から天理村について詳しく見ていくが、その前に、終戦時までの満蒙開拓団について概観しておきたい。

一九三七年、関東軍は北満警備の兵力不足を補うことを目的とした青少年移民を構想した（なお、この段階で青少年主体の移民である饒河《じょうが》少年隊がすでに実行に移されている)。同時期に加藤完治も青少年移民計画を立て、一九三八年から終戦時までに約八万六千人の満蒙開拓青少年義勇軍が送り出された。[18] 全国から集められた十六～十九歳の少年たちは、茨城県内原で訓練を受けた後、主に北満洲のソ連との国境地帯に入植した。義勇軍は開拓団総数の約三割を占めた。[19]

一九三七年の日中戦争とその長期化、アジア・太平洋戦争の勃発後は、戦場への大量動員と国内労働力の需要増大に伴い、成人移民の確保が困難となった。

しかし、戦局が悪化する一九四二年頃からは開拓団員の召集を行わざるを得ず、開拓団内での労働力不足を招いた。それにも拘らず、日本国内の食料基地としての役割が開拓団の農業生産に期待されるというジレンマを生み出した。一九四四年のサイパン陥落以後、空襲が激しくなると空襲で焼け出された罹災者の満洲送出も行われたが、日本から朝鮮半島または満洲への航路が米軍の潜水艦の脅威にさらされ、渡航すら困難になった。一九四五年七月には開拓団からの根こそぎ動員で五万人が召集され、満洲に侵攻したソ連の攻撃は男手のなくなった開拓団にも向けられた。

こうして満蒙開拓団の送出は政策として成り立たなくなり、労働力を割かれた状態の中で敗戦をむかえた。ソ連軍や現地民からの襲撃、敗戦後の逃避行における病死、集団自決により多くの開拓民が命を落とした。

満洲国建国から敗戦までの約十三年間に送出されたのは国策移民・自由移民合わせて九二八団・二十四万二千三百人にのぼり、義勇軍などを加えると敗戦時には約二十七万人であった。[20] そのうち、死亡者は約八万人、帰国できなかった中国残留日本人孤児(残留邦人)は、日本政府の認定では約二千八百人である。[21] ただし、個別の正確な記録は存在せず、死亡者・残留邦人の正確な人数を把握することは困難である。

記録に残らない残留婦人や残留孤児も多数存在するであろう。

天理村の建設①——計画から創設の決定まで

満洲事変後、場当たり的に多くの自由移民が計画され挫折した中、天理教会は周到な準備計画に基づき天理村の創設に邁進した。

そもそも天理教は明治期から満洲進出の指向を有していた。日露戦争直後の一九〇七年（明治四十年）、満洲と朝鮮の国境にあたる安東県において布教を行い、一九一一年には同地で宣教所（分教会）を設置した(22)。大正初期には奉天に満洲布教管理所を設立、同時に大連と旅順に教会を設置し、その後は長春、哈爾浜《ハルビン》、遼陽などに教勢は広がっていった(23)。一九三一年に満洲事変が発生し、日本にとっての満洲の重要性がにわかに高まると、天理教は積極的な満洲進出への指向を踏まえ、満洲移民計画の実現に向け動き始めた(24)。

後に天理農村建設事務所主任および天理村村長を務める橋本正治によれば、関東州学務課長を務めていた今井俊彦が天理教の信徒であり、一九三二年四月に「普通人の移民では成功覚束《おぼつか》ないといふ当時の一般風潮にかんがみ……信念鞏固《きょうこ》にしていかなる苦難にもたへ、利害を超えて行動する天理教徒をもってする移民団を組織し、世に満洲移民はかくの如くすべきだと雛型を示し、もって国策に寄与しやう」と考えたことも大きな動機となったという(25)。今井の構想は実行原案となるような具体化されたものではなかったが、そのアイディアが基礎となり「移民事業に対する重要な実現促進の役割をつとめた」(26)。

天理村建設事務所長（天理村村長）を務めた橋本正治（写真は米国抑留中の1946年撮影。『章魚』第二巻より）。

教団は満洲事変後、満洲への慰問使派遣を決定し、[27] 一九三二年二月に派遣を行った。同年八月には青年会による農業移民調査団が満洲各地を訪問した。青年会の移民調査の際には、慰問団の代表格だった深谷徳郎が同行した。奉天農務総会顧問の赤木稜の斡旋により、東亜勧業株式会社が哈爾浜郊外の阿什河《アシホ》[28]左岸地区に取得していた約八千町歩の土地を格安[29]で買収する計画を立てて帰国した。その後、深谷は天理教満洲伝道庁長となり満洲移民に精力的に関わっていくこととなる[30]。

一九三二年といえば、拓務省・関東軍がようやく試験移民の計画を策定しつつある段階に過ぎず、天理教会の動きは相当に早いといえる。より具体的な動機としては、「国策……として移民事業が提唱されたが、拠るべき雛型も無く……宗教家として時期尚早であるが宗教信念に依ってどんな苦労にも耐える」との考えから国家に貢献しようと「立ち上った」のだという[31]。

一九三二年十月の第十四回青年会総会で満洲農業移民計画が発表された後、一九三三年一月、奉天での伝道経験のあった橋本正治が青年会本部参事に任命され、満洲派遣が決定した。橋本は哈爾浜市埠頭区斜紋街五〇四に設けられた天理農村建設事務所へ夫婦二人で赴任した。

赴任後、橋本は関東軍および拓務省の支援を得ながら満洲国政府と折衝を重ね、取得した土地の実測や事務所機能の充実に精力を傾けた。四月、橋本は本部への報告のため関釜連絡船で一時帰国し下関へ入港した。その際、下関付近で天理教の移民計画について当局者に語った内容が山口県知事の岡田周造から内務大臣（山本達雄）、外務大臣（内田康哉）、朝鮮警務局長、奈良・慶南各県道知事宛に通報された（「容疑邦人仮来ノ件」[32]）。橋本は、内務省の特別要視察人に指定されていたことから、通報の記録が残っている[33]。

恐らく速記したのであろう、橋本の話した内容が詳細に記載されており、橋本の構想や計画していた内容を知る事ができる。ごく初期の天理村建設計画を伝えるほぼ唯一の生の声であるため、全文を引用したい。

一、自分ハ多年、天理教青年会本部幹事トシテ全国三十三万余ノ会員指導ノ第一線ニ立チテ活動シ来レルガ、昨秋本部ニ於テ開催セル全国支部談合総会決議ニ基キ、新興満洲国ニ理想的農村ヲ建設シ、以テ同地ニ於ケル人口、食料問題ヲ緩和スベク本年一月、本部ヨリ派遣セラレテ渡満、爾来《じらい》軍部及拓務省当局ノ支援ノ下ニ満洲国政府ト折衝ヲ重ネタル結果、哈爾賓《ハルビン》郊外拉法[34]ニ約一万町歩ニ亘ル土地ヲ商租スル事ニ決定シタルタメ、本月二十日、肩書住所地ニ事務所ヲ開設シ、引続キ軍部後援ノ下ニ土地実測中ニテ、其ノ完了ヲ俟《ま》ツテ約四十五万円ノ資本ヲ投シ、具体的ニ農村建設計画ヲ樹立スベキ方針ニテ、之ガ打合セノタメ約一ヶ月ノ予定ヲ以テ本部訪問ノ途次ナリ。

二、本事業ハ純然タル天理教青年会ノ社会的事業ニシテ民間営利会社ノ経営トハ其ノ趣ヲ異ニシ事業資金ハ青年会ヨリ出資シ民族的偏見ヲ超越シテ日、鮮、満、人ヲ以テ一丸トスル農民集団ヲ創設スルニ在リ。宗教ト労働ノ偉大ナル力ヲ通ジテ農民理想郷ノ出現ヲ企図スルモノニシテ、今回商組セル地帯ハ地味肥沃、水、畑両作ニ好適シ移民後二ヶ月ニシテ相当ノ収益アル見込ナリ。内地ヨリノ移民ハ年齢三十年前後ノ有家族者ヲ送《ママ》抜、移住セシムル予定ニテ、来春早々着手スベク、将来ハ哈爾賓附近ニ常駐サルベク内定セル姫路師団ノ糧食ハ此ノ農村ヨリ供給スベク、既ニ軍部当局ノ諒解ヲ得居リ、其ノ発展ハ確実性アルモノナリ。

ここで橋本は、「民族的偏見ヲ超越」した農村の建設を理想としている。それは、一面では満洲国の五族

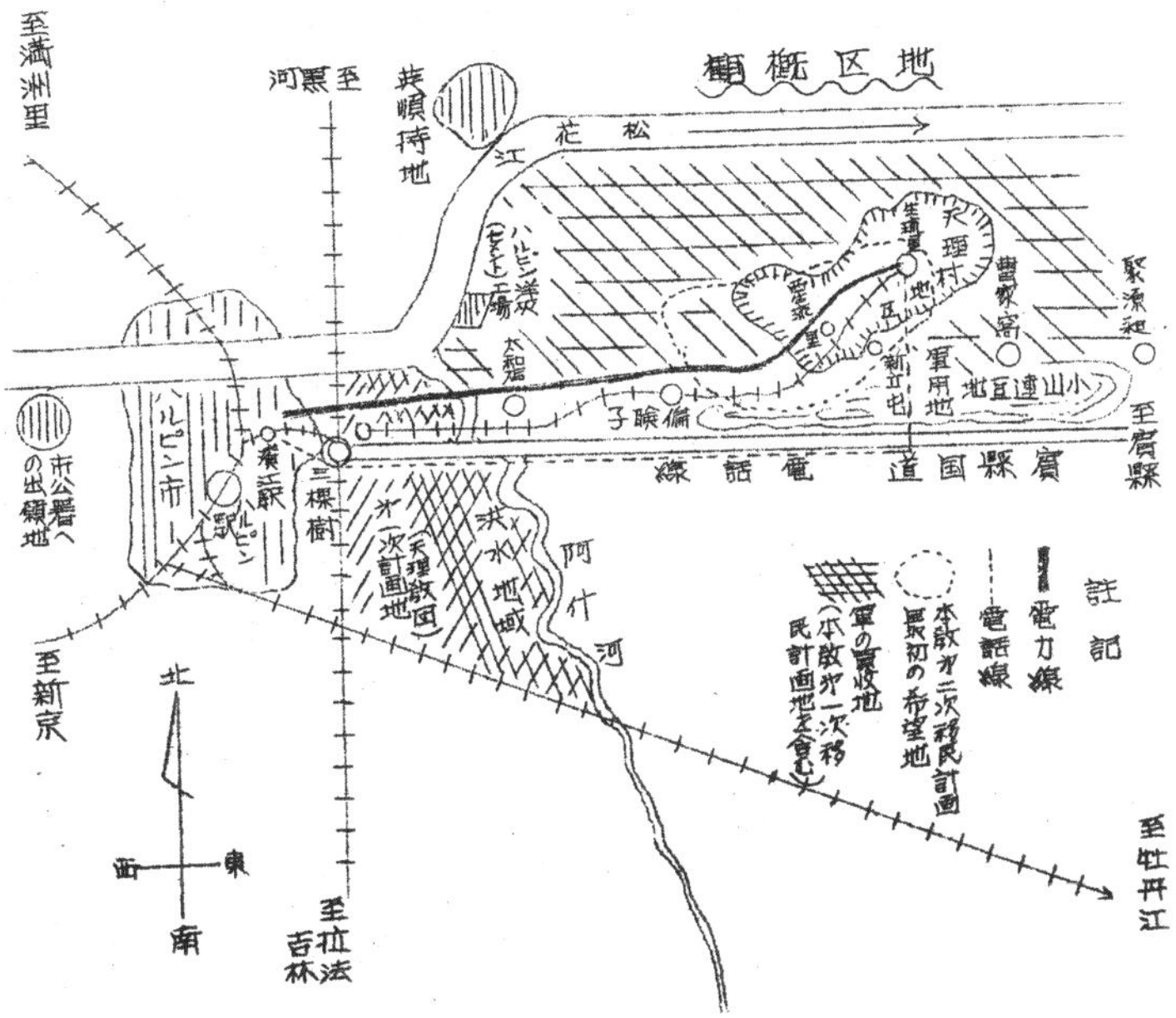

天理村地図（橋本正治『章魚』34 ページより）

協和の精神を意識したものであり、もう一面では天理教の教えである「せかいいちれつみなきょうだい（世界一列皆兄弟）」を示しているといえよう。また、後に天理村は軍隊向けの漬物販売ルートを確立するが、満洲駐屯部隊への糧食供給基地としての位置づけが当初から模索されていたことも分かる。

しかし六月、関東軍（移民部長：梅谷光貞）より突如として天理村建設中止が命令された。『十年史』は、「満洲事変が起るや各地の難民は哈爾浜になだれ込み、それらの満人、鮮人は哈爾浜郊外の阿什河左岸に収容された。その中鮮人の有力者は直ちにその土地を中心に営農に着手し、既にわが方が買収にかゝらんとした時には、各種の団体や個人が入り乱れて権利争ひを行つてゐた。すなはち満人二百戸、鮮人三百戸が営農に当つてゐた」[35]と、すでに阿什河左岸には多くの耕作民が入っていたことに加えて、長年にわたり複雑に絡み合った土地の所有権問題を解決することが困難であったことを理由として挙げている。

満洲における耕作地は小作人を農場の管理者が雇用し、土地所有者は都市部に居住するなど複雑な形態であり、日本で一般的に考えられる地主―小作人の二元的な関係ではなかった。また、天理村周辺では水利権も複雑で、営農者が取得している権利を個別に買収する必要があるなど、当初の想定よりも多額の費用を要することが判明した。(36)

さらに、予定した土地約八千町歩のうち可耕地は千二百町歩に満たず、他は全くの湿地であったという。これは土地の検分を結氷期に行ったためであり、夏季には洪水のために水没する場所であることが分からなかったのである。(37)

そもそもの土地取得の段階で充分な調査が行われておらず、また複雑な満洲の土地の所有権問題に阻まれ、予算的な限界もあり、天理村の建設事務所は解散となった。だが、現地では橋本正治を中心に移民計画を再び始動させる動きがあり、関東軍と折衝が続けられた。

二度目の土地取得では阿什河右岸が候補地となり、再び東亜勧業株式会社の協力を得た。同社が作成した冊子「哈爾浜阿什河右岸 移住地建設計画概案」(38)では、初年度に五十戸、二年度に五十戸を入植させること、一戸当たりの畑面積は十町歩と定めている。移住者が所持金を有していないことを前提として計画は立案されており、一家族あたり三千百九十四円を貸し付けることになっていた。(39)一九三六年度から営農による益金が出ると想定され、二十ヵ年にわたり貸付金を無利子で均等償還する計画であった。(40)一九三三年十一月、関東軍に「哈爾浜近郊移民計画ニ関スル件御願」を提出、翌年一月には関東軍参謀長小磯国昭から移民計画の許可が下りた。こうして東亜勧業株式会社が買収済みの阿什河右岸（城子屯付近）の土地の分譲許可を関東軍特務部に申請し、約一二〇〇町歩を十二万円で購入した。

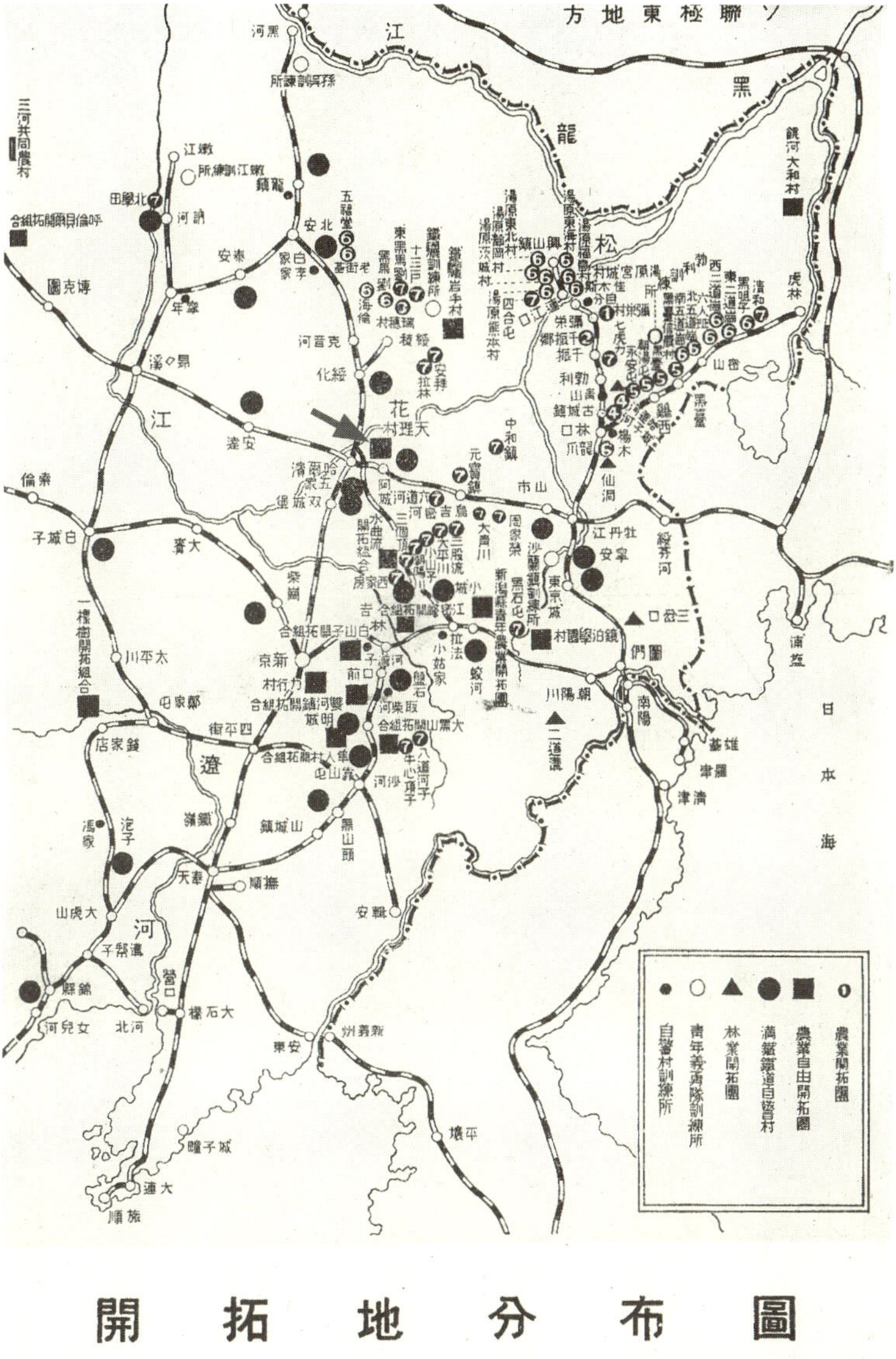

開拓地分布図（絵葉書）
矢印が天理村。北満洲における他の開拓団に比べ大都市（満鉄の主要路線）の近郊に建設された特徴的な開拓村であったことが分かる。

以上は、『十年史』および橋本の回想に基づく経過である。しかし、一九三三年六月の関東軍からの中止命令を経て、再度の移民計画が始動した後、一九三四年一月に関東軍から阿什河右岸地区への移民の許可を得るまでの間には紆余曲折があったようである。

史料的な制約から全てを明らかにすることはできないが、大東亜省が一九四二年に印行（未定稿のまま硬筆謄写印刷）した「満洲開拓拾年史」によれば、「昭和八年十月一日以降約四ヶ月を費して関東軍は、東亜勧業会社をして哈爾賓郊外阿什河沿岸に約一萬一千町歩の土地を買収せしめた」という。(41)

一九三三年九月、日本側から関東軍の桜井参謀、斎藤阿城警備隊長、東亜勧業花井専務、満洲国側から劉総務科長、第三区分所長などが出席して開かれた会議において、阿什河附近での移民は「国家的事業……一宗教団体等ニテ取扱フ性質ノモノニアラザルタメ、サキニ着手セントセル天理教ノ同事業ヲ中止セシメタ」ことが言明された後、「日本政府ノ事業トシテ満洲政府ト協同シ我ガ陸軍ガ直接行フモノ」であると説明があった。すなわち、中止を命令した後、阿什河地域での移民は陸軍が主体として行うことが明言されているのであり、その移民とは「概ネ満洲事変ノタメ死傷シタル軍人ノ家族ヲ収容スル……王道満洲国建設ノ柱トナリシ勲功アリシ軍人ノ家族」であるとされていた。(42)

天理教青年会が阿什河における再度の土地取得を求め関東軍に働きかけを行っていた頃、関東軍内部では満洲事変における戦死・戦傷軍人の家族を主体とする移民計画を模索していたのである。これについては、哈爾濱警察庁の報告書の中にも記述があるため、現実的な計画であったと推定される。(43)

関東軍兵士の遺族等による移民計画が、翌年一月になると従来の計画通り天理教の移民村建設として許可される経緯は詳らかではないが、この段階では阿什河における移民には多様な方向性があったことを示しておきたい。

そして一九三四年五月、天理教による開拓村（天理村）は当初の計画から約二年を経て地鎮祭と上棟式（起工式）を迎えた。式典には哈爾浜総領事の森島守人をはじめ関東軍特務機関、各界の名士が勢ぞろいし、満洲国軍が三個大隊の警備兵を出して哈爾浜からの沿道警備を行った。

天理村の建設は吉川組（兵庫県に本社を置く建設会社で、満洲では満鉄の各種建設工事の請負実績があった）の手によって行われた。建設における最も大きな苦労は阿什河の氾濫による資材運搬の途絶であり、船便の活用によりかろうじて資材を予定地へ運ぶことができた。(44)

当初の計画が関東軍の命令により水泡に帰したのはすでに見たとおりである。土地の買収は、先行研究でも指摘されているように「収奪」ともいえるものであり、(45)後に天理村が匪賊（＝抗日パルチザン）の襲撃に頻繁にさらされたことは、それだけ土地をめぐる現地住民の憎悪が強かったことを示しているだろう。当初の計画の失敗は、当時の新聞等では「幾多の難問題」(46)などと歯切れ悪く表現されており、現地農民との間に軋轢があったことなどは明らかにされなかった。(47)

天理村の建設②——移民募集から入植まで

天理村の建設工事が始まったのと相前後して、全国の天理教会で移民の募集が行われた。直轄分支会長会議で計画の詳細が説明された後、三十八の分会から四戸ずつ計百五十二戸、二十二の支会から計二十二戸の合計百七十四戸を候補としてその中から百戸を選抜することとなった。募集に際しては、宗教的な団結心が

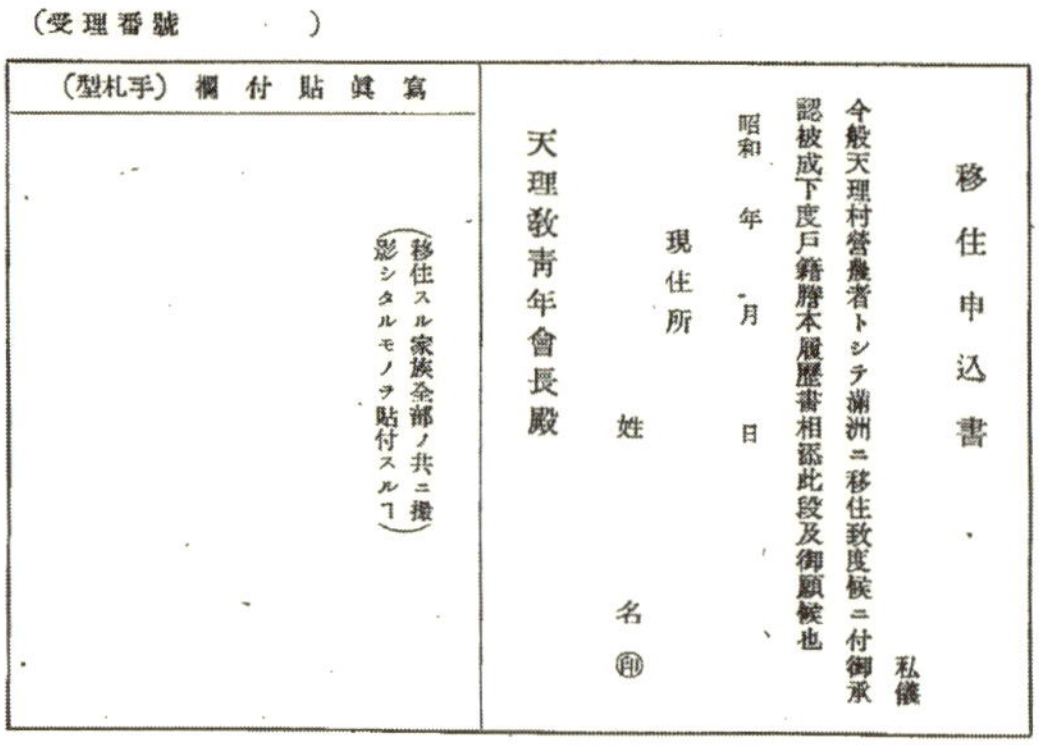
（受理番號　　）

移住申込書

私儀今般天理村營農者トシテ滿洲ニ移住致度候ニ付御承認被成下度戸籍謄本履歴書相添此段及御願候也

昭和　年　月　日

現住所

姓　名　㊞

天理教青年會長殿

寫眞貼付欄（手札型）

（移住スル家族全部ノ共ニ撮影シタルモノヲ貼付スルコト）

移住申込書（「天理教青年会移民入植ニ関スル具体案」所収　1934年　外務省外交史料館蔵）

強く、全家族が同時に移住することが条件とされた。入植希望者は移住申込書に入植する家族の集合写真を添付して青年会本部へ提出した。「天理教青年会移民入植ニ関スル具体案」[48]に記載された準備に関する諸注意は以下の通りである。

（イ）神様ヲ奉祀セルモノハ必ズ御トモスルコト（神具一切ト共ニ）、（ロ）在来使用ノ農漁具、手職道具等ハナル丈《だけ》持参スルコト、（ハ）衣類ハ在来ノモノニテ可。但シ防寒用トシテ綿入類、毛布類、ズボン下、股引等仕度《したく》ノ事、（ニ）自衛ノ関係上壱戸ノ主タル男子ニ対シテハ一定ノ服装（壱着）ヲ給セラルル筈、（ホ）寝具一切ハ必ズ各人持参ノ事、日常生活必須ノ炊事道具ヲ仕度スル事、[49]（ト）現地ニ到リテ農漁業ニ役立タヌモノ、或ハ荷嵩大価格廉ナルモノハ携帯ヲ見合ハス事、（チ）拳銃、軍刀、日本刀其他ノ兇器ハ携帯許可証アルモノニ限リ、持参ノ事、（リ）小鳥犬猫等ノ諸動物ヲ伴フ~~事ハ見合ハス事~~テ可、[50]（ヌ）写真機、蓄音機、ラヂオ、諸楽器類、其他娯楽用具アルモノハ持参シテ可、（ル）小遣《こづかい》若干（五十円以上）ヲ用意スル方宜シカラン、（ヲ）其他現地到着後日常生活ヲ為スニ差閊《さしつかえ》ナキ程度ノ準備ヲ可トス。

移民地については土地が「熟地」（農業に適していること）であり、また一大消費地である哈爾浜に近くて交通の便がよく、治安の確保もほぼなされていること、そして移住者向けの住宅や公共の営造物が事前に整備されていること、貸付金が無利子であることなど、移住者が不安を抱くことがないように説明がなされた。[51]

天理村の人口変遷（1934 年～ 43 年）

年度	戸数	男	女	合計
1934 年	43	103	101	204
1935 年	65	166	162	328
1936 年	66	172	164	336
1937 年	65	176	173	349
1938 年	62	174	170	344
1939 年	73	185	167	352
1940 年	73	200	187	387
1941 年	80	202	185	387
1942 年	77	201	191	392
1943 年	73	197	184	381

『十年史』（340 ページ）より作成。なお、原資料中、合計人数に計算の誤りがあったため、男女の人数はそのままとし合計人数を正しく修正した。

そして、百十八戸が応募、六十一戸が選考対象となった。選考は、橋本正治および東亜勧業株式会社哈爾浜出張所長の斎藤健太郎、同社社員の菅原運治が担当した。この三人は、日本へ帰国するとまず東北地方へ出かけ、家族構成・営農の適不適・信仰の度合いなどを直接応募者に面談して調査した。布教専任者や小学校教員、大工や左官といった職人も入植者に組み入れられた。彼ら三名は、山陰地方でも面談を行った後、おおよその選考方針を決定するとその他の地域では書類のみの選考とした。第一回移民の失敗は許されず、村の運営に関わる橋本が責任を持って綿密な調査の上で入植者を決定したのである。[52]

第一次移民として最終的に四十三戸二百五名の入植が決定し、[53]彼らは一九三四年十一月四日に神戸港を出発、大連に上陸の後、満鉄路線で北上し九日に天理村へ到着した。天理村のある地は天理教管長中山正善により「生琉里《ふるさと》」と名付けられ、村の中心には生琉里教会が鎮座した。村の開村式は十二月二日に行われた。[54]こうして天理村は宗教教団独自の移民村としてその歩みを始めた。所在地の住所は、満洲国浜江省阿城県第三区天理村大字生琉里である。[55]

だが、入植当初は「全く不安、混乱、不平、不満に、村中はわき立つやうであった」という。入植した十一月はすでに結氷期に入っており、想像以上の寒気が入植者を襲った。建てられていた家々も壁が生乾きで、また馴れないオンドルの焚き方が分からず、過熱による失火で初日から一戸が全焼するというトラブルもあった。村長となった橋本は、入植から約一ヵ月が経過した頃、全村民に対し匿名のアンケートを実施すると、オンドルの不具合や劣悪かつ粗雑な家屋への不満などが数多く寄せられた。[56] また、栄養不足から夜盲症になる村民が続出した。[57]

多くのトラブルや不備があったが、「信仰が中心になって動いた」結果、一つずつ問題を解決して天理村の建設は順調に進んだ。[58] 一九三五年の段階で早くも「満洲国移民中の模範村」と言われ、多くの視察団が来訪した。[59] 同年には第二次移民（二十戸百十六名）の送出も行われ、天理村西部に新たに開かれた西生琉里《にしふるさと》に入植、村の人口は一挙に三百人に達した。第一次移民入植時の諸問題には対策が取られており、第二次入植隊が西生琉里に入った際には、一次移民が生産する蔬菜《そさい》（野菜）類が「豊富で捨てる程」あり、何らの支障も不平不満もなく拍子抜けするほどであったとする記述も見られる。[60]

なお、民間主導の移民事業は、計画だけであれば非常に多数が存在したものの、ほとんどが成功しなかった。天理村以外には通遼県銭家店（現在の内蒙古自治区通遼市）の天照園が定着に成功し、また鏡泊湖畔（現在の黒竜江省牡丹江市）の満洲鏡泊学園、金州の燈影荘などが実行にうつされたに過ぎない。[61]

補足しておくと、天照園は東京市深川区の失業者無料宿泊施設で、一九三七年に東京市社会局と関東庁の後援により選抜された人員によって移民団を構成、関東州の大房身で訓練を行った後、翌年通遼県銭家店（東亜勧業株式会社の所有地）に入植した。[62]

鏡泊学園は国士館の山田悌一が中心となり寧安県鏡泊湖畔の松乙溝に一九三三年に設立された学園で、満蒙開拓の指導者となる人材の育成を行ったが、一九三四年に学園総務の山田および教員、学生が匪賊の襲撃で殺害され一九三六年に廃止となった。[63] 土地は満拓に引き継がれ、残留した旧学園生約三十名が産業組合を結成して小規模ながら開墾が継続された。また、同学園が健在の頃、一部の学生が有畜機械農業を目指して海拉爾《ハイラル》に入植、興安農場を設立した。同農場は一九三七年に海拉爾駐屯部隊の除隊兵（北満定住希望者）と

合同し、呼倫貝爾《ホロンバイル》開拓組合を結成した。(64)

燈影荘は一燈園《いっとうえん》（一九〇四年創始の自然と一体化した生活を行う共同体）の教えの下に開かれた農村である。園主である西田天香が大正末に関東州の愛川村を視察した際、不振であった同村を「一燈園主義ヲ以テ……振興ニ寄与」(65)しようと考え、門下の山崎寿《とし》を同村に入れて耕作に従事させた。しかし、愛川村で一燈園主義は受け入れられず、また村民との折り合いも悪かったことから、金州民政署が大魏家屯会東田家屯の官有地を新たに貸し付け、山崎の主導によって農園経営が行われた。「極度の質素倹約」の精神で開拓が進められ、農業およびアカシアの植樹など広範な活動を行い、合理的経営のため多くの利益を出したという。(66)

天理村の特徴

満蒙開拓団の歴史の中において天理村にはいかなる特徴が見出せるのであろうか。

第一に挙げられるのは宗教団体によって成立した村という点である。入植の経緯はすでに述べた通りであるが、宗教的信念によって団結した村であることは当時から異色の存在として見られていた。村民たちは農業に従事して村の経済的安定をはかる一方、周辺の「満人」に対する天理教の布教活動も活発に展開した。移民の募集にあたっても天理教への信心が強く、「荒木棟梁《あらきとうりょう》」(67)としての自覚を持つことが条件とされた。(68)

第二は、成功した移民村であったという点である。満洲への移民送出事業は当初、関東軍や拓務省などによって担われたが、在郷軍人によって編成された試験移民（武装移民：弥栄村・千振村）が本格入植したのは一九三三年であり、しかも当初は不十分な設備・装備が原因でトラブルが続発し、いわゆる屯墾病による脱

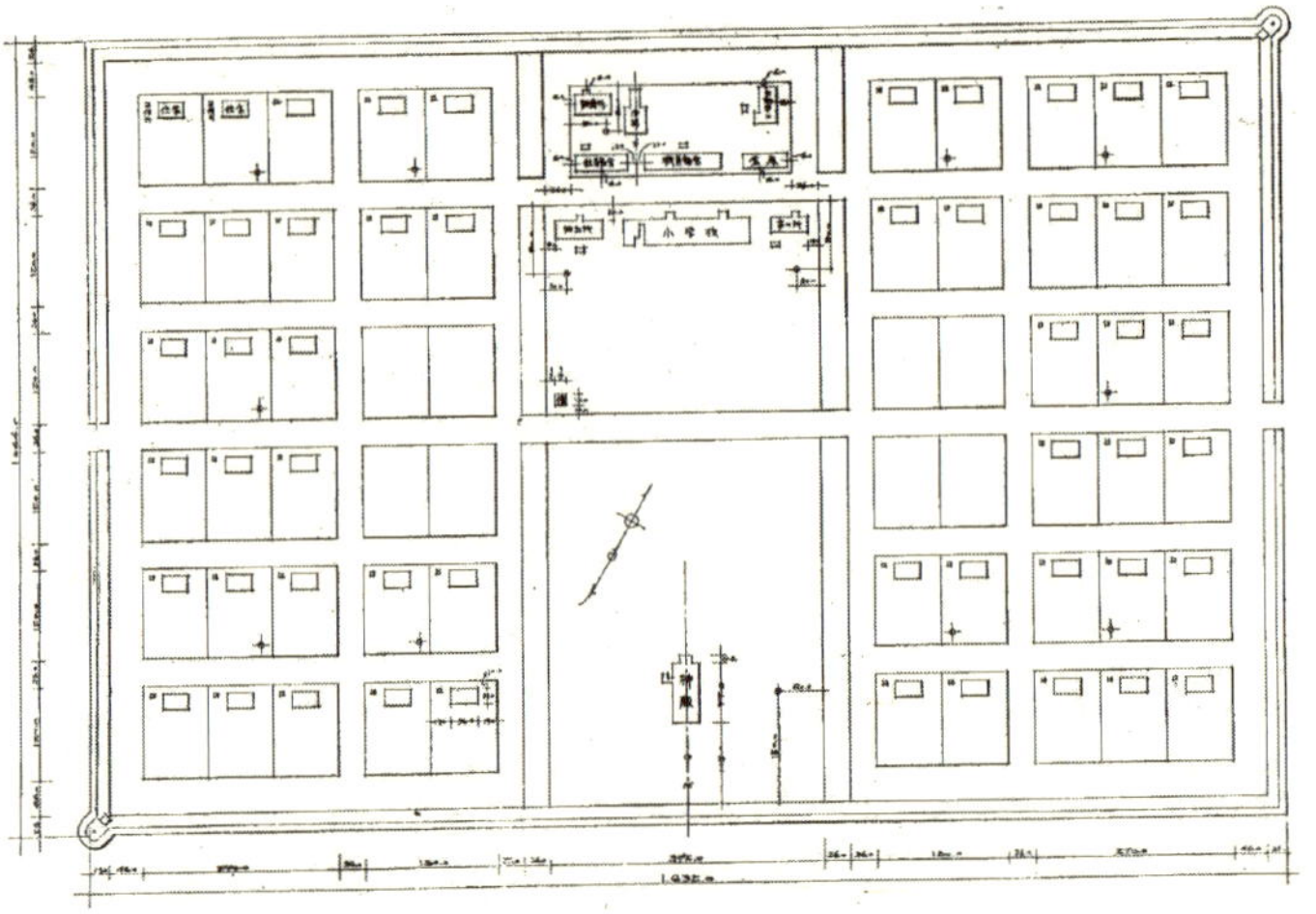

天理村配置図（「私立天理村国民学校」外務省外交史料館蔵より）
教会および小学校などを中央に配し、両側に村民の家屋を碁盤の目状に置く構成である。村の周囲には壁が設けられ、鉄条網が設置された。村の建設の初期計画において「部落ハ長方形墻壁内ニ設置ス」と決められていた（「哈爾浜阿什河右岸 移住地建設計画概案」）。

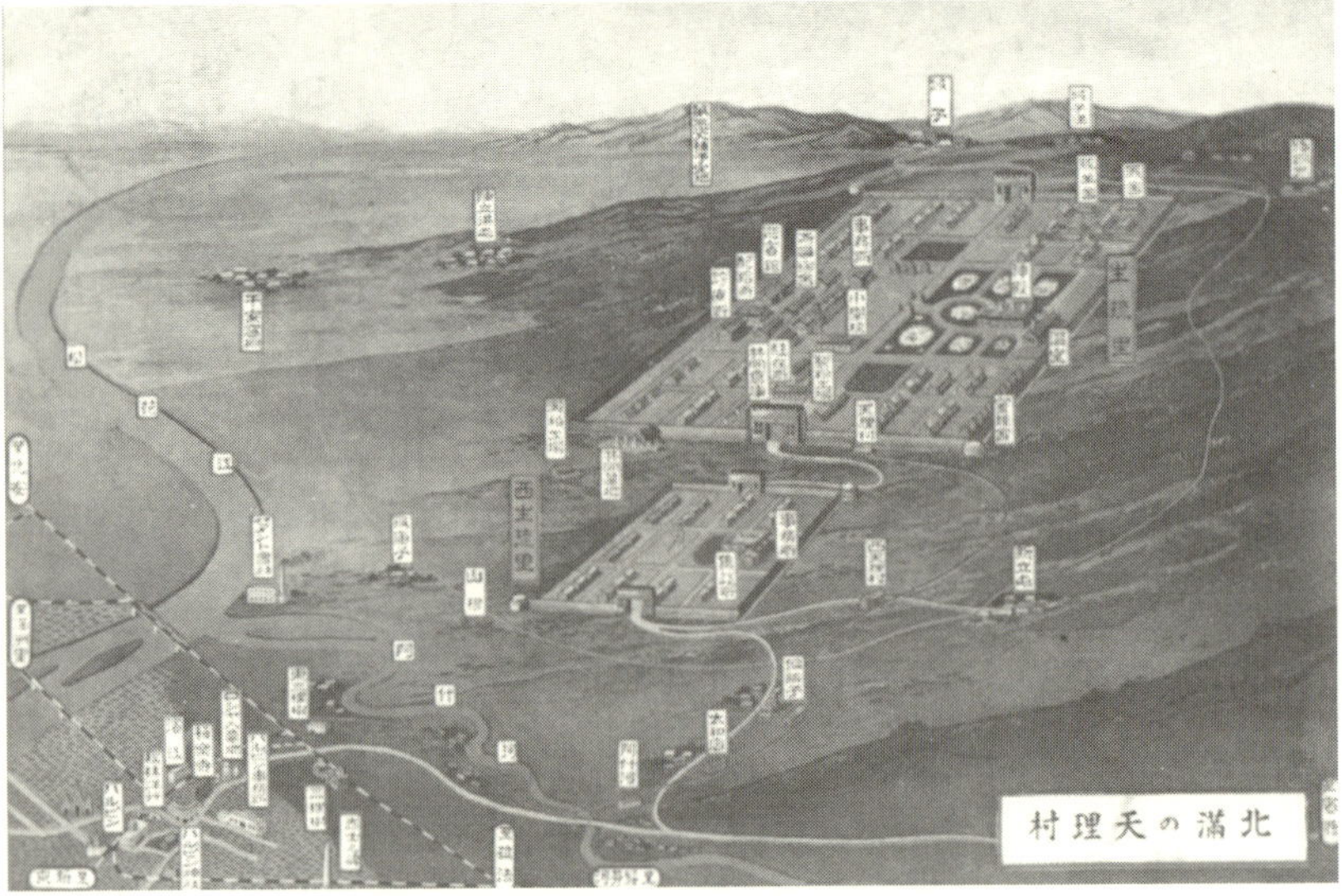

北満の天理村（絵葉書 1935 年、山根理一『満洲天理村物語』より転載）
誇張されて描かれた鳥観図であるが、天理村の特徴をよく示しており、また西生琉里や哈爾浜、阿什河などとの位置関係を把握することができる。

落者を多数出していた。国策としての移民政策が軌道に乗る以前に、天理村は曲がりなりにも経営の安定化に成功していたのは特筆しておきたい。

天理村は哈爾浜という北満洲の大都市から約一六キロの近距離にあり、村の作物が荷馬車やトラック、後には天理鉄道（後述）によって運搬・販売され、大きな収益を上げることができた。満ソ国境付近の隔絶された地域の開拓村と比べ非常に恵まれていた。

村では村民の食料として陸稲《おかぼ》、高粱《こうりゃん》、大豆などを生産する耕作地の割合が大きく取られていたが、部落周囲には蔬菜園を設けると共に温室栽培も試みられた。また、冬季の蔬菜貯蔵庫も建設され、蔬菜が市場で品薄になる結氷期でも販売が可能となるように工夫された。煙草栽培や軍との特約による漬物製造も行うなど多角的な経営が行われていた。[69]

ただし、天理村の農作物栽培に対して、蔬菜と軍隊向け漬物以外は実際にはあまり成果をあげることができず「若《も》し……全村農家の技術練磨が不断に行はれ……適正な作物配当で長期の輪作が行はれてゐたら、今頃は大都市ハルビンを相手にして、何を作つても引合ふ農業の土台が立派に出来てゐたのではないか」という評価も同時代には見られた。[70]

天理村からは朝の便で蔬菜類が哈爾浜へ出荷された。市内の遼陽街には新たに天理村事務所兼村民の宿泊所が建設され、ここで農産物の販売が行われ、倉庫・販売所・馬車夫等の宿舎としても使用された。[71]市街地では天理教の法被[72]を着た村民が立ち売りをする姿も見られたという。[73]さらに、哈爾浜の新聞に広告を掲載し、天理村での「野菜がり」体験ツアーも募集されていた。[74]

蔬菜販売による収入は村の経済を潤した。また村での生活は基本的に自給自足であることから生活費はほ

「天理村」の文字の入った法被（右写真を拡大）。

天理村に入植した第七班の集合写真（1934年11月）
天理村と染め抜いた法被を着た人物の姿が見える。

とんどかからず、村民一人の一ヵ月あたりの生活費は約六円だったという。[75]

そして、天理村は成功した満洲移民として早くからメディアでクローズアップされた。天理村と天照園だけが一九三〇年代において軌道に乗った民間の移民団であり、自ずから注目を集めたのである。そのため、満洲への移民視察や調査の際には多くの人々が天理村を訪れ、見聞記やレポートを残した。

新聞や雑誌以外の媒体としては、一九三五年、「移民の一日」と題したニュース映画が天理村で撮影され、[76]また一九三九年五月二十一日には満洲を特集したラジオ番組「大陸建設の夕《ゆうべ》」の中で哈爾浜放送局からの実況「天理村にて」が放送されている。放送の中では天理村を「模範的な集団生活……国策と生活との固き結合」と紹介した。[77]

天理村側では視察やメディアの訪問がこれほど多いとは予想しておらず、訪問者向けの旅館（当時の写真では入口に「迎賓舎」と書かれた看板が見える）[78]を後に建設すると共に、案内書の作成や案内係の設置を行った。[79]

例えば、日本国内の農村青年の指導・育成に携わっていた足立茂藤英が著した満洲視察の記録『満洲の移民村を訪ねて』（一九三八年、私

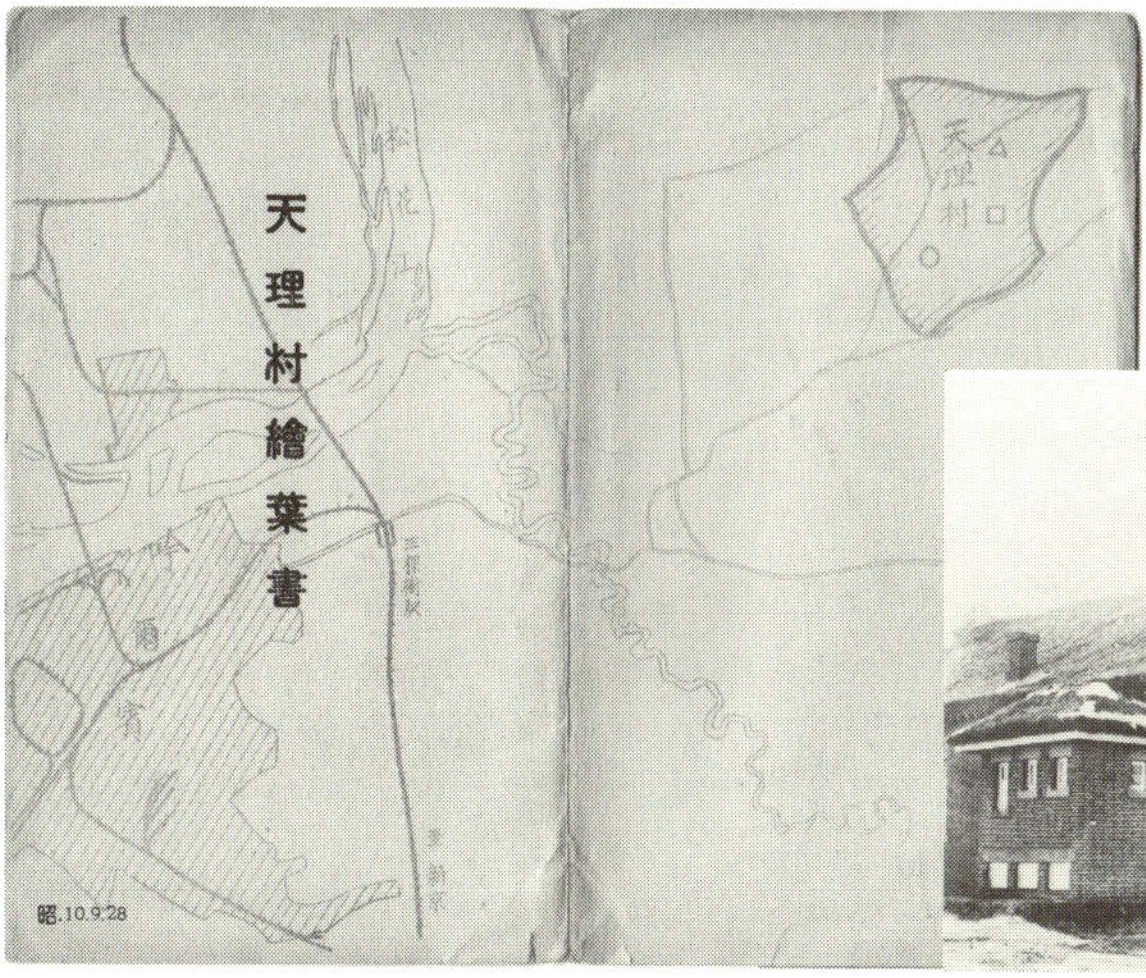

天理村絵葉書

天理村が発行した絵葉書セット。村を訪問する調査団や観光団を対象に村内の売店や旅館で販売した。絵葉書は数種類が確認されているが、本資料は 1935 年に発行されたもの。当初作成した2万部の絵葉書はすぐに売り切れたといい、天理村への視察者がいかに多かったのかが分かる。

家版）には「怪奇な存在　天理村移民」という項目がある。高等小学校、診療所、電報・電話の設備、自警団の組織や哈爾浜までの軽便鉄道などを天理村の特徴として挙げ、拓務省が主導する他の移民村と比較して優れていることが記述されている。その一方で、「信仰心によつて安心立命を得……何のくつたくのないゲラゲラ笑つてゐるこの村の人達の笑顔は気味悪い位に感ぜられた」(80)との記述もあり、この村に対して偏見ともいえるまなざしが注がれていたことが分かる。

とはいえ、経済的に安定した模範的な移民村であるとの評価は揺るがず、「内地農村を凌ぐ近代的な文化村」、「結果的にいって、宗教的信念と経済的根拠をもったこの村は他の移民村と比較出来ない強味を持っているだけに、今後蹉跌《さてつ》を来すようなことは万々あるまじく、寧《むし》ろ予想外の発展をみるかも知れない、さもあらばあれ！」(81)、「場所が哈爾浜に近く農産物や加工品はトラックで哈爾浜に運ぶことが出来るので販買は或る程度成功している……移民の豪華版」(82)などの記述を新聞上でも見ることができる。

第三の特徴として、村が造られた土地がいわゆる沃野（熟地）であり、土質改良などにそれほどの苦労をしなかったことが挙げられる。ただし、その土地獲得においては関東軍と東亜勧業株式会社による武力を背景とした「収奪」があったとされており、決して運よく肥えた土地に入植したわけではないことには注意を要する。

第四に、治安が早期に保障されたことも天理村の発展を支える大きな要因であり特徴といえる。しかし、最初から安全が確保されたわけではなかったのも事実である。

天理村建設事務所が外務省に提出した報告書では「哈爾浜日本総領事館警察署員の派遣を得、更に満洲国軍教導隊の駐屯ありて其の治安の全きを期」(83)したと書かれているが、第一次入植直後は匪賊の襲撃に悩まされ、関東軍からの武器貸下げを受けて武装した。村民との間に銃撃戦が展開されたこともあった。

村に駐屯していた満洲国軍は一九三五年一月に引き揚げ、以後は村内で教練実施と各戸への銃器の配布が行われ、村の警備は完全に村民が担った。生琉里（第一次入植）が二個小隊、西生琉里（第二次入植）が一個小隊の警備隊を編成し、各小隊には受け持ちの防御線が定められた。また望楼の上部には平時には青、襲撃時には赤のランプが点灯するようになっていた。村の入口には城門のような構造物があり、そこには銃眼が設けられ、また村の周囲の濠壁には鉄条網を巡らせて五〇〇ボルトの電流を流すなど、治安対策は何重にも取られていた。

満洲国の経営が安定化し、国内の治安問題が解決すると機関銃の配備や救援要請のための短波無電機などは撤廃され、安定した村の運営が可能となった。[84]

その他、水質が良く、衛生状態も他の開拓村と比べて良好であったこと、[85]移民募集の条件として家族での入植を義務付けたように、独身者を入植させず家族単位で開拓に邁進させ、脱落者を出さない体制が取られていたことは記しておきたい。家族での移民は橋本正治が当初から主張したことであり一九三三年四月の段階で「年令三十年前後ノ有家族者ヲ送抜《ママ》、移住セシムル予定」と語っていた。[86]拓務省が推進した武装移民とは対照的であった。橋本は後に「当時、家族移民は全然処女計画であり……国家的に見て、最も意義ある試験台として天理教移民が立つことを明らかにした……天理村の成功にかんがみ、満拓公社の創設后《ご》は、爾後《じご》の満洲移民全部を家族移民とする方針となり……試験台として立派にその職能を果し得た」と回想した。[87]『満洲日日新聞』の特派員による村長へのインタビューでは家族移民について「独身者の入植は絶対に禁物ですよ、フトした機会から美しい女を見ただけで到底土臭い百姓なンか、という訳で逃げ出すにきまっており、そうなれば折角健やかに伸びている村を阻害することになりますからね、そして他の移民村にはこんな例はいくらもありますよ」と語られている。(88)

なお興味深いのは、天理村では、十銭、五十銭、一円、五円、十円の五種類の票(89)（流通券＝天理票）が最初の三年間だけ使用されていたことである（後に回収と払い戻しが行われ紙幣は廃棄）。天理票は村内のみでの流通を条件に総領事館や満洲国政府の許可を得、五千円分が大阪で印刷された。(90) これは村から現金が流出することを防ぐための施策であった。不換紙幣であり、村民に対し各種の事業に対する貸付金として村から交付された。農作物を収穫した後に返金すればよく、この票を用いることで天理村からの金銭の村外流出を防ぎ、また農民の得た純益は各戸に均等に配分されることにつながったという。(91)

天理村の機構と村の運営

『十年史』が示すように、天理村の運営機構には変遷があり、以下のように四期に分けることができる。まずは天理村計画段階の一九三二年七月から入植した一九三四年十一月に至る「建設時代」である。この時期の運営は青年会本部と建設事務所が担い、東亜勧業株式会社から営農や建設の指導を仰いでいた。

第二期は開村した一九三四年十二月から一九三八年十月である。青年会本部が運営を担い、建設事務所は廃止され、天理村事務所が置かれた。

この時期、天理村では農村経済の合理的運営のため信用販売購買利用組合が一九三五年十一月に結成された。村民は一口二十円で組合に加入でき、組合員は必要資金の貸し付けを受けたり、農産物等（米・麦・高

天理村営農計画

年度	耕作形態	詳細
第１年度（1935年）	共同耕作	全耕地が共同で耕作され、未経験地における農業を円滑に進めるため現地農民と苦力を雇用して耕作させ、移民を配属して見習わせた。収穫は事務所で取りまとめ、移民の生計費を差し引いた後に余剰を均等配分。
第２年度（1936年）	班別耕作	５戸程度を１班とし、班ごとに土地を割り当てて耕作。各班には経験のある苦力頭と苦力を配置。収穫物については第１年度と同様に割り当てた。
第３年度（1937年）	個人耕作	各戸に抽選で土地を割り当て、各戸が独自に耕作。営農地のうち余剰地は事務所統括の下に「満人」が耕作した。
第４年度～（1938年以降）	独立個人耕作	完全な自作農に移行し、個人耕作の残地は新たに組織した産業組合により「満人」に配分し、その収穫は組合の歳入とした。天理村産業組合成立。

橋本正治『章魚』第二巻を参考に作成

粱・鶏卵等）の販売を組合に委託することもできた。また組合は購買部を持ち、生活用品や農業用機械、肥料・飼料などを村内で販売したほか、組合員は組合が保有する農業用地や倉庫、農業用機械などを定められた金額を支払うことで利用できた。組合の創設により村の運営は後ろ盾を得て安定し、一九三八年にはそれまでの共同耕作から個人耕作への移行が全面的に達成された。組合は天理村産業組合（一九三八年三月）となり、村の運営は実質的に組合が行うことになっていく。

第三期は村の経営が教会本部に移管された一九三八年十月から一九四一年三月である。村の建設や鉄道敷設（後述）の負債整理を契機として村の経営が青年会から本部へ移管され、事務所は補助的な機関となった。この時期は、すでに設立されていた産業組合が配給や販売、農耕・畜産などを統括して実質的な村政の運営が行われた。

第四期は一九四一年四月以降である。一九四〇年六月、満洲に五年以上定着した開拓団（第一次～五次：計十五開拓団）を協同組合とし、それらに対する営農指導・生産・加工・消費等の指導を行うことを主眼とした「開拓協同組合法」が公布されると、天理村も同法の適用資格を得た。そして一九四一年四月から天理村は協同組合となり、天理鉄道と天理村小学校（国民学校）以外の組織は組合傘下の総務係、指導係、業務班に統括される体制へと移行した。

村の運営機構の変遷とは別に、営農計画は前頁表の通りに策定され進められた。広大な土地を入植者だけの労働力で耕作することは不可能であり、現地の人々を雇用して耕作させる必要があった。しかし、当初から現地民に耕作させる形態を取ると、結局は日本人はいわば地主化し（経営の差配のみを行う農民＝「羽織百姓」）、村民自らが常時農作業に従事しなくなってしまうであろう。それを防ぐために、当初は現地民の農業法に倣う共同耕作を行い、段階的に個人耕作へ移行する方針が採用されたと考えられる。

天理村のインフラ

天理村には、最も重要な施設として村民の信仰と心の拠り所である生琉里教会があった。教会では毎日の礼拝、冠婚葬祭など各種の式典が執り行われた。(92) その他、村内には物品配給所、(93) 共同浴場、(94) 生琉里天理村図書館、天理郵政弁事所、電報通話取扱所、天理村診療所などがあった。(95) 診療所では村民の治療だけでなく、周辺に住む「満人」の診療や予防接種、風土病の研究も行われた。周辺住民がいつでも外部から訪れることができるように、入口は村の外壁に向けて開かれていた。(96) ただし、それは建前であり実際には満洲の人々が村に入ることはできなかったとする証言もある。(97)

重要な村内施設としては一九三四年十二月の開村と同時に開校した天理村尋常高等小学校（一九四一年四月から天理村在満国民学校と改称）の存在が挙げられる。開設に際しては、天理村建設事務所長名で設立認可

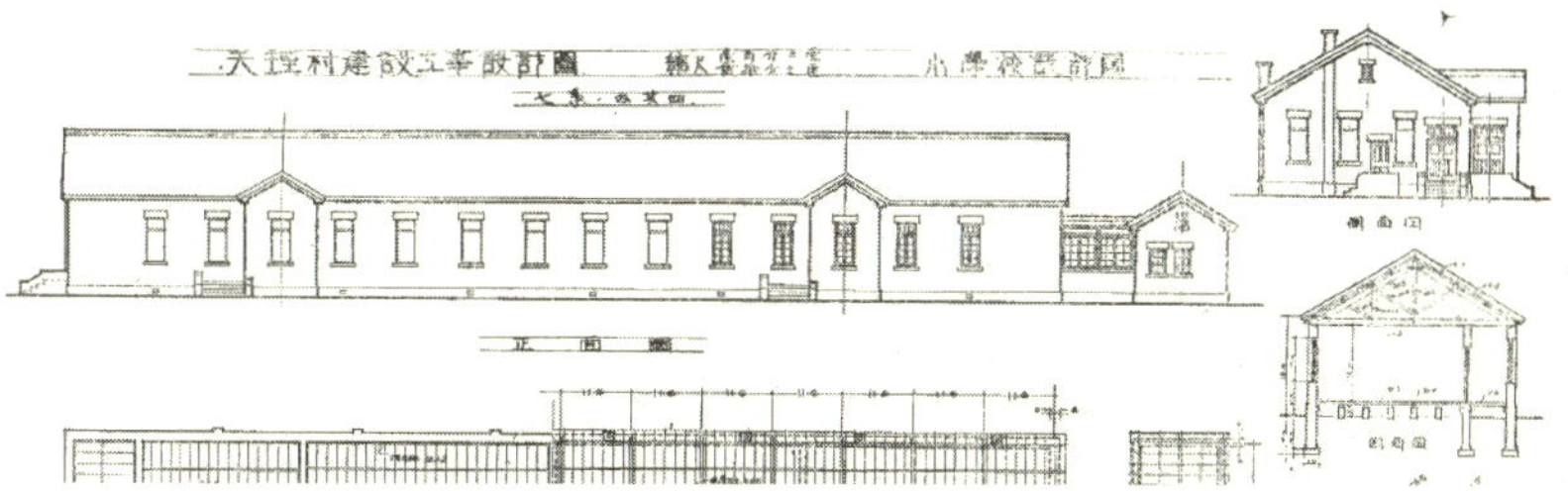
天理村小学校設計図（「私立天理村国民学校」外務省外交史料館蔵より）

申請が哈爾浜総領事宛に提出され、認可を受けた。小学校は煉瓦壁に草葺屋根の平屋建てで、東亜勧業株式会社が施工した。経営維持費用は青年会本部が負担した。

学則によれば、修業年限は尋常小学校は六年、高等小学校は二年。教科は修身、国語、算術、国史、地理、理科、図画、手工、唱歌、体操（女子のみ裁縫がある）であった。また、外国語として満洲国語（中国語）、ロシア語、英語を教授し、教科書は国定教科書を使用した。天理教祝祭日は休業であった。[98] 卒業生のうち成績優秀者をチチハルの農事試験場や旅順の手芸品制作工場、奉天にあった小倉圓平の窯、[99] 天理中学・高等女学校などに村費で留学させた。

日本の小学校令による学校ではあったが、現地民の就学が認められており、近隣から「満人」も多く通学した。[100]

小学校に続いて一九三七年には村民の教養向上を目的とした教育組織である天理村あらき会が設立され、村内子弟のうち優秀な者は学資の給与を受けて上級学校への進学機会が与えられた。一九四二年には青年学校令に基づく天理村青年学校も設立された。

また、一九四三年に「国民的信念ヲ鞏固《きょうこ》ニシ、国家ニ殉ズルノ気風ヲ涵養スル」[101] ために天理村神社[102] が創建されている。祭神は天照大神、神武天皇、明治天皇である。天理教徒だけの村に神社が建立されたのは、太平洋戦争開戦後に国家への協力姿勢をより鮮明にするための措置だといえよう。春秋の例大祭や関東軍の慰霊祭など祭事一般は哈爾浜神社の神主が来村して執り行われたが、雅楽の演奏や祭官の補助は天理村の村民が手伝ったという。(103)

もう一つ、天理村の運営にとって非常に大きな意味を持ったインフラが天理鉄道である。

天理村が哈爾浜から約一六キロの距離にあり、蔬菜類を運搬して販売したことはすでに述べたが、その交通は自然環境に左右された。十一月から四月初旬までの結氷期は大地も沼沢も河川も全てが凍結し、(104)そのために物資の輸送は容易であった。村から哈爾浜市内の事務所（蔬菜類の販売所）までトラックであればわずか一時間であった。(105)一方、夏季は阿什河が氾濫し交通が途絶した。トラックが濁流に呑み込まれたり、泥濘にタイヤを取られたりし、朝出たトラックが夜の十一時に哈爾浜に到着するなど、雨期の移動には大変な困難を伴った。トラックの代わりに荷馬車を用いたとしても丸一日を要し、しかも飼料代や馬丁代など費用がかさむこととなる。そこで、まず考えられたのがアスファルトによる舗装道路の整備であった。しかし、その路面整備には莫大な費用がかかり、維持・修繕費が継続的に必要であることから却下された。結局、鉄道を敷設することが最も確実であると結論され、一九三六年十月に起工した。トラックのガソリン費や馬車の使用料と比較して輸送費が廉価で済むことも建設の大きな動機になった。

資金繰りが順調にいかなかったことに加え阿什河の洪水によって工事に遅れが生じたが、一九三七年から営業運転が開始された。それまで哈爾浜までは荷馬車で丸一日かかった行程が、鉄道開通によって四十分程度に短縮され、一日三往復で蔬菜類の運搬と貨客の取り扱いを行った。冬は乗合自動車に客足が取られたというが、「夏は始発駅の天理村は、いつも乗降客で賑

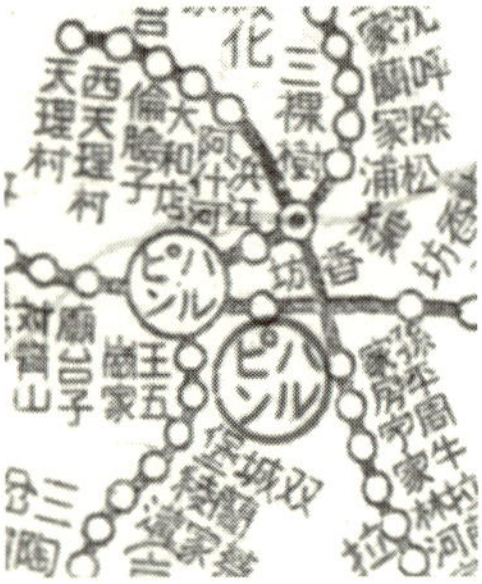

天理鉄道路線図（「最新日本交通図（含満華）」興亜協調会、1944年より）

はった」。片道運賃は、村民が二十五銭、一般が五十銭であった。(106) 鉄道の開通で蔬菜類の大量の定時出荷が可能になったばかりでなく、西瓜などは三棵樹駅で満鉄の貨車に積み替えて全満洲向けに出荷し、売れ残りは駅の周辺で量り売りを行った。その結果、営農上の利益は約二倍に上昇した。(107) ただし、阿什河に架設した木橋がしばしば洪水や結氷によって破損し、多額の修繕費を必要としたこと、また建設費の負債が村の経営を圧迫したことから『十年史』では鉄道がもたらした恩恵の大きさを強調する一方、鉄道を「天理村経営の癌」とも表現している。(108)

なお、橋本正治は天理鉄道を哈爾浜市内まで延伸して終点を遼陽街の天理村事務所に置き、そこにデパートを建設することまで考えていたというが、これは構想だけに終わった。(109)

従来は天理村の建設や営農において教会本部が多額の出資を行ってきたが、鉄道建設にも多額の費用を要したため、村は一九三八年に二十五万円の負債を抱えることとなった。村の経営は一時的とはいえ危機に陥り、その責を負う形で橋本は村を去って(110)村長の交代が行われ、同時に村の経営は青年会から教会本部（天理教庁）へ移行した。(111)

『天理村十年史』のその後——太平洋戦争末期から敗戦後

『十年史』は、一九四四年までの天理村の詳細な記録である。その後の、敗戦に至るまでの同村のあゆみと、敗戦後の村民の引き揚げはどのような経過をたどったのか確認しておきたい。

日中戦争の長期化に加え、太平洋戦争の勃発により、国内の資源・食料の不足は深刻な課題となった。そ

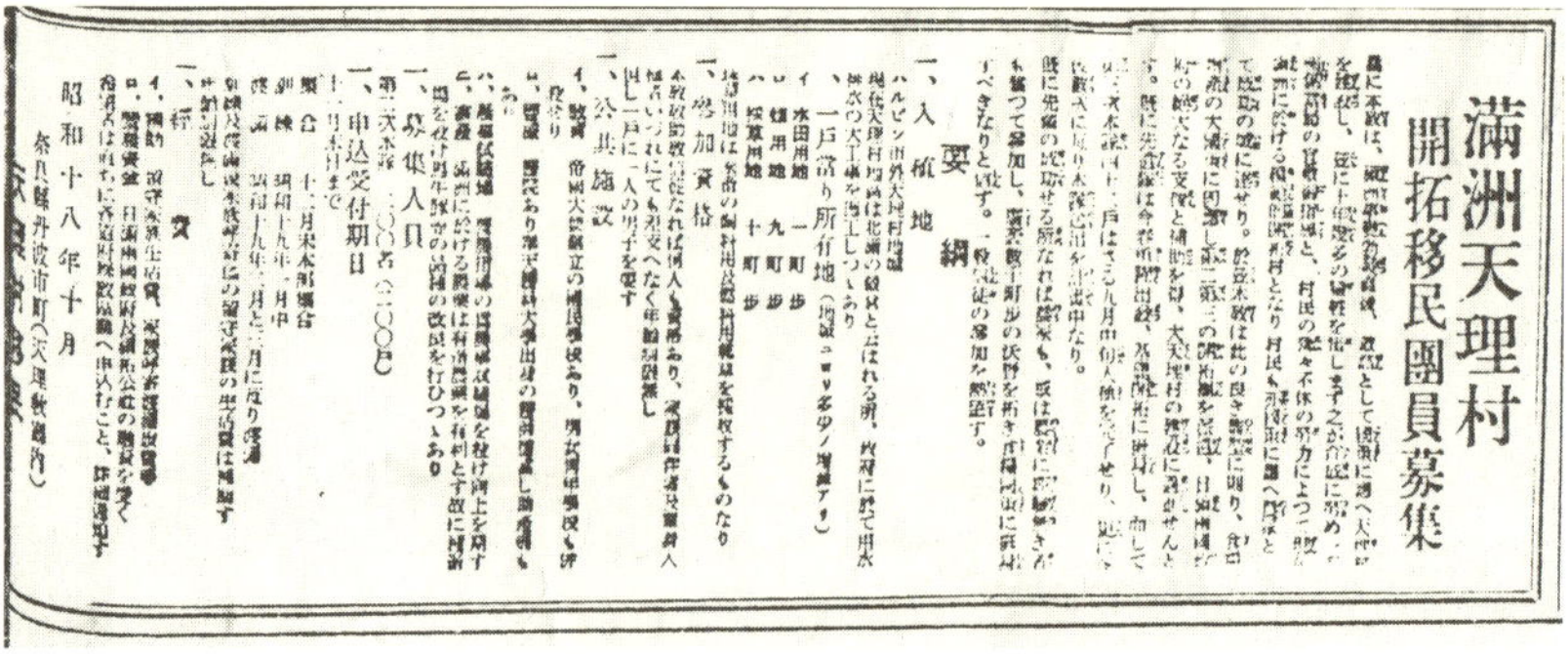
満洲天理村
開拓移民團員募集
要綱
一、入植地
一、參加資格
一、公共施設
一、募集人員
一、申込受付期日
昭和十八年十月
奈良縣丹波市町（天理教廳内）

天理村の入植募集広告（『天理時報』第686号、1943年10月3日）

れまでも「満蒙は日本の生命線」と言われてきたが、不足する食料問題解決のため「満洲国の食料基地としての重要性は愈よ加重され」た。(112) 満洲国内では、耕地面積を拡大するために一九三九年から湿地帯の開発に乗り出し、天理村の周辺地域でも一九四二年から三ヵ年計画で低湿地の排水と可耕地の拡大が行われた。

こうした耕地開発と並行して、一九四二年九月に天理教会は新規移民（第三次移民）六百戸の送出計画を立案、一九四三年初頭には天理村移民推進委員会が設置された。早くも同年三月に先遣隊として六十六名が送り出され、第一天理村（通称名：一宇開拓団）・第二天理村（同：大和開拓団）に入植した。同年九月に本隊百六十五名が、そして一九四四年三月までにさらに五百四十名が天理村への入村を完了した。天理村はこうして一挙に七百名にのぼる新規移民を迎え拡大した。これを大天理村という。

ただし、第三次移民の入植地は一九四二年に天理教側から満洲国興農部へ提出された計画案によれば「茲《ここ》数年ニハ湿地帯ヲ開拓セラレテ沃野トナル有望ノ地」であり、あくまでも将来的に可耕地となる土地に過ぎない。すなわち、入植した段階での耕地は現地の農民から買収（＝収奪）した土地であった。(113) 当時の記録にも、収奪とは書かれていないにせよ「開拓団といへば全然耕作された土地なく開墾を考へる人が大多数であらうが、この附近開拓団は

終戦時の天理村

入植地	所有土地	入植戸数	在村人口	応召者	応召帰村者	応召未帰還者
天理村（本村）	1,600 町歩	103 戸	423 名	68 名	—	—
一宇開拓団	1,300 町歩	177 戸	744 名	87 名	—	124 名
大和開拓団	800 町歩	162 戸	598 名	99 名	35 名	64 名

数字はいずれも終戦当時。『旧満州天理村開拓民のあゆみ』後編（私家版、1995 年）より作成。
数字の合わない箇所もあるが原文ママとした。

何れも満人が既に開拓した土地をその儘《まま》すつきり受継いで……」の記述を見ることができる。[114] 現地民が開墾し営農していた土地に開拓団が入ったことは周知の事実であったことが分かる。

一九四四年九月、天理村十周年記念祭が天理村神社前で挙行された。祭典は天理教式ではなく、神道に則って行われ、哈爾浜神社祭官が取り仕切った。記念式典では十年の苦節が報告され、また祝杯、物故者慰霊祭、演芸会などが続いた。[115]

だが、天理村の発展は戦局の悪化と共に下降線をたどった。応召により働き手となる男子が激減したからである。人手不足を補うためにその後も入植を募集する全国巡教が国内では続けられた。一九四五年に入った後も計百二十七戸・五百二十三名が数次にわたり入植し、[116] 同時に「天理村建設応援作業隊」の募集と、新たな入植隊の訓練が行われた。そうした中、敗戦をむかえることとなる。

終戦時の在村人数には諸説ある。天理村（本村）が四百二十三名、大和開拓団が五百九十八名、一宇開拓団が七百四十四名の計千七百六十五名であった（応召者を除く）とするもの、[117] また約二千三百人とする資料もある。[118] 応召者の人数を含むかどうかで振れ幅が大きいが、二千名前後と考えて大きな間違いはないであろう。

『十年史』は一九四三年の人口を三百八十一名と記録しており、大天理村構想の推進に伴って約一年半で五倍から六倍程度の人口増加があったことになる。

天理村は終戦の直後から匪賊の襲撃を受け、多数の死傷者が発生した。八月二十七日

天理村引揚げ・死亡者等総数（事務所員を除く）

入植地	死亡	引揚げ	不明	残留	合計
天理村（本村）	254	472	4	0	730
一宇開拓団	276	542	31	10	859
大和開拓団	294	387	10	0	691
					2280

『旧満州天理村開拓民のあゆみ』後編（私家版、1995年）160ページより作成。1995年の調査および出版時の山根による再調査で判明した人数を反映させた。なお、同書掲載の資料に基づく「終戦時の天理村」（前頁の表）との人数の異同があるが、同資料は当時の混乱期の数字であり、また応召者の正確な数字などが反映されていない可能性がある。また、朝日新聞（奈良県版）の記事「語り継ぐ戦争　奈良2　中国の「天理村」に生まれ　山根理一さん　戦後70年」（2015年8月14日）では最盛期の天理村人口を約2700人としている。

にはソ連軍が天理村へ至り、武装解除されたが、連行された後に哈爾浜の忠霊塔で三十三名の村民が銃殺されるという悲劇も起こった。[119] その後も周辺住民による襲撃や村民の拉致が続き、村民の中からは中国人部落へ嫁ぐ者も出た。

食料や燃料が枯渇する中、厳しい越冬が行われた。村では次々に死者が出た。青年たちが大きな穴を掘り、遺体を投げ入れたという。[120] 哈爾浜では難民救済の日本人会が設立され、天理村への食料援助も行われた。そして、一九四六年八月二十一日にようやく村民帰国のため哈爾浜への引き揚げが開始された。[121] 全ての村民が同時に帰国の途につけたわけではなかったが、九月に新京（長春）から奉天を経て錦州へ移動、十月には葫蘆島《ころとう》から三隻の引き揚げ船に乗船、博多または佐世保に到着した。その後、郷里のあるものは地元へ帰参し、また三重県上野市（現在の伊賀市）や一志郡《いちしぐん》美杉村（現在の津市）、奈良県奈良市などの各所に開拓民として数百名が入植した。上野市に家族で入植した風間博の証言によれば、[122] 一九四七年に伊賀生琉里開拓農業協同組合の二十五戸が入植したが、そこでは「農地が用意されていた満州と違い、今度こそ松や雑木、ササを掘り起こす開墾だった」[123]。また一志郡（八知生琉里開拓農業組合）では割り当てられた土地が山深く狭隘で、大雪が積もる環境であり、「開拓には適さん」[124] 土地であった。戦後の入植のごく一例を見るだけでも、旧天理村の開拓民たちが戦後の開拓でも大変な辛酸を舐めたことが分かる。

なお現在、「生琉里」が正式な地名として使われている場所として三重県伊賀市生琉里と奈良県奈良市生琉里町がある。伊賀市生琉里の旧名は上野市下友生である。一九四七年（昭和二十二年）に旧海軍の飛行場だった場所一帯に旧天理村の村民二十八戸が入植し、酪農や農産物加工を行い、地下水を汲み上げて未耕地を開き、米作や煙草栽培などを手掛けた。一九七七年に町名が生琉里になった。

旅行案内「懐かしの旧天理村を訪ねて」
（株）日本交通公社が 1981 年に募集した旅行案内。旧天理村の村民や関係者を対象としたツアーである。旅程には訪問地として「（ハルピン）民主公社光明大隊（旧天理村）」と書かれている。

奈良市生琉里町も同様に旧天理村村民の入植地である。もとは東村里平清水、中ノ川と言ったが、一九四九年に大字名として生琉里が使用されるようになり、一九五七年（昭和三十二年）に生琉里町と改称され現在に至っている。

また、奈良県天理市の信者詰所（宿泊施設）に付けられた名称の中にも「生琉里」を見ることができる。

かつて天理村のあった場所一帯は、現在「哈尔滨市道外区民主乡光明村天里屯」[125]となっている。村のバス停の名前は「天理村道口」で、天理村の名称がそのまま残されているのは興味深い。

『天理村十年史』をどう読むか

満蒙開拓団に関する多くの研究の中で、天理村が登場する書籍、論文は複数あるが、天理村そのものを正面から扱ったものはごくわずかである。そのため満蒙開拓の一連の歴史における天理村の位置づけや、天理村が同時代にどのように評価されていたのかなどについては充分な検討が行われているとはいえない。それは、とりもなおさず天理村に関する一次史料の少なさに起因する。天理村の記録を精力的に収集し私家版として数冊の書籍をまとめた山根理一[126]も、天理村の記録は「日本でも戦後慌てて書類は焼かれてしまい記録は少なかった」と書いている。

今回の解説執筆にあたり、天理村に関する史料および文献をできる限り収集したが、天理村の全貌を明らかにするだけの情報がそれらから得られるとは言い難い。山根が『満洲天理村物語』を二〇一一年に執筆していた際に、かつて天理村で発行されていた雑誌『生琉里』を知人が持ってきたというエピソードが同書に記されているが、[127] 現在でも関係者が資料や写真などを保存している可能性があるため、今後も更なる調査が必要とされる。

こうした研究・著述状況において、『天理村十年史』が復刻された意義は大きい。本書は天理村がたどった十一年間のあゆみのうち十年間の諸情報を網羅しており、そのほとんどの歴史を明らかにする資料であるためである。各記述は簡潔ながらも、実際に関東軍などとの間にやり取りされた文書をそのまま引用しながら記載されており、明確な編纂の方針に従って作成された書物であることが分かる。なお、編纂にあたっては「橋本正治氏編の満洲移民事業日譜、同参考資料及び村の事務所から得た資料」[128] を用いたとされるが、それらの資料の多くも敗戦後の混乱で失われたと考えられる。

天理村自身が記録していた諸データが記載されているため、『十年史』によってのみ判明する事実、他には残されていない詳細な数値を知ることができることは特筆すべき点である。また巻頭に付された各種の写真は、天理村の実態を具体的なイメージと共に現代に伝えてくれる。

さらに言えば、『十年史』はいわゆる稀覯本《きこう》であり国立国会図書館をはじめとする公共の図書館にはほとんど蔵書がなく、国内の数ヵ所の大学に所蔵が確認されるだけである。今回初めて広く世に出ることになったのである。

本書が貴重な情報の宝庫である一方、〝他には残されていないデータ〟ということは裏付けを取るのが困難であることを意味する。確かに、『十年史』は詳細なデータを提供するが、それらが本当に正しいかどうかを他の史料とのクロスオーバーにより確認することは、不可能ではないにせよかなりの労力を要する。

また、外交史料館の簿冊に含まれている移民募集に関するパンフレット類（「天理教青年会移民入植ニ関スル具体案」など）と『十年史』に記載された内容には、細かい部分に異同があり、『十年史』編纂の過程で一部の情報が省略・改変された可能性（または書き間違い）、あるいは『十年史』に引用された文書や資料には複数のバージョンがあった可能性は否定できない。『十年史』に限らず、編纂された記述全てに共通することであるが、その記述を完全に鵜呑みにしてはならないだろう。

さらに、『十年史』は国策としての満蒙開拓・移民政策が遂行されつつある中で編纂された文献であり、初期の土地取得における現地民からの収奪やそれに対する反発（匪賊＝抗日パルチザン）、関東軍と国内の諸機関との不連携が原因と思われる当初計画の不発（阿什川左岸での土地取得の失敗）など、不都合な事実については実態が描かれていない。

満蒙開拓の政策が、意思の不統一、明確なビジョンのないままに進められたことは多くの先行研究も指摘するところであるが、[129] 天理村の初期の計画も、まさに不明確な構想に基づいて行われたのはすでに見た通りである。満蒙開拓のあゆみを概観することのできる後世の視点に立って『十年史』を読む作業が必要であろう。

当然ながら、『十年史』は刊行後、すなわち一九四五年の天理村崩壊と村民の引き揚げについては記述しておらず、『十年史』のその後については関係者がまとめた回想や諸記録を渉猟することによって、今後更に詳細を明らかにしていかねばならない。

『十年史』は、不明確な部分の多い天理村について知るための基本文献であることは間違いなく、本書を分析対象とすることで、天理村を満蒙開拓史の中に位置づけることが可能となるであろう。本書を手掛かりとした研究の発展が期待される。

本稿の執筆にあたり、熊本史雄先生、広中一成氏、西山直志氏から種々ご教示をいただきました。記してお礼申し上げます。

〈注〉

（1）阿城は古名を阿爾楚喀城といい、哈爾浜の南東、松花江の南に位置する城市である。築城は清朝初期であるが古来より用兵上の重要地点として発展した。清代には永発屯と呼ばれ、その後福昌号と改称。満洲国建国後に福昌号の管内は福昌屯、逍安屯、菸窩屯、美油坊、城子溝と定められ、天理村は福昌屯の中に位置した。数次にわたる行政区画の変遷があり、天理屯、城子屯、殷油屯、柏家屯、均福屯の五つを合わせ天理村の範囲となった。

（2）天理村の創設から崩壊までを丹念にたどり分析した著作として、池田士郎「満州「天理村」異聞」（『天理大学人権問題研究所紀要』第十五号、二〇一二年）がある。

（3）満洲は中国東北部を指し、現在の行政区では遼寧省、吉林省、黒龍江省および内蒙古自治区の東部がその範囲である。かつては中国を支配した満洲族の居住地域を指したが、清朝の勢力拡大に伴って山海関以北が満洲と呼称された。

（4）拙稿「日露戦後の満洲経営と奉天商品展覧会」（『中国研究月報』第六十八巻第七号、二〇一四年）を参照。

（5）加藤聖文『満蒙開拓団 虚妄の「日満一体」』（岩波現代全書、二〇一七年）四ページ。

（6）愛川村の名称は、第一回移民の主な出身地である山口県玖珂郡愛宕村と川下村から一文字ずつ取り名付けられた。本来の地名は老虎山会小塩廠。

（7）一八五二年、信濃国（長野県）出身の陸軍軍人。西南戦争に従軍、参謀本部管西局員としてアジア各地の情報収集に従事。ドイツ公使館付武官に赴任後、帰国に際してシベリアを単騎横断した。日清戦争、北清事変に従軍し、日露戦争では満洲軍総司令部参謀として情報収集・諜報活動を指揮した。参謀本部次長、関東都督を歴任した。

（8）千田萬三『満洲事典』（満鉄社員会、一九三九年）一三七ページ。

（9）前掲『満蒙開拓団』、九ページ。

（10）前掲『満蒙開拓団』二九ページ。

（11）満洲日日新聞社編『満洲年鑑 2599』（満洲日日新聞社、一九三九年）三一五ページ。

（12）桑島節郎『満洲武装移民』（教育社歴史新書、一九七九年）を参照。

（13）東亜勧業株式会社は、一九二一年に設立された国策会社。南満洲や東部内蒙古などに満鉄や東洋拓殖会社が確保した土地で農場を経営し、朝鮮人の小作人を労働力とした。満洲建国後、会社事業は満洲移民助成へシフトし、満洲拓殖公社に引き継がれた。詳しくは北野剛「東亜勧業株式会社の設立と満蒙政策」（『國學院雜誌』一一〇巻四号、二〇〇九年）を参照。

(14) 一般的に、移民政策に非積極的であった高橋是清が殺害されたことで陸軍の主導による百万戸移住が計画されたとされてきたが、加藤聖文によれば「二・二六事件が突発する以前から関東軍内部で百万戸移住計画の立案は始まっていたと考えるほうが自然」であり、ただ大蔵省（高橋蔵相）という障碍が取り除かれたことによって国策になったとするのは早計であろう（前掲『満蒙開拓団』一〇〇ページ）。

(15) 前掲『満蒙開拓団』、一一三ページ、前掲『満洲事典』、一三二〜一三三ページ。

(16) 加藤陽子『シリーズ日本近現代史⑤満洲事変から日中戦争へ』岩波新書、二〇〇七年を参照。

(17) 加藤聖文「満蒙開拓団の歴史的背景」（『東京満蒙開拓団』ゆまに書房、二〇一二年）。

(18) 義勇軍については、上笙一郎『満蒙開拓青少年義勇軍』（中公新書、一九七三年）、白取道博『満蒙開拓青少年義勇軍史研究』（北海道大学、二〇〇八年）などを参照。

(19) 貴志俊彦ほか編『二〇世紀満洲歴史事典』（吉川弘文館、二〇一二年）、四九四ページ（「満蒙開拓青少年義勇軍」）。なお、一般的に義勇軍は日中戦争による動員で不足する移民の穴埋めのために計画されたと説明されることが多いが、計画は日中戦争と相前後して立案されており、移民送出数を単に増やす目的で行われたわけではない。

(20) 前掲『満蒙開拓団』、二一八ページ。本書における数値は外務省調査および開拓自興会調査に基づく一九五六年末現在の人数。

(21) 浅野慎一・佟岩『中国残留日本人孤児の研究　ポスト・コロニアルの東アジアを生きる』（御茶の水書房、二〇一六年、三ページ）。残留邦人については、引揚援護庁長官官房総務課記録係編『引揚援護の記録』（引揚援護庁、一九五〇年）、厚生省援護局編『中国残留孤児――これまでの足跡とこれからの道のり』（ぎょうせい、一九八七年）、井出孫六『中国残留邦人――置き去られた六十余年』（岩波新書、二〇〇八年）などを参照。また満蒙開拓団全般については、満洲開拓史復刊委員会編『満洲開拓史　増補版』（全国拓友協議会、一九八〇年）を参照。

(22) 「満洲に於ける天理教」（瀬沼三郎編『康徳五年版　満洲国現勢』満洲国通信社、一九三八年、二五二ページ）。なお、池田士郎「満州「天理村」異聞」（三一〜三二ページ、三四ページ）では、天理教の最も早い満洲布教を一九〇五年四月と紹介している。

(23) 満洲における天理教拡大の概要については、前掲「満洲に於ける天理教」を参照。

(24) 明治期からの国家による弾圧を経て天理教会の基盤を整え、さらに国家への協力を積極化させることで教団の生き残りを図ろうとした経緯については、永岡崇『新宗教と総力戦　教祖以後を生きる』（名古屋大学出版会、二〇一五年）、エィミー・ツジモト『満州天理村「生琉里」の記憶　天理教と七三一部隊』（えにし書房、二〇一八年）を参照。

(25) 橋本正治『章魚』第二巻（私家版、一九五五年）三〜四ページ、山根理一『旧満州天理村開拓民のあゆみ』後編（私家版、一九九六年）一三八ページ。『章魚』は橋本が戦後に著した上下巻の自叙伝で、第二巻に満洲移民計画から天理村運営に至る経緯がまとめられている。後年の回想であり、やや自己弁護的な内容を含んでいるとはいえ、天理村の創設から運営に大きな役割を果たした人物の生の声であるため重要な資料である。天理村運営においてどのような構想があり、何が実現したのか、『十年史』に書かれなかった裏面史を知る上でも本書にまさる資料はないであろう。

(26) 同右。

〈注〉

（27）「天理教　満洲に乗出す」（『讀賣新聞』一九三一年十月二十日）。

（28）松花江の支流で、現在の黒竜江省を流れる河川。古くは阿勒楚喀河とも呼ばれた。

（29）橋本によれば「軍の圧力をもってする殆んど市価の四分の一に等しい地代を地主に強制したもの」であった（『章魚』六ページ）。

（30）前掲「満州「天理村」異聞」三六ページ。

（31）大東亜省「満洲開拓拾年史」五五ページ（『満洲移民関係資料集成』第五編　不二出版、一九九二年）。

（32）「要視察人関係雑纂 本邦人ノ部 第八巻 31. 橋本正治」（一九三三年四月二十五日、I-4-5-2-2_2_008 外務省外交史料館蔵）。

（33）特別要視察人とは、思想・行動が不穏であると特高警察が判断した者のことで、監視下に置かれた。一九二六年の教祖四十年祭を契機とする教勢倍加の動きと共に天理教会への監視が強まり、内務省警保局による関係者の要注意言動の記録が行われている。昭和初期から、橋本は中山みきの残した言葉（原典）の研究会に参加し、天理教会における若手の中核の一人と見なされていたことから、監視対象に指定されたのではないかと推定される。

（34）天理村の建設予定地は阿什河地域であり、拉法はやや離れた地域である。ここで橋本がなぜ拉法の地名を出したのかは不明。

（35）『天理村十年史』四九ページ。

（36）前掲『章魚』、一二ページ。

（37）前掲『章魚』、六ページ。

（38）「天理村農村警察官駐在所」（「在満帝国公館関係雑件」設置関係　第三巻、一九三四年　M-1-3-0-4_1_003　外務省外交史料館蔵）所収。巻頭に「現地ニ即スル実施計画ハ本概案ヲ基礎トシテ樹立ス」と記載。

（39）最終的な計画案では三三二九円（『天理村十年史』六六ページ）。

（40）「哈爾賓阿什河右岸 移住地建設計画概案」一八ページ。

（41）大東亜省「満洲開拓拾年史（一〇）移民用土地大規模取得」、一ページ。

（42）前掲「満洲開拓拾年史（一〇）移民用土地大規模取得」、二ページ。

（43）「哈尔滨警察厅长给民政部警务司长的报告」（中央档案馆・中国第二历史档案馆・吉林省社会科学院合编『日本帝国主义侵华档案资料选编 东北经济掠夺』中华书局、一九九一年）、七一二ページ。

（44）前掲『章魚』、三二ページ。

（45）前掲「満州「天理村」異聞」三六～三七ページ、四一ページ。

（46）「開拓地を行く」（『満洲日日新聞』一九三六年七月三日）。

（47）阿什河地域における現地民からの土地収奪については、中央档案馆・中国第二历史档案馆・吉林省社会科学院合编『日本帝国主义侵华档案资料选编 东北经济掠夺』（中华书局、一九九一年）、七一一～七一七ページを参照。

(48)前掲「天理村農村警察官駐在所」所収。『天理村十年史』にもこの「具体案」が転載されているが、原本とは異なる項目があることには注意を要する。
(49)(へ)が抜けているが原文ママとした。
(50)活字では「見合ハス事」と記載されているが、外交史料館所蔵史料には手書きで「可」と書き込みがなされている。『天理村十年史』では「見合ハス事」となっている。
(51)『天理村十年史』一一五〜一一六ページ。
(52)前掲『章魚』、四五〜四六ページ。
(53)『天理村十年史』一一六ページ。ただし、『満洲国及中華民国在留本邦人及外国人人口統計表 昭和九年十二月末日現在』(外務省東亜局、一九三四年)によれば、一九三四年末の天理村の人口は二百二十三名である。
(54)「在外日本人各学校関係雑件 在満ノ部 私立天理村国民学校」(一九三四年 I-1-5-0-2_3_60 外務省外交史料館蔵)。
(55)天理教教庁総務部調査課 編『天理教職員録』(天理教教庁総務部調査課、一九三六年)、七七ページ。
(56)村民の中には「おれをだまして連れて来た、何がいい所か」、「こんなところで何が収穫出来るか、借金を年賦で返せと言っても、とうていそこまではいかん、今のうちに帰る」と言って離村するものもあったという。(前掲『満洲天理村物語』四一ページ)。
(57)夜盲症に対しては魚介類や肝油を仕入れて配給することで栄養不足を補う措置が取られた。
(58)前掲『章魚』、四八〜四九ページ。
(59)「満洲移民は進む 拓務省の武装移民、天理教の宗教移民」(『大阪毎日新聞』一九三五年五月三十一日)。
(60)前掲『章魚』、五一ページ。
(61)有賀謙吉「南北経済線を行く 我が農業移民を待つ北満洲の処女地 十数年間は無肥料で可耕」(『時事新報』一九三六年九月二十日〜二十九日連載)ではこれらが紹介されている。その他、自由移民(拓務省管轄外の移民)としては大連農事会社開拓民や満洲国産業部林野局による林業移民(牡丹江省、間島省、三江省に入植)、満洲国鉄道総局が管轄し、満洲駐屯の日本軍除隊兵により構成される鉄路自警村移民などがあった。
(62)東京の満蒙開拓団を知る会『東京満蒙開拓団』(ゆまに書房、二〇一二年)、および前掲『満蒙開拓団』九六〜九七ページを参照。
(63)『東京満蒙開拓団』および漆畑真紀子「満洲鏡泊学園とその設立過程について」(『国士舘史研究年報』五号、二〇一三年)を参照。
(64)前掲『満洲年鑑 2599』、三二三〜三二四ページ。
(65)「金州管内ニ於ケル燈影荘移民概観」(関東州庁土木課編『愛川村 邦人満洲移民ノ魁』関東州庁、一九三五年、三五一ページ)。
(66)「関東州内に於て日本人農業移民 北満進出上の生ける教訓」(『大阪朝日新聞』一九三四年三月十九日)、斎藤謙太郎「天理村の指導」(『満洲日報』一九三五年三月一日)、神渡良平『はだしの聖者 満州の二宮尊徳といわれた山崎寿の物語』(致知出版社、一九九四年)。
(67)道なき道を開拓する精神で天理教を広めていく布教使を指す用語。

(68) 天理村村民による布教については、『十年史』および「満州「天理村」異聞」四二〜四三ページ、橋本正治『章魚』第二巻、六一〜六六ページを参照。
(69) 前掲『章魚』五六ページ。
(70) 北海道農会編『北満の営農』（北海道農会、一九三八年）一三三〜一三四ページ。
(71) 上原轍三郎『満蒙研究資料第二十四号　満洲農業移民の一形態——天理村——』（北海道帝国大学満蒙研究会、一九三七年）八ページ、前掲『章魚』、四〇ページ。
(72) 村民は「天理村」と染め抜いた紺の法被と紺のズボンを着用していた（「開拓地を行く」『満洲日日新聞』一九三六年七月三日）。法被については当時の村民を撮影した写真でも確認できる。
(73) 朝日新聞社東亜問題調査会編『朝日東亜リポート 満洲移民』（朝日新聞社、一九三九年）七八ページ。
(74) 前掲『章魚』、五七ページ。
(75) 「一箇月に平均六円の生活費　流通券の発行と利益の均霑」（『満洲日日新聞』一九三六年四月八日）。
(76) 「戦後半世紀日本人の風景　ふるさとを求めて2」（『毎日新聞』一九九五年六月四日）。
(77) 「哈爾濱から拓地素描　実況と録音」（『東京朝日新聞』一九三九年五月二十一日）。
(78) 山根理一『満洲天理村物語』（私家版、二〇一一年）口絵写真。
(79) 前掲『章魚』、三八ページ。
(80) 足立茂藤英『満洲の移民村を訪ねて』（一九三八年、私家版）二三ページ。
(81) 「開拓地を行く」（『満洲日日新聞』一九三六年七月三日、四日）。
(82) 「満洲移民三題」（『東京日日新聞』一九三六年十一月一日）。ただし、同記事では、あまりに経済的に成功している＝収益をあげているがゆえに「贅沢移民というべきで農業移民の見本には一向なり難い」という評価もなされている。
(83) 前掲「在外日本人各学校関係雑件　在満ノ部　私立天理村国民学校」、外務省外交史料館蔵。
(84) 荻原井泉水『東西南北』（桜井書店、一九四二年）二〇七ページ。
(85) 「冬季の野菜問題研究の要あり」（『満洲日日新聞』一九三六年二月十三日）。
(86) 前掲「要視察人間関係雑纂　本部人ノ部　第八巻 31 橋本正治」
(87) 前掲『章魚』、二一ページ。
(88) 「開拓地を行く」（『満洲日日新聞』一九三六年七月五日）。ただし、村の事務所では独身女性のタイピストが勤務しており、あくまでも農業に従事する独身の移民を受け入れないという規則であったと思われる。
(89) 二十銭紙幣を加えた六種類とする資料もある（前掲『章魚』六七ページ）。

(90) 前掲『章魚』、六七ページ。
(91) 前掲「一箇月に平均六円の生活費　流通券の発行と利益の均霑」。
(92) 王新生「近代日本社会変迁中的新宗教与中国——以天理教为中心」(『日本问题研究』三十一巻五号、二〇一七年)、二七ページ。
(93) 生活必需品を販売(購入には天理票を使用)する施設。諸物品は哈爾濱の市価よりも一〜二割安価で販売されていた。
(94) ただし、村民は夏季は家で行水で済ませ、また冬は湯冷めを防ぐため各戸のオンドルに手製の木製風呂を接続して風呂に入ったため、共同浴場は不要となり日用品および来訪者向け土産店に改装された。
(95) 『十年史』には、一九四三年に天理村開拓綜合病院を開設する準備を開始したと記されているが、開設計画が実を結んだかどうかは不明。
(96) 前掲『章魚』、三八ページ。
(97) 前掲『満州天理村「生琉里」の記憶』、八九ページ。天理村で少年時代を過ごした風間博の証言による。
(98) 前掲「在外日本人各学校関係雑件　在満ノ部　私立天理村国民学校」。
(99) 小倉圓平が奉天で開いた窯では「満洲風俗人形」を販売し、当時満洲を訪問する人々にとっての人気の土産品であった。
(100) 前掲『章魚』、六〇ページ。
(101) 『十年史』二九八ページ。
(102) 天理村で生まれ育った山根理一によれば、神社名は「テンリムラ、といわずテンリソン・ジンジャ」と呼ばれていた(嵯峨井建『満洲の神社興亡史』芙蓉書房出版、一九九八年、二二一〜二二二ページ)。
(103) 山根理一へのインタビュー記録(前掲『満洲の神社興亡史』二二二ページ)。
(104) 北満洲ではそれほど積雪することがなく、また粉のようなさらさらとした雪であるため、交通が雪によって途絶することはほとんどなかったという。
(105) 前掲『章魚』六八ページ。
(106) 前掲『章魚』七九ページ。
(107) 「満州「天理村」異聞」四二ページ。
(108) 『十年史』二八九〜二九〇ページ。
(109) 前掲『章魚』四〇〜四一ページ。
(110) 橋本はその後の一九三九年、アメリカ伝道庁長として渡米した。太平洋戦争開戦後の現地での抑留生活については『章魚』第二巻を参照。
(111) 『十年史』一九九〜二一〇ページ。
(112) 『十年史』三四三ページ。
(113) 第三次移民の入植地が現地農民の耕作地であったことは、池田士郎も「満州「天理村」異聞」で指摘している(四五ページ)。

〈注〉

(114)「第三天理村移民本隊入村」(『天理時報』第六八六号、一九四三年十月三日)。
(115)山根理一『旧満州天理村開拓民のあゆみ』前編(私家版、一九九五年)一四六〜一四七ページ。
(116)山根理一『旧満州天理村開拓民のあゆみ』後編(私家版、一九九五年)一五三ページ。
(117)「天理大和開拓団長　竜野喜四郎」が引揚げ後に天理教会本部へ報告するために一九四六年十一月十五日付で作成した一連の文書(「生琉里村終戦時資産及人員報告」、「哈爾濱大和収容所終戦後の物資及資金状況」、「天理村生琉里関係に於て他に借用せるもの」、「一宇開拓団終戦時資産及引揚げ後人員」、「大和開拓団終戦時資産及引揚後人員」)による。山根理一『旧満州天理村開拓民のあゆみ』後編(私家版、一九九五年)一一五〜一三四ページに翻刻が掲載されている。原典の所在は不明であり、かつ翻刻した山根理一自身も「戸数人員は不正確と思われるが、どれも参考になると思い残すことにした」と記載している。同書よりの孫引きであるが、数字等の諸情報はそのまま使用した。
(118)前掲『旧満州天理村開拓民のあゆみ』後編、一六〇ページ。
(119)前掲『旧満州天理村開拓民のあゆみ』前編、二二八ページ。
(120)「戦後半世紀日本人の風景　ふるさとを求めて3」(『毎日新聞』一九九五年六月五日)。
(121)前掲『満洲天理村物語』二三八ページ。
(122)一九二七年、福島県生まれ。家族で天理村へ移住、一九四五年八月十三日、十八歳の時に召集され撫順の部隊へ配属となった。引き揚げ後、三重県上野市に入植し、亜炭の炭鉱で働きつつ開墾を行った。その後、市役所職員となる。旧天理村における出来事を語り継ぐ活動を行い、風間へのインタビューや関連の資料を用いた『満州天理村「生琉里」の記憶』(えにし書房)が二〇一八年に刊行された。
(123)「戦後半世紀日本人の風景　ふるさとを求めて4」(『毎日新聞』一九九五年六月六日)。
(124)「戦後半世紀日本人の風景　ふるさとを求めて7」(『毎日新聞』一九九五年六月九日)。
(125)前掲「近代日本社会変迁中的新宗教与中国—以天理教为中心」、二六ページ。
(126)一九三四年十一月、天理村生まれ。天理村で一番目に生まれたことから「理一」と名付けられた。終戦後は中国人の家で馬の世話などをして食料を得、帰国後は教団の児童施設職員、柔道指導者として活動した。昭和四十年代から天理村についての調査を開始し、全国の役場を訪ねて旧天理村の村民名簿を作成するとともに関係者への聞き取りを行い私家版で天理村に関する書籍を出版した。また、残留孤児の帰国支援にも精力的に携わった。
(127)前掲『満洲天理村物語』あとがき。
(128)『十年史』四ページ。なお、ここに記されている「日譜」は、現在天理図書館が所蔵する橋本正治編『天理教青年会満洲移民事業日譜・参考資料』(全三巻、私家版)にあたると推定される。
(129)例えば、前掲『満蒙開拓団』など。

〈追記〉旧天理村の現在――天里屯訪問記

二〇一八年七月、かつての天理村――現在の哈尔滨市道外区民主乡光明村天里屯における現地調査を行った。当時の天理村事務所があった斜紋街（現在の经纬街）[1]から天理村への移動距離を知る目的もあり、哈尔滨《ハルビン》市中心部の经纬街附近をスタート地点に設定した【図1】。

図１：現在の经纬街
哈尔滨市の北、松花江寄りの位置にあり、高層マンションや商店が建ち並んでいる。中央大街（旧キタイスカヤ通り）との間にはロシア人たちが建設したアールヌーヴォー様式の建築も保存されている。

当時の移動はトラックで半日、荷馬車で約一日（洪水による道路の冠水や泥濘によって丸一日以上を費やすこともあった）、また天理鉄道の竣工後の移動時間は一時間弱であった。今回は車両をチャーターし、当時の天理村への行程である阿什河《アシホ》の湿地帯を通る道をルートとして設定し、哈尔滨市の東北方面から北上して天里屯へ向かった。現在最も近いルートである幹線道路を用いるよりもやや長い時間がかかり、到着までに約一時間を要した。

阿什河左岸地域（関東軍により中止命令が出された当初の天理村建設予定地）には現在も湿地帯が広がり、鯉など淡水魚の養殖場、釣り堀などが多く見られた。天理村の記録には、阿什河の洪水による道路への冠水で交通が途絶したことが記

図２：冠水した道路
天里屯へ行く阿什河附近の道路の一部は未舗装で、冠水し車が立ち往生していた。

図３：阿什河附近の湿地帯
現在も阿什河付近には湿地帯が広がり、魚の養殖が行われている。

図 4-1：「天里」の標識

図 4-2：「天里屯」の道標

コンクリート製の基礎の上に石製の道標が取り付けられており、「天里屯 TIAN LI TUN」と刻まれている。標識と道標は北側の村境だけにあり、南側の村境には設置されていない。

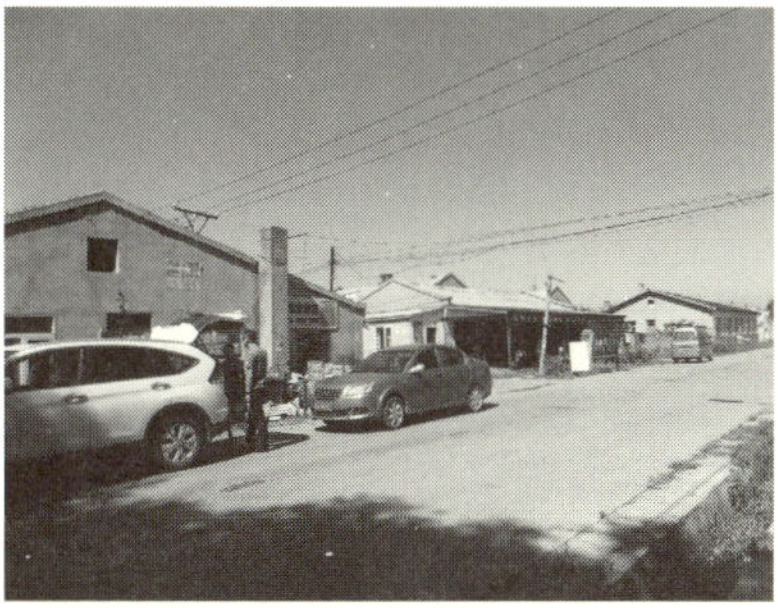

図 5-1：天里屯の街路

図 5-2：天里屯の街路

村内には理髪店や日用雑貨を販売する小さな売店があり、村民が集い歓談する場所にもなっていた。

載されている。それを裏付けるように現在も未舗装の道が残り、一部は道路が冠水していた。阿什河左岸への入植とそこでの営農は、仮に行われていたとしても不可能であったことが想像される【図2】【図3】。

湿地帯を抜けると、楡《にれ》の木立と広大な作物畑が眼前に広がる。天里屯の村民が農作を行う畑である。ここでは玉蜀黍を中心に数種類の作物が栽培されており、村の経営を支えている。畑を両側に見ながら進むと天里屯北側の村境に至る。ここには「天里屯」と書かれた標識と道標が立っていた【図4-1、4-2】。

村内に入ると、中央の広い区画を挟んで村民の住宅が碁盤の目状に左右に広がっている【図5-1、5-2】【図6】。

図６：天里屯の住居
天理村の区画をほぼそのまま利用する形で村民の住宅が建ち並んでいる。家々のすぐ裏手には畑が広がっていた。また、民家ではヤギなど家畜も飼育されていた。

かつての村の配置図では、中央部に職員宿舎・事務所、小学校、生琉里教会があり、その両側に移民の住宅が配置されている。当時と現在の村の大きさを比較するため、天理村配置図（外交史料館所蔵）の縮尺を合わせて現在の地図に当てはめてみると、ほぼそのままの大きさで区画が残っていることが分かる。村境の道標は天理村を囲っていた防護壁があった場所に相当する【図7】。

かつて職員住宅があった区画は住民の家が建てられているが、小学校および生琉里教会の区画はそのままの配置で残されている。

天理村小学校だった場所と建物は、二〇〇七年五月に中国共产党哈尔滨市委員会・哈尔滨市人民政府によって未成年人思想道徳建设实践活动基地、同年六月に共青团黒龙江省委員会により黒龙江省青少年教育基地に指定されている。[2] 施設の受付（管理者）に

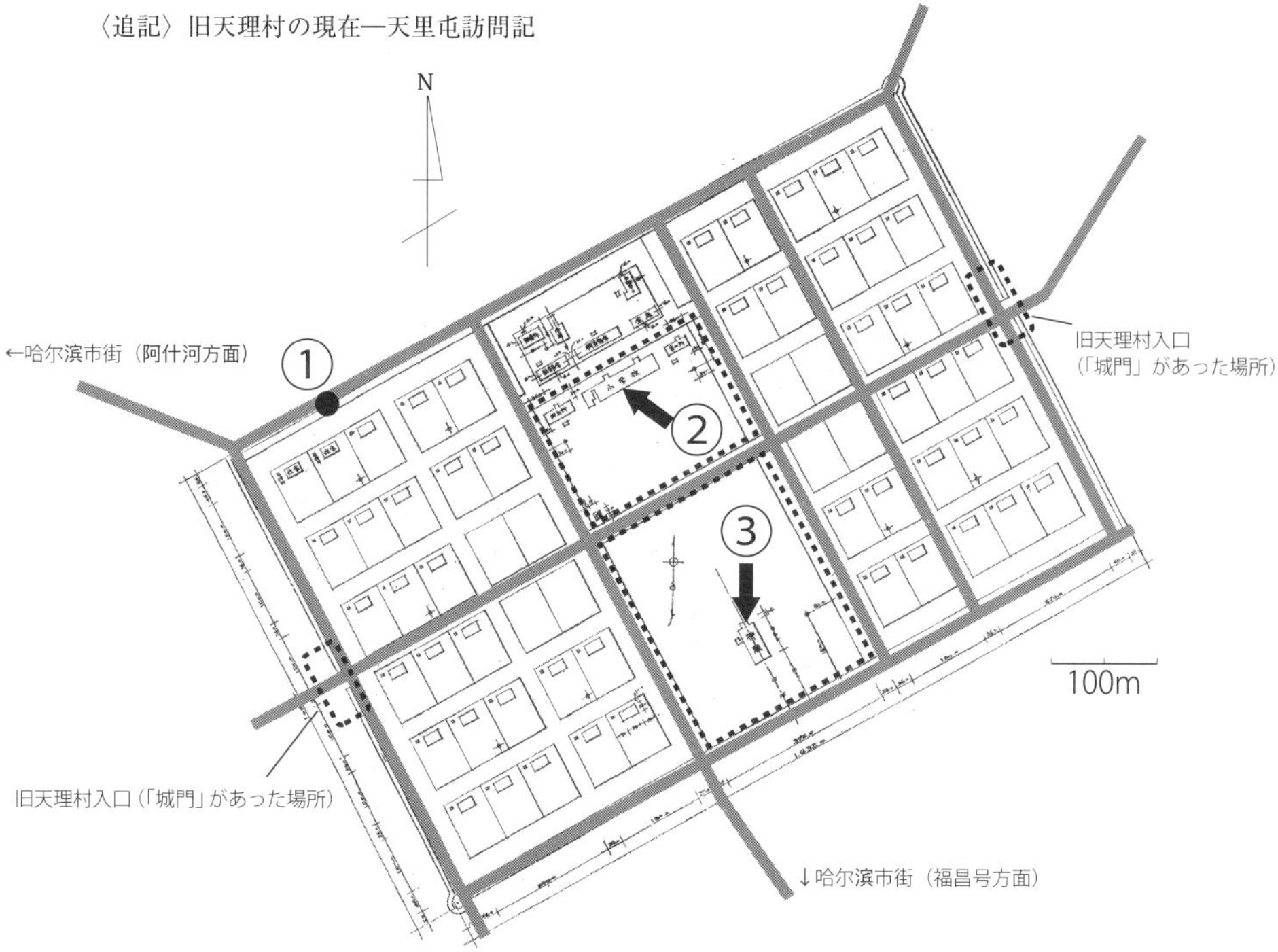

図７：天里屯概要図（1934 年の「天理村配置図」に現在の主要街路〈灰色の線〉を追加）
天里屯の範囲（住宅地）は約 500m ×約 700m で、周辺には畑が広がっている。
①：「天里屯」道標の位置（北側村境）、②：黑龙江省青少年教育基地（旧小学校）、③：中华民族传统文化教育展馆（旧生琉里教会）

尋ねたところ、ここは、夏季の長期休暇などに都市部の児童・生徒を集めて行われる農業体験（労働体験）や、道外区の小中学生の「総合実践活動」の拠点として用いられているとのことであった。

同基地の中央部分はバスケットボールのコートとブロック舗装された広場になっている。かつての小学校の校庭である。その周囲を平屋建ての建物が取り囲んでいる。村の古老（七十代）が、現存する当時の小学校建築は入口左側の一棟だけであることを教えてくれた。壁面はエメラルドグリーン、屋根はえんじ色に塗装されており、木造またはプレハブ建築のように見えるが、躯体は煉瓦造りである。出入口は改装され外形がやや変化しているものの、窓の配置などは当時の写真や外務省外交史料館に保存される天

図８：黒龙江省青少年教育基地のバスケットボールコート
かつての天理村小学校の校庭は舗装され、三方が平屋建ての建物によって囲まれている。

図９：旧天理村小学校校舎
唯一残る天理村小学校の校舎。建設当時は建物の中央部に破風のある入口が飛び出していたが、現在は取り払われ開口部はふさがれている。

理村小学校の立面図と一致しており、村民の証言を史料からも裏付けることができる【図8】【図9】。

旧小学校の南東の区画は煉瓦壁によって周囲が取り巻かれ、樹木が植えられて公園のようになっている。その中央に、木立に囲まれかつての生琉里《ふるさと》教会の建物が残っていた。ここも旧小学校と同じく教育施設（哈尔滨市道外区 人民防空宣传教育基地）として用いられている。入口上部には「中华民族传统文化教育展馆」と書かれた看板が取り付けられており、ここが児童・生徒の実践教育の場であることを示している。

施設は常時開放されているわけではなく、今回の訪問では外部から眺めるにとどまった。建設当初の写真を見ると壁の表面には煉瓦積みが現れているが、現在はモルタルまたはコンクリートで塗り固められ、壁面が黄色、屋根はえんじ色に塗装されている。屋根はトタンのような素材で葺き替えられ、また破風の上部に取り付けられていた飾りが失われているものの、一九三四年に建設された躯体の保存状態は良好であることを確認できた【図10-1、10-2】。

村民の住居は、ほぼ天理村時代の区画に沿って建設されているものの、古老に聞いたところ当時の住宅は残っていないとのことであった[3]。また、かつて建てられたという日中友好碑は、二〇一四年の天里屯訪問記[4]にも

図 10-1：旧生琉里教会

図 10-2：旧生琉里教会

躯体の保存状態はよく、創建当時の姿を留めている。格子状になった破風も一部飾りが失われていることを除いてはそのままの形状である。

あるように、やはり確認することはできなかった。

八十代以上の村民はほぼおらず、戦前期の村内や周辺の様子を知る人は残っていないそうである。わずかに残る当時の建物の由来もいずれは忘れ去られていくであろう。旧小学校・旧教会は、躯体が頑丈に造られているため現在も教育施設として活用されているとはいえ、いずれは劣化によって取り壊される日がくるかも知れない。

天里屯は日本の満洲進出とその展開の過程で建設された移民村が、ほぼそのままの区画で利用されているという稀有な事例であり、残っている建物は建築史の面においても重要であろう。積極的な保存の声を日本側からあげることはできないが、今後も保存されていくことを期待したい。

＊追記掲載の写真はいずれも長谷川雄撮影（二〇一八年七月）

〈注〉

（1）後に天理村事務所は遼陽街へ移動しており、その場所が関係者の宿泊所や蔬菜の販売所を兼ねた。

（2）生田美智子「旧天理村（天里屯）」『Сеʙеp』三〇号、二〇一四年、一四四ページ。

（3）ただし、二〇一五年に満蒙開拓平和記念館が実施した天里屯の調査では、一軒だけ家屋が残り現在も使われていることを確認しているが、今回の調査では家屋を見ることはできなかった。

（4）前掲「旧天理村（天里屯）」、一四五ページ。

〈天理村関係文献〉

・刊本、雑誌論文、新聞記事、史料、その他の分類とした。
・刊本と雑誌論文、その他は著者・編者の五十音順、新聞記事と史料は年代順とした。
・刊本については、天理村について書かれた章または項目を（　）内に示した。

【刊本】

合田一道『検証・満州一九四五年夏　満蒙開拓団の終焉』扶桑社、二〇〇〇年（凄惨、天理村開拓団）
エィミー・ツジモト『満州天理村「生琉里」の記憶　天理教と七三一部隊』えにし書房、二〇一八年
加藤聖文『満蒙開拓団 虚妄の「日満一体」』岩波現代新書、二〇一七年（第3章4　国策移民と自由移民）
嵯峨井建『満洲の神社興亡史』芙蓉書房出版、一九九八年（満洲天理村にも神社が）
高野友治『天理教伝道史一調査資料として10（海外篇）』天理教道友社、一九七五年（天理村の建設）
利光正彦編『伊賀生琉里五十年史』私家版、一九九九年　＊旧天理村村民を中心とする戦後の開拓地記録
永岡崇『新宗教と総力戦　教祖以後を生きる』名古屋大学出版会、二〇一五年（「満洲天理村」という実験）
橋本正治編『生琉里画帖』私家版（山根理一：一九三七年の天理村刊本の復刻）二〇一一年
橋本正治『章魚　自叙伝』私家版、一九五五年　（天理村の運営）
山根理一『天理村終焉史』私家版、一九七五年
山根理一編『実録・満州天理村：残留孤児たちは、いま』天理教道友社、一九八二年
山根理一・山根玉江『満洲育ち』私家版、一九九四年
山根理一『旧満州天理村開拓民のあゆみ』（前編・後編）私家版、一九九五年
山根理一・玉枝編『満洲天理村残留孤児　祖国への道』私家版、二〇〇五年
山根理一『満洲天理村物語』私家版、二〇一一年
中央档案馆・中国第二历史档案馆・吉林省社会科学院合编『日本帝国主义侵华档案资料选编　东北经济掠夺』中华书局、一九九一年（天理教徒的集体移民、集合开拓民的沿革）
遼寧省档案館編『満鉄與移民 満鉄密档 総合巻』广西师范大学出版社、二〇〇三年（自由移民団天理村ノ農業経営事情）

【刊本：戦前】

朝日新聞社東亜問題調査会編『満洲移民』（朝日東亜リポート 第二冊）朝日新聞社 東亜問題調査会、一九三九年（天理村の一夜）

足立茂藤英『満洲の移民村を訪ねて 昭和十二年八月一日―九月八日』私家版、一九三八年（怪奇な存在ハルビン郊外の天理村）

石橋湛山『満鮮産業の印象』東洋経済新報社、一九四一年（企業的な天理村）

大橋克『満鮮北支紀行』小寺印刷所、一九三八年（自由移民団天理村へ）

荻原井泉水『東西南北』桜井書店、一九四二年（天理村行）

学徒至誠会編『学徒至誠会派遣団報告 昭和11年度 満洲篇 研究報告』学徒至誠会、一九三九年（北満移民と農業指導機關の必要（天理村其他を見て）、天理移民村紀）

川村和嘉治『満洲移民は成功する』大阪毎日新聞社、一九三六年（贅澤な宗教移民天理村）

小坂隆雄編『満洲開拓衛生の基礎』金原書店、一九四一年（第二章 天理村に於ける畜産並に家畜衛生實地調査）

島之夫『満洲国民屋地理』古今書院、一九四〇年（自由移民の例としての天照園及天理村）

千田萬三『満洲事典』満鉄社員会、一九三九年（天理村）

日本学術振興会編『日満経済統制と農業移民』日本学術振興会第二特別委員会報告 第三篇、一九三五年（天理村移民）

北海道農会編『北満の営農』北海道農会、一九三八年（天理村を観る）

満洲日日新聞社編『満洲年鑑 ２５９９』満洲日日新聞社、一九三九年（自由移民　天理教村）

三宅一郎『満鮮見たまゝ』山陽新聞社、一九四二年（満洲集団移民の異色天理村）

【雑誌論文】

五十嵐太郎「新宗教の建築・都市研究（1）満州天理村について」『学術講演梗概集』F―2 建築歴史・意匠 一般社団法人日本建築学会 一九九六年

池田士郎「満州「天理村」異聞」『天理大学人権問題研究室紀要』天理大学人権問題研究室 編（15）二〇一二年

王新生「近代日本社会変迁中的新宗教与中国―以天理教为中心」『日本问题研究』三十一巻五号、二〇一七年

劉含発「日本人満洲移民用地の獲得と現地中国人の強制移住」『アジア経済』第四十四巻四号、二〇〇三年

【雑誌論文：戦前】

上原轍三郎「満洲農業移民の一形態 天理村」（満蒙研究資料 第24号）北海道帝国大学満蒙研究会、一九三六年

隠明寺正夫ほか「今春開拓地天理村に流行せる麻疹の調査報告」『満洲医学雑誌』31巻4号、一九三九年

【その他】

生田美智子「旧天理村（天里屯）「満洲」旅行記」『Север』(30)、二〇一四年

井出勇「研究報告会要旨　満州天理村を訪ねて」『天理大学おやさと研究所年報』十四号、二〇〇八年

【新聞記事】

「移民部の指導で天理村を建設　三年内に完成の計画」『中外日報』一九三四年一月三十日

「天理村の指導」『満洲日報』一九三五年三月一日

「満洲移民は進む　拓務省の武装移民、天理教の宗教移民」『大阪毎日新聞』一九三五年五月三十一日

「冬季の野菜問題研究の要あり」『満洲日日新聞』一九三六年二月十三日

「一箇月に平均六円の生活費　流通券の発行と利益の均霑」『満洲日日新聞』一九三六年四月八日

「開拓地を行く」『満洲日日新聞』一九三六年七月三日

「満洲移民三題」『東京日日新聞』一九三六年十一月一日

「満洲天理村軽便鉄道　廿日頃完成」『中外日報』一九三七年六月十一日

「満洲移民の国策に応じ天理村完成に邁進　鉄道を新設、産業開発に資す　来年、第三次移民入植」『中外日報』一九三七年二月二十日

「弥栄村、天理村等移住地事情を視察　中央融事協会派遣日程」『中外日報』一九三八年四月二十三日

「満洲の天理村　産業組合を結成　今後の開発に期待」『中外日報』一九三八年二月十七日

「哈爾濱から拓地素描　実況と録音」『東京朝日新聞』一九三九年五月二十一日

「満鮮急行記　第七信　天理村」『中外日報』一九四一年六月十九日

「第三次百五十戸の移民計画樹つ　満洲天理村開拓組合」『中外日報』一九四一年六月二十二日

「開拓奉仕隊」編成　天理村で現地錬成」『中外日報』一九四二年五月十日

「一躍、大天理村の誕生　満洲開拓農場法の実施に伴ふ　行政区画の編成替へから」『中外日報』一九四二年五月五日

「本年から四ヶ年計画の天理村開拓移民団　先遣隊五十名三月に渡満」『中外日報』一九四三年一月十日

「新機構で運営　満洲天理村躍進」『中外日報』一九四五年四月十日

「十九年度の入植を完了　満洲天理村」『中外日報』一九四五年四月十八日

「戦災者も交り満洲天理村へ」『中外日報』一九四五年六月二十六日

【史料】

天理村建設事務所編「建設途上の天理村概観」一九三四年
天理村建設事務所編「哈爾浜阿什河右岸天理教青年會移住地建設計畫案」一九三四年
天理村建設事務所編「天理村月報」一九三四年〜?
天理村『生琉里』一九三六年〜?
天理村事務所編「天理村諸規程」一九三七年
橋本正治編「生琉里画帖」一九三七年
橋本正治編「天理村記録集」一九三八年
橋本正治「生琉里の歌」一九三八年
天理村事務所編「天理村の概況」一九三九年
天理村開拓共同組合事務所編「天理村開拓共同組合ノ概況」一九四一年
大東亜省「満洲開拓拾年史（未定稿）」一九四二年
天理村公所「街村天理村の概要」一九四二年
「阿城縣天理村地図：康徳九年五月一日測製」一九四二年
天理教生琉里教会編『天理村十年史』一九四四年
天理教生琉里教会編「生琉里画帖」一九四四年
「昭和十九年　渡満者名簿　拓務省」一九四四年

《解説者紹介》

長谷川 怜（はせがわ れい）1986年名古屋生まれ。

学習院大学大学院博士後期課程在籍。日本近現代史専攻。愛知大学国際問題研究所客員研究員。

共編著『方鏡山浄円寺所蔵 藤井静宣写真集 近代日中仏教提携の実像』（社会評論社、2017）、『日本帝国の表象──生成・記憶・継承』（えにし書房、2016）、『鳥居観音所蔵 水野梅暁写真集 仏教を通じた日中提携の模索』（社会評論社、2016）、『貴族院・研究会写真集』（芙蓉書房出版、2013）。

主要論文「満洲国期における学生の満洲派遣──満洲産業建設学徒研究団を中心に──」（『東アジア近代史』20号、2016）、「日露戦後の満洲経営と奉天商品展覧会」（『中国研究月報』68号、2014）など。

Enishi Shobo

復刻版　**満洲『天理村十年史』**

2018年 9月 30日 初版第1刷発行

■編　者　　天理教生琉里教会
■発行者　　塚田敬幸
■発行所　　えにし書房株式会社
〒102-0074 東京都千代田区九段南 2-2-7 北の丸ビル 3F
TEL 03-6261-4369　FAX 03-6261-4379
ウェブサイト　http://www.enishishobo.co.jp
E-mail info@enishishobo.co.jp

■印刷／製本　　モリモト印刷株式会社

ISBN978-4-908073-49-6 C0021

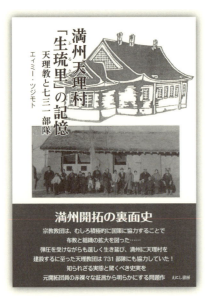